질병이 바꾼 세계의 역사

† 인류를 위협한 전염병과 권력자들의 질병에 대한 기록 †

질병이 바꾼 세계의 역사

로날트 D. 게르슈테 지음

강희진 옮김

미래의 창

Wie Krankheiten Geschichte machen: Von der Antike bis heute
by Ronald D. Gerste

자클린, 체스터, 아멜리아, 빅토리아에게

이 책을 바칩니다.

프롤로그

운동과는 담 쌓고 살기, 위스키든 샴페인이든 상관 없이 늘상 술을 달고 살기, 매 끼니 과식하기, 입에는 늘 담배나 궐련을 물고 있기! 그렇게 하고 싶은 것은 전부 다 하면서도 천수를 누리다가 평화롭게 죽음을 맞이하기! 의사의 충고는 귓등으로도 듣지 않고, 죽을 때 죽더라도 하고 싶은 것은 모두 하고 죽겠다는 사람이라면 누구나 꿈꾸는 삶이다. 이런 사람들이 이상형으로 꼽는 인물이 하나 있다. 바로 영국의 총리 윈스턴 처칠Winston Churchill이다. 처칠은 건강과는 거리가 먼 습관을 지니고 있었음에도 불구하고 아흔한 살까지 장수했다. 처칠은 1940년 영국을 전쟁의 포화 속으로 뛰어들게 만든 나치 독재 정권의 수장 히틀러에 맞서 유럽 역사에 커다란 획을 그은 인물이다.

그러나 세계사를 써내려간 모든 위인들이 처칠 같은 건재함을 과시하지는 못했다. 의사와 영양사들이 권하는 방향으로 식습관이나 생활습관을 바꾸어도 건강이 오히려 더 나빠지는 경우도 많았다. 게다가 인생의 절정기나 결정적인 순간에 치명적인 질병에 걸린 위인들도 꽤 많다. 워털루 전투를 앞둔 결전의 순간에 심신이 무너져 버린 나폴레옹도 그중 하나다.

질병과 역사의 물결 사이에는 모종의 상관관계가 존재한다. 14세기 중반 흑사병이라 불리던 페스트가 창궐하면서 유럽 인구 3분의 1이 사망했다. 그로 인해 발생한 사회적, 경제적 여파에 대해서는 상세한 연구들이 진행된 바 있다. 그런데 그러한 거시적 관점도 중요하지만 미시적 관점, 즉 역사의 물줄기를 좌지우지할 만큼의 결정권을 지닌 정치가들 개개인이 겪어야 했던 고통과 뜻밖에 찾아온 죽음에 대해서도 한 번쯤은 다루고 넘어가야 할 것이다. 물론 다수의 역사학자들은 거물급 정치가 한 사람이 역사의 진행 방향을 좌우할 수는 없다고 주장한다. 그러나 많은 사람들이 히틀러가 없었다면 20세기의 유럽사는 분명 달라졌을 것이라고 상상하고, 미하일 고르바초프Mikhail Gorbachev가 1985년 소련 공산당 서기장에 선출되지 않았더라면 냉전 시대가 평화롭게 종식되지 않았을지도 모른다고 생각한다.

소수의 인물들이 권력을 틀어쥐고 있는 한, 별것 아닌 것처럼 보이는 사건이 역사의 흐름에 엄청난 영향을 미칠 때가 많다. 권력자들의 질병도 그러한 요인들 중 하나다. 전제 군주나 황제 또는 국왕의 질병이 역사의 물길을 다른 방향으로 바꿔놓은 사례는 과거에도 많았지만, 현대 민주주의 사회에서도 한 국가의 수장이 어느 날 갑자기 치명적인 질병에 걸리는 바람에 그 나라의 운명이 뒤바뀌는 경우가 적지 않다. 아마도 미국 민주주의의 발전사에서 그 예를 찾아볼 수 있을 것이다. 그 내용은 앞으로 몇몇 미국 대통령의 사례를 통해 자세히 들여다보도록 하겠다.

개인의 병력과 생애를 결합시켜 고찰하는 병력전기학pathobiography에서는 '만약 그때 그랬다면 어땠을까?'라는 의문을 제기하곤 한다. 역사에는 가정이 없다고 하지만, 과거를 되돌아볼 때마다 우리는 거의 본능적으로 '그때 이랬다면 어땠을까?'라는 질문을 던진다. 1944년 7월 슈타우펜베르크 대령과 공모자들이 히틀러 암살에 성공했다면 역사는 완전히 다른 방향으로 흘러가지 않았을까? 1940년 5월 말, 독일 탱크부대가 됭케르크 부근에서 진군을 멈추지 않았다면 어떻게 되었을까? 영국군 수송부대가 독일군에 완전히 포위당하고 영국이 결국 항복 선언을 할 수밖에 없었다면 지금 우리가 살고 있는 이 세상은 어떻게 달라져 있을까? 적어도 유럽은 나치의 십자가 아래 파묻힌 공동묘지가 되어 있을지도 모른다.

질병은 다양한 방식으로 역사의 흐름을 뒤흔들었다. 이 책에서는 심각한 질병에 걸린 몇몇 유명 인물들이 겪은 고통의 발자취를 따라가는 동시에, 그 인물들이 만약 그 질병을 앓지 않았다면 역사의 여신 클레이오가 어떤 선택을 했을지도 상상해보고자 한다. 특히 프리드리히 3세와 메리 여왕은 유럽 역사에서 가장 결정적인 역할을 담당했던 두 나라를 통치한 이들이지만, 질병 때문에 두 사람의 재임 기간은 그리 길지 않았다. 또한 페스트나 콜레라, 매독 등 신분고하를 막론하고 모두를 덮치며 한 시대를 휩쓸어 버린 질병에 대해서도 자세히 다룰 예정이다.

결론적으로 이 책은 크게 두 가지 요소를 중심으로 서술한다. 하나는 한 시대를 주름잡았던 질병이고, 나머지 하나는 각종 질병에 걸린 권력자들이다. 나는 청소년 시절부터 질병이 역사에 미치는 영향에 대해 관심이 많았다. 대학에 진학해서는 의학과 함께 역사학도 추가로 공부하기로 결심했다. 정해진 최소 학기 안에 두 가지를 모두 이수하지는 못했지만, 결국에는 두 과정 모두 성공적으로 마무리할 수 있었다. 이 모든 것은 의학과 역사학의 연관성을 찬찬히 잘 설명해주신 지도교수님들 덕분이었다. 그분들의 가르침이 없었다면 역사의 여신 클레이오와 의술의 신 아스클레피오스가 내 안에서 만나지 못했을 것이다. 그런 점에서 나를 역사학의 세계로 이끌어주신 클라우스 뮐러 교수님과 디트마르 키나스트 교수님께 깊은 감사를 드린다. 의과대학의 한스 샤데발트 교수님과 폴라트 데네케 교수님, 내가 최종적으로 선택한 안과 분야의 한스 파우, 요하네스 그륀치히, 구이도 클룩센 교수님께도 감사를 드린다. 모두들 안과 의학의 발전을 위해 다양한 노력을 기울이신 분들이다. 벌써 수년째 안과 전문 잡지에 내 글을 실어주는 라인하르트 카덴에게도 감사의 인사를 전한다. 참고로 이 책에 소개하고 있는 인물이나 한 시대를 휩쓴 질병에 대한 글은 해당 잡지를 통해 이미 공개한 바 있다. 풍부한 지식과 열린 마음으로 글을 감수해주고 많은 영감도 준 크리스토프 젤처와 함께 일할 수 있었던 것은 더할 수 없는 영광이었다.

마지막으로 가장 가까운 곳에서 나를 지켜봐주고 글쟁이 의학자이자 수다쟁이 역사학자를 늘 넓은 마음으로 이해해주는 자클린과 체스터, 아멜리아, 빅토리아에게 이 책을 바치고 싶다.

독자들에게는 이 책을 통해 생각해볼 거리를 주는 동시에 독서의 즐거움도 선물해드리고 싶다. 어쩌다가 조금 무리한 주장이 나오더라도 '뭐, 비약이 좀 심하기는 하지만 어디까지나 가정에 불과하니까!'라며 대수롭지 않게 넘겨주길 바란다. 나 역시 역사는 어디까지나 진실에 근거하며 좋은 방향이든 나쁜 방향이든 실제로 일어난 일만이 역사라는 점을 잘 알고 있다. 예리한 독자들은 몇 가지 오류들을 찾아낼 수도 있을 것이나 부디 어느 작가나 저지를 수 있는 실수라고 여겨주길 바란다. 이와 관련해 나는 늘 미국의 대통령 시어도어 루스벨트Theodore Roosevelt의 말에서 위안을 얻곤 한다. "실수를 저지르지 않는 사람은 아무것도 하지 않는 사람밖에 없다."

차례

폼페이의 어느 무명 예술가가 대규모 모자이크화로 재현한 알렉산드로스 대왕.
동방과 서방의 문화를 하나로 아우르는 거대한 제국을 건설하려던 알렉산드로스는
꿈을 이루기 직전 병에 걸려 33살의 나이에 사망했다.

바빌로니아에서의 죽음

요절한 알렉산드로스 대왕

기원전 323년 6월, 대열을 갖춘 병사들이 죽음을 앞둔 이가 누워 있는 병영 앞을 느린 걸음으로 행진했다. 병사들은 자신들의 상관을 위해서라면 어떤 고난도 마다하지 않았다. 사막을 행군했고, 높고 험한 산을 올랐다. 고향에서 평화롭게 살고 있는 이들은 상상조차 하지 못할 힘든 일도 무수히 겪었다. 그들은 모두 그를 위해 고난을 감내했고, 굶주렸고, 용맹하게 싸웠으며, 11년 동안 쉬지 않고 전장을 누볐다. 그의 뛰어난 지도력 덕분에 병사들은 전쟁에서 매번 승리했다. 병사들은 신이 자신들의 지휘관과 한편이라고 믿었다. 심지어 지휘관이 신들의 왕인 제우스의 아들이라고도 생각했다. 오늘 이 자리에 도열한 병사들은 수많은 전투를 겪고도 살아남은 이들이다. 수천 명의 전우들이 메소포타미아의 사막에, 지중해 해변에, 인도의 밀림 속에, 힌두쿠시 산맥에 묻혔다. 병사들은 전쟁에서는 승리했지만 질병과 죽음이라는 패배보다 더한 고통을 경험한 역사상 가장 강인한 전사들이었다. 그러나 서쪽으로 기우는 해가 유프라테스 강 계곡 위로 따스한 빛을 뿌리고 한낮의 열기가 물러난 자리를 서늘한 저녁바람이 채우고 있는 바로 지금, 오래된 문명의 입김이 서린 바빌로니아 땅에 서 있는 병사들은 쏟아지는 눈물을 주체할 수 없었다. 병영에 누워서 사열을 받고 있는 남자는 힘없이 손을 흔들거나 보일락 말락 고개를 까딱였다. 그것은 지휘관이 부대원들을 알아보았으며, 이 인사가 영원한 작별이 될 것임을 알고 있다는 뜻이었다. 이로써 한 시대가 막을 내렸다. 동방과 서방 사람들이 한 나라, 한 제국에서 같이 살 수 있을 것이라는 희망도 함께 저물었다. 또한 (그때까지 알려진) 세상 모든 국가의 국민들이 단 하나의 문화 속에서 동질감을 느낄 수 있게 만들겠다는 비전, 학문과 예술, 문학과 철학에 높은 가치를 부여하는 문화를 창출하겠다는 비전도 사라졌다. 다시는 그와 같은 지도력과 의지를 갖춘 지휘관은 탄생하지 않을 것이었다. 그는 바로 알렉산드로스 대왕Alexandros the Great이다.[1]

알렉산드로스 대왕과 함께 찬란한 꽃을 피운 헬레니즘 시대는 이후 몇 세대 동안 이어졌지만, 결국 로마제국과 이슬람 그리고 기독교 문명에 자리를 내어주고 말았다. 좋은 쪽으로든 나쁜 쪽으로든 거대한 권력을 쥔 인물 하나가 역사의 물길을 바꾼 사례는 지금까지 종종 있었다. 마케도니아의 젊은 군주 알렉산드로스와 동서 문화의 교류와 융합을 이루어낸 헬레니즘 시대의 전설이 바로 대표적인 사례일 것이다. 나폴레옹도 알렉산드로스 대왕에게서 깊은 감명을 받았다고 한다. 무수한 영웅담을 써내려간 고대 그리스와 로마제국 시절에도 알렉산드로스 대왕에 버금갈 만한 영웅은 찾아보기 어렵다. 2세기 무렵의 역사학자 플루타르코스Plutarchos는 영웅들을 둘씩 짝을 지어 각자의 인물 됨됨이와 인생 여정, 업적 등을 비교한《비교열전Bioi Paralleloi》이라는 저서를 남긴 바 있다.《영웅전》이라는 제목으로 더 널리 알려져 있는 그 책에서 플루타르코스는 알렉산드로스 대왕과 견줄 만한 인물로 카이사르를 지목했다. 하지만 군대의 수장이자 전략가, 독재자로서 발군의 카리스마를 발휘했던 카이사르조차도 완전히 새로운 제국을 건설하지는 못했다. 공화정 체제 하에서 로마의 영토를 확장했고, 기원전 44년 사망하면서 공화정의 종말과 제정시대의 개막을 알렸을 뿐이다.

알렉산드로스는 두 얼굴의 지배자였다. 당시 유럽 내 최대 제국인 페르시아에 대적하여 수적 열세를 극복하고 페르시아군을 용맹하게 무찌른 천재적 전략가였으며, 페르시아를 멸망시켰으나 이미 수많은 이들의 가슴속 깊숙이 자리 잡고 있던 페르시아 문명을 존중했고, 그것을 바탕으로 새로운 문명을 꽃피우고자 했다. 하지만 그와 동시에 피도 눈물도 없는 냉혈한이기도 했다. 카리스마 넘치는 지도자나 개혁가들이 흔히 그렇듯 알렉산드로스 역시 천재적인 면모와 더불어 어두운 면모도 지니고 있었던 것이다. 알렉산드로스 대왕의 족적은 폭력과 피로 물들어 있다고 해도 과언이 아니다. 오늘날 레바논 땅이 된 항구도시 티로스Tyros가 대왕에게 맞서 항전하다가 몇 달 뒤 결국 항복 선언을 한 적이 있다. 알렉산드로스는 항복 선언에도 불구하고 잔인한 복수극을 펼쳤다. 너무나도 오래 전에 일어난 일이라 역사적 기록을 완전히 믿을 수는 없지만, 그로부터 수백 년 뒤 기록된 어느 문서에 따르면 당시 8,000여 명의 남자들이 그 자리에서 즉시 처형되었다고 한다. 2,000여 명은 십자가에 매달렸고, 1만 3,000여 명에 달하는 여자와 아이들은 노예로 팔려 갔다. 정복자가 분노하면 어떤 일이 일어나는지를 만천하에 똑똑히 보여준 것이었다. 일상생활에서도 알렉산드로스는 매우 충동적이었다. 그는 당시 부어라 마셔라 하던 그리스식 관습에 따라 술에 취해 있을 때가 많았으며, 과음을 했을 때면 어김없이 돌발행동이나 폭력적인 성향을 드러냈다. 그중에서도 가장 충격적인 사건은 오랜 벗이었던 클레이토스를 살해한 사건이었다. 기원전 328년 어느 여름날 열린 연회 자리에서 술에 취한 알렉산드로스가 창으로 클레이토스를 찔러 죽였다. 클레이토스는 그날 '무엄하게도' 알렉산드로스의 생활습관이 페르시아와 아시아의 관습을 닮아간다고 비판했던 것이다. 참고로 당시 마케도니아인과 그리스인들에게 있어 아시아인들은 야만인이요 멸시의 대상이었다(그런가 하면 그리스인들은 아테네, 테베, 스파르타 사람들과 더불어 마케도니아인들을 멸시하기도 했다). 술에서 깬 알렉산드로스는 몇 주 동안이나 자신의 행동을 후회하고 괴로워하며 자책감에 빠졌다.

알렉산드로스 대왕이 서른세 살의 젊은 나이로 갑자기 사망한 사건은 동시대 많은 이들에게 커다란 충격을 안겨주었지만, 몇몇 이들은 오히려 안도감을 느꼈을 것이다. 지칠 줄 모르는 대왕의 정복욕에 부담을 느낀 이들이 없지는 않았을 것이기 때문이다. 만약 알렉산드로스에게 시간이 더 주어졌더라면 동방과 서방의 분기점에서 있던 고대 제국의 역사는 어느 방향으로 나아갔을까? 물론 무려 2,500여 년이 지난 지금 그 시절 역사의 물결이 어디로 흘러 갔을지를 예측하기란 불가능에 가깝다. 하지만 고대에 일어난 사건이나 그 시절을 살았던 영웅들이 유럽의 문화뿐 아니라 아시아의 많은 지역에 큰 영향을 미친 것만큼은 분명하다. 또한 지중해 지역에 살고 있는 사람들의 정체성 확립에도 적지 않은 영향을 끼쳤다. 만약 알렉산드로스가 요절하지 않았다면 헬레니즘 문명을 이어받은 로마제국이 탄생할 수 있었을까? 어쩌면 테베르 강 인근에 위치한 로마가 그리스-로마-서아시아 제국 내 수많은 대도시들 틈새에 낀, 그저 그런 도시쯤으로 전락했을 수도 있다. 어쩌면 나일 강 서편에 위치한 도시 알렉산드리아가 세계에서 가장 중요한 도시로 부상하지는 않았을까? 영국과 소아시아 사이에 위치한 로마 영토인 유대 땅에 로마제국의 군대가 대규모로 주둔하지 않았다면 어느 목수의 아들이 기독교라는 종교를 탄생시킬 수 있었을까? 그랬다면 약 600년 뒤 무함마드라는 선지자가 이슬람교를 창시할 수 있었을까? 이런 역사적 가정은 끝도 없을 것이다. 알렉산드로스 대왕의 '바빌로니아에서의 죽음'은 역사의 흐름을 바꾸는 초석이 되었고, 만약 대왕이 요절하지 않았다면 우리의 상상력을 훨씬 더 뛰어넘는 결과가 탄생되었을지도 모른다.

고대 문명은 철학, 문학, 예술 분야에서 걸출한 작품들을 남겼다. 건축 분야의 업적은 더더욱 눈부시다. 나일 강 부근의 각종 명소들, 그리스의 아크로폴리스, 이탈리아의 포룸 로마눔은 지금도 관광객들이 즐겨 찾는 고대 문명의 유적지들이다. 하지만 그 시절은 폭력의 시절이기도 했다. 쾰른, 빈, 트리어, 잉글랜드-스코틀랜드 경계 지역 같은 도시들 역시 관광객들의 발길을 꾸준히 끌고 있지만 그 장소들은 모두 길고도 지루한 전투가 벌어진 곳이다. 현재 지도상으로 아주 작은 부분을 차지하고 있는 그리스 같은 작은 지역 내부에서도 도시국가들 사이에 갈등이 끊이지 않았고, 아테네의 숙적이었던 스파르타처럼 이제는 사람들의 기억에만 남아 있는 국가도 있다. 쉽게 말해 그 시절은 폭력과 개혁, 전쟁과 창의력이 병존하던 시절이었던 것이다.

기원전 356년 7월경 태어난 것으로 추정되는 알렉산드로스의 삶도 그와 비슷했다. 알렉산드로스는 젊은 시절, 아버지인 필리포스 2세의 살해에 가담했다는 혐의를 받는다. 필리포스 2세는 결혼식 연회에 참석했다가 목숨을 잃었는데, 젊은 왕자 알렉산드로스와 왕비 올림피아스가 그 암살에 가담했다는 소문이 떠돈 것이다. 만약 그날의 혼인이 성사된다면 왕비와 왕자가 모든 것을 잃을 수도 있는 상황이었기에 의혹은 더 크게 불거졌다. 하지만 왕의 호위병이자 헤어진 연인이던 파우사니아스(고대 그리스에서 동성애는 흔히 볼 수 있는 일이었다)가 살인범으로 체포되고, 그 즉시 다른 호위병에 의해 죽임을 당한다. 그런데 파우사니아스의 죽음 뒤에 또다른 음모가 있을지도 모른다는 생각이 드는 것을 왜일까? 암살자들은 죽었고, 죽은 자는 말이 없는 법이다!

부친의 사망 이후 왕좌에 오른 알렉산드로스는 즉시 전쟁에 돌입했다. 우선 도나우(다뉴브) 강 인근에 위치한 이웃국가 트라키아부터 친 다음, 그리스 도시국가 대부분을 무력으로 복속시켰다. 알렉산드로스의 항복 요구를 거절한 보이오티아Boeotia의 도시들은 결국 마케도니아 군대에 정복당했는데, 그 과정에서 테베에서는

6,000여 명이 죽어갔다고 한다. 그뿐 아니라 도시 전체를 파괴하라는 명령까지 내렸다. 당시 알렉산드로스가 높이 평가했던 테베 출신의 시인이 한 명 있었는데, 그 시인의 집만이 유일하게 보존되었다. 테베는 알렉산드로스와의 전쟁 이후 철저히 파괴되었고, 아직 정복당하지 않은 그리스의 도시국가들은 그 모습을 보며 두려워했다. 이후 그리스 도시국가들 대부분은 페르시아 원정(동방 원정)에 동행할 병사들을 모집했다. 알렉산드로스는 페르시아 원정이 페르시아 전쟁에서 페르시아가 그리스를 폐허로 만들어 버린 것에 대한 복수극이라 선동했지만, 페르시아 전쟁은 이미 150년도 더 이전에 일어난 일이었다.

동방 원정은 기원전 334년에 시작되었다. 약 4만여 명의 알렉산드로스 부대가 쳐들어왔지만 그라니코스 강 인근에 집결해 있던 페르시아 군대는 겁먹지 않았다. 거대한 헬레니즘 제국을 건설하겠다는 알렉산드로스의 야망에 반대하던 그리스 용병들이 페르시아로 대거 합류한 덕분에 수적으로 훨씬 더 우세에 놓여 있었기 때문이다. 그러나 마케도니아는 수적 열세에도 불구하고 첫 번째 전투에서 페르시아를 단박에 무찔러버렸다. 그 전투에서도, 그 이후의 전투에서도 알렉산드로스는 늘 대열의 선두에 서서 군을 통솔했다. 그만큼 강인한 체력과 담대한 기질을 지니고 있었던 것이다. 하지만 거의 10년 동안 쉬지 않고 전투를 치르면서 건강을 유지하기란 쉽지 않았을 것이다. 결국 기원전 333년 여름에는 건강에 이상이 생겨 몇 주간 진군을 멈추고 킬리키아Kilikia(현재 터키 영토)에서 치료를 받아야 했다. 폐렴에 걸렸던 것으로 추정되는데, 아마도 그것에는 친한 이들끼리 함께 모여 와인을 한껏 마시는 '심포지아symposia'라는 그리스 문화가 한 몫을 단단히 했을 것이다. 알렉산드로스와 그 측근들에게 있어 술이 없는 삶은 상상하기조차 어려웠다. 그들은 전투를 마치면 밤마다 둘러앉아 음주를 즐겼을 것이며, 이들에게 술은 없어서는 안 될 '생필품'이었을 것이다. 심지어 페르시아의 수도 페르세폴리스가 화재로 소실된 이유가 술 때문이라는 기록도 있다. 기원전 330년 5월 페르시아의 수도를 점령한 알렉산드로스가 승전 파티를 벌이던 중 술에 취해 페르세폴리스를 태우라고 명령을 내렸다는 것이다. 물론 알렉산드로스의 사망 후 한참 뒤에 작성된 궁정일지 형식의 기록이기 때문에 신빙성이 높진 않지만 당시 과음을 즐겼고 그로 인해 여러 가지 문제가 발생했다는 것은 확실하다. 알렉산드로스의 최측근 참모이자 친구인 헤파이스티온도 기원전 324년 디오니소스 축제 때 열병에 걸린 상태에서 와인을 지나치게 많이 마시다가 사망했다고 한다. 알렉산드로스는 친구의 죽음에 슬퍼하며 헤파이스티온을 반신半神이라 선포한 후 성대한 장례식을 치렀고, (플루타르코스에 따르면) 담당 의사를 십자가에 매달아 처형하라는 명령을 내렸다.

한편 페르시아는 이수스Issus(기원전 333년)와 가우가멜라Gaugamela(기원전 331년)에서 치러진 전투에서 크게 패한 후 몰락하기 시작했다. 페르시아의 대왕 다리우스 3세는 두 차례의 전투(그중 25만 명이 넘는 병사가 참가한 가우가멜라 전투는 고대사를 통틀어 가장 규모가 큰 전투였을 것으로 추정된다)에서 패색이 짙어지자 전장을 이탈하여 도주했고, 그 때문에 부하들의 신망을 완전히 잃어버렸다. 결국 다리우스는 박트리아로 도주하였으나 자신의 부하였던 그곳의 총독에게 붙잡혀 감옥에 갇혀 있다가 죽임을 당했다. 전쟁에서 승리한 알렉산드로스는 자신이 페르시아의 왕의 후계자임을 선포하고 낯선 정복자의 이미지를 벗어던졌다.

알렉산드로스가 정복지의 낯선 문화에 얼마나 잘 적응했는지는 이집트의 사례에서 확연히 드러난다. 이수스 전투에서 승리하고 아직 가우가멜라 전투를 치르기 전이었다. 알렉산드로스는 이집트마저 정복하며 가뜩이나 넓은 영토를 더 크게 확장하고, 그곳에도 '알렉산드리아'라는 이름의 도시를 세운다. 대왕은 알렉산드리아라는 이름의 도시를 곳곳에 건설했는데, 이집트의 알렉산드리아는 그중에서도 중요한 도시로 손꼽힌다. 알렉산드로스는 신탁으로 유명한 이집트 시와Siwa 오아시스 신전에 방문했고, 그가 그곳에서 제우스의 아들이라는 신의 목소리를 들었다는 소문이 퍼졌다. 소문이 퍼지자 알렉산드로스는 아몬 신을 숭배하는 이집트 문화를 고려하여 자신이 제우스-아몬이며, 두 신이 하나의 몸에 공존하고 있다고 주장한다. 이후 주화에 새겨진 알렉산드로스의 초상과 동상에는 아몬 신을 상징하는 산양의 뿔이 곱슬머리 사이에 추가되었다.

페르시아 정복 당시 알렉산드로스는 지중해 너머까지 진출하기로 작정했다. 알렉산드로스 대왕의 부대는 그리스인들이 지금까지 본 적 없던 험준한 힌두쿠쉬 산맥을 넘었고, 강풍과 장대비를 뚫고 인도까지 진군했다. 인도의 포로스 왕은 마케도니아인들에게는 낯설기 짝이 없는, 그래서 더더욱 두렵게 느껴지는 새로운 무기인 코끼리까지 동원했지만, 파죽지세로 나아가던 알렉산드로스의 부대를 저지하기에는 역부족이었다. 그때의 알렉산드로스는 불세출의 영웅이 되기 위해서라면 그 어떤 어려움도 감수할 것처럼 보였다. 심지어 싸울 상대가 없자 자연에게 도전장을 내밀 정도였다. 알렉산드로스는 살인적인 더위 때문에 지금까지 누구도 게드로시아Gedrosia(현재 이란 남동부 사막)를 통과하지 못했다는 소식을 듣고는 도전의식에 불타올라 부대원 일부를 이끌고 광활한 불모지로 뛰어들었다. 그곳에서는 그야말로 목숨을 건 사투가 시작되었고, 1만 5,000명의 병사 중 4분의 1이 목숨을 잃었다.

10년이 넘는 길고 험난한 원정 끝에 알렉산드로스가 마침내 메소포타미아로 돌아왔다. 전보다 넓어진 왕국을 재정비하기 위해서였다. 그는 정복한 땅을 효과적으로 다스리기 위한 일환으로 마케도니아의 고위직 군인, 정치가들과 페르시아 고위층의 딸들을 결혼시켰다. 기원전 324년 수사에서는 그들의 집단결혼식이 거행되었다. 또한 이미 7년 전에 결혼하여 록산느라는 아내가 있었음에도 불구하고 알렉산드로스도 그 행사에서 두 명의 페르시아 여인을 아내로 받아들였다. 이제는 드넓은 왕국을 다스릴 일만 남은 듯했다. 하지만 알렉산드로스는 칙령이나 발표하면서 현재의 상황에 안주할 인물이 아니었다. 몇 달 간 휴식을 취한 뒤 그는 다시 새로운 정복지를 물색하기 시작했다. 아라비아 반도도 그의 목표 중 하나였다. 그런데 별안간 비극적 운명이 대왕을 덮쳤다. 궁정일지에 따르면 대왕이 고열에 시달렸고, 기력이 서서히 쇠약해졌다고 한다. 소설《알렉산드로스》는 궁정일지보다 신빙성이 더 떨어지기는 하지만, 드라마의 소재로 써도 될 만큼 당시 상황을 극적으로 묘사하여 플루타르코스나 디오도로스, 쿠르티오스 루포스, 아리아노스 같은 전기작가들에게 훌륭한 '먹잇감'을 던져주었다. 소설 속에서 알렉산드로스는 갑자기 우측 상복부에 창으로 찌르는 듯한 통증을 호소하며 쓰러졌고, 때문에 작가들은 그가 독살된 것이 아닐까 하는 의혹을 제기했다.

알렉산드로스 대왕의 사망 원인으로 가장 많이 언급되는 것이 바로 독살설이다. 그러나 독살이 아닌 다른 사인死因이 있다는 주장도 많이 제기되고 있다. 그간 수많은 의학자들이 각자의 전문 지식을 바탕으로 대왕의 사인에 관한 여러 가지 의견을 피력했다. 그중에는 그럴듯해 보이는 주장들도 있다. 예를 들어 말라리아나 티푸스 혹은 위염이나 장염, 웨스트나일바이러스West Nile Virus로 인한 염증 등이 원인으로 꼽히고 있다. 그런가 하면 인도 전투에서 입은 부상이나 선천성 질병인 척추측만증이 원인이라고 주장하는 의사도 있다(알렉산드로스의 흉상이나 동상들 중에는 목이 기울어져 있거나 머리가 옆으로 살짝 돌아가 있는 것들이 꽤 많다). 외과적 원인도 배제할 수 없다. 지나친 음주로 십이지장이나 위, 기타 내장기관에 궤양이 생겼을 가능성도 충분히 생각해볼 수 있는 것이다. 그런데 앞서 거론된 사인으로는 알렉산드로스가 겪었던 증상들의 일부만 설명이 가능하다. 이를 테면 말라리아와 티푸스는 해당 지역의 풍토병인 만큼 어느 정도 개연성이 있다고 볼 수 있지만 창으로 찌르는 듯한 갑작스러운 통증은 설명할 수 없다. 질병에서 원인을 찾는다면 상복부의 갑작스러운 통증은 급성 췌장염 때문일 가능성이 높다. 급성 췌장염은 오늘날에도 사망률이 약 20퍼센트에 달할 정도로 위험한 질병이며, 대표적인 원인은 과음이다.

알렉산드로스 대왕은 사망하기 11일 전부터 고열에 시달렸고 상복부에 찌르는 듯한 통증을 느꼈다. 하지만 사흘 후에는 친구인 메디오스와 주사위놀이를 할 정도로 건강을 회복했다. 상쾌한 공기를 마시면 몸이 좀 나아질 것 같다며 유프라테스 강가로 데려가 달라고 부탁도 했다. 사망하기 이틀 전인 6월 8일에는 심지어 함대에게 다음 출격을 준비하라는 명령까지 내렸다. 하지만 이후, 말조차 할 수 없을 정도로 기력이 약해지더니 기원전 323년 6월 10일에 숨을 거둔 것으로 추정된다. 계몽주의 시대 독일의 철학자이자 문학가인 요한 고트프리트 헤르더Johann Gottfried Herder는 이런 글을 남겼다. "보라, 승리자가 자신의 삶에서 가장 아름다운 꽃을 피워야 할 때에 숨을 거두었다. 그와 함께 새로운 그리스에 대한 희망도 숨을 거둔다!" 알렉산드로스는 살아생전 많은 업적을 남겼다. 하지만 죽기 전 후계자를 지명하는 일은 소홀히 했다. 전해 내려오는 말에 따르면 자신이 세운 왕국을 누구에게 넘길 것인지를 묻는 질문에 대왕은 가장 뛰어난 자에게 맡기고 싶다는 말을 남겼다고 한다.

대왕의 사망 후 '디아도코이Diadochoi'(그리스어로 '후계자들'이라는 뜻)는 영토를 분할 통치하기로 결정했다. 그중 한 명인 프톨레마이오스 장군이 대왕의 시신을 자신의 영토인 이집트로 모셔갔다. 그런데 우연인지 실력인지는 알 수 없지만, 디아도코이가 지배하는 모든 왕국들 중 이집트가 가장 오랜 기간 동안 건재했다. 이집트의 프톨레마이오스 왕조는 마지막 여왕인 클레오파트라 7세와 그녀의 연인이었던 마르쿠스 안토니우스가 기원전 31년 악티움 해전에서 로마제국에게 패배하면서 몰락했는데, 이는 알렉산드로스 대왕의 사망 후 300년이 지난 뒤의 일이었다. 참고로 해당 해전에서 승리한 옥타비아누스는 칭호를 '존엄한 자'라는 뜻의 '아우구스투스'로 바꾸었다.

아우구스투스는 양부인 카이사르나 로마 황제 세베루스, 카라칼라가 그랬듯 이집트에 머무르는 동안 알렉산드리아에 위치한 위대한 마케도니아의 국왕 알렉산드로스의 묘를 참배하고 고개를 숙여 절했다. 로마제국 당시 알렉산드로스의 묘는 여행객들이 자주 찾는 명소였다. 하지만 4세기 무렵 페스트와 쓰나미가 해당 지역을 휩쓸면서 대왕의 묘는 쓸려나가고 말았다.

로마제국 율리우스-클라우디우스 왕조의 젊은 황제들은 편집증과 조현병, 정신이상에 시달리는 경우가 많았다. 그중 가장 악명이 높았던 칼리굴라는 20대 때 뇌염에 걸렸고 그로 인해 정신이상 증세가 악화된 것으로 추정된다.

로마제국

정신병에 걸린 황제들

유사 이래 유럽에서 가장 영토가 넓은 로마제국을 다스리게 된 스물네 살의 젊은 황제는 원로원이나 군대, 근위대의 존경을 받았으며, 백성들 사이에서도 인기가 매우 높았다. 서아시아에서 영국 해협까지 이어지던 광활한 영토를 지배하던 로마제국의 수도 로마에 살고 있는 사람들은 다른 지역과는 비교도 되지 않을 정도로 풍요로운 생활을 누리고 있었다. 그 시절을 기록한 자료를 보면, 37년 3월에 "새로운 시대, 영광의 시대가 열리기 시작했다"라고 나와 있다. 각종 체제들이 잘 정비되어 있던 로마제국의 최고 자리에 앉게 된 젊은 황제는 민심을 얻기 위해 세금을 낮추고, 유배지에 있던 정치 사범들을 로마로 불러들였으며, 대중들이 무엇보다 갈망하는 것, 즉 '먹을거리와 유흥거리panem et circenses'를 제공했다. 이 젊은 황제의 이름은 가이우스 카이사르 아우구스투스 게르마니쿠스Gaius Caesar Augustus Germanicus였지만, 어려서부터 작은 가죽 군화를 신고 다녔다고 해서 '칼리굴라Caligula'(작은 군화)라는 별명으로 더 널리 알려져 있다.

로마제국의 역사학자이자 전기 작가인 수에토니우스Suetonius는 "군왕이 떠난 이후 오랜 시간이 지난 지금, 당시의 끔찍했던 광경에 대해 언급해보겠다"[1]라며 위대했던 칼리굴라가 괴물로 변하는 과정을 묘사한 바 있다. 젊은 황제 칼리굴라의 변화는 누가 봐도 이해할 수 없을 정도로 극단적이었고, 많은 이들이 (비교적 점잖게 표현하자면) 칼리굴라라는 이름만 들어도 타락, 변태, 정신이상을 떠올릴 정도였다. 물론 알렉산드로스 대왕에 관한 기록이나 기타 로마 황제들에 대한 기록이 모두 그렇듯 까마득히 먼 옛날의 이야기이므로 각종 자료를 완전히 신뢰할 수는 없다. 따라서 칼리굴라에 대해 수에토니우스가 남긴 기록들도 무작정 믿기보다는 객관적인 잣대로 분석해야 할 것이다. 칼리굴라 황제보다 약 60년 후에 태어난 수에토니우스는 모든 역사학자들이 그렇듯 자기만의 시각과 평가 기준을 지니고 있었다. 그 기준이 얼마나 옳았는지 지금 우리가 정확히 판단할 수는 없겠지만 수에토니우스의 기록들은 꽤 믿을 만하다고 볼 수 있다. 그러나 수에토니우스는 각종 구설과 잡설에 열광하던 학자였다. 내용이 '막장'으로 흐를수록 더 기뻐하며 장차 몇천 년 동안 많은 이들이 읽게 될 자신의 작품에 각종 풍문을 포함시켰다. 결과는 성공적이었다고 할 수 있다. 지금도 많은 독자들이 바로 그러한 대목들을 읽으며 더 큰 즐거움을 느끼고 있으니 말이다.

수에토니우스가 칼리굴라에 대해 기록한 내용들이 얼마나 사실에 가까운지는 판단하기 어렵지만, 칼리굴라의 정신이 온전치 않았던 것만큼은 확실하다. 즉위한 지 반년쯤 되었을 때 칼리굴라는 중병을 앓았고, 그 이후 사람이 완전히 달라졌다고 한다. 심한 경련으로 괴로워했다는 설이 있는데, 간질이었을 가능성도 있다. 간질은 율리우스-클라우디우스 왕가의 유전적 질환으로 옥타비아누스(나중에는 아우구스투스로 칭호를 바꾼다)를 양자로 받아들인 로마 황제 가이우스 율리우스 카이사르도 간질을 앓았다고 한다. 한편, 당시 로마 고위층들은 시간이 날 때면 수영을 즐기곤 했는데, 칼리굴라는 물에 들어가면 심장마비가 일어나 죽을지도 모른다는 생각에 절대 물에 들어가지 않았다고 한다.[2]

칼리굴라가 37년 가을에 걸린 중병은 뇌염으로 추정된다. 뇌염은 바이러스가 뇌를 공격하는 병으로, 기존에 안고 있던 질병이나 반사회적 성향 등을 강화하는 특성을 지닌다. 칼리굴라가 뇌염에 걸렸고, 그 때문에 정신이상 반응을 보였다고 추정하는 데는 이유가 있다. 병을 앓고 난 후 칼리굴라가 보여주었던 행동들이 꽤나 변덕스럽고 극단적이었기 때문이다. 중병에서 회복된 후 칼리굴라는 정적들을 잔인하게 제거하기 시작했다. 가족이나 친족도 예외가 아니었다. 처형 방식도 점점 더 극으로 치달았고, 그때마다 직접 '관람'하기도 했다. 38년에는 근친상간 관계였던 누이동생 드루실라가 사망하자 그녀를 여신으로 추앙하여 로마제국 역사상 최초로 여성을 신격화하기도 했다. 사랑하는 누이동생의 죽음으로 황제는 슬픔에 빠졌지만 그 사건을 계기로 포악한 성정이 사라지지는 않았다. 어느 날에는 도둑질을 하다 잡혀 온 사람의 손목을 자르게 하고, 잘려 나간 양손을 그 사람의 목에 걸게 한 후 황궁에서 열린 만찬회에 등장시켜 그 자리에 있던 사람들을 경악하게 만들었다. 만찬회에 참석한 사람들은 공포에 질려 화려한 은접시 위에 놓인 진수성찬을 즐길 수 없었다. 사자와 호랑이가 으르렁대고 있는 검투장에 관중들을 내려보내기도 했다. 성생활 역시 비이성적이었다. 문란하기로는 둘째가라면 서러울 로마 귀족들조차 충격을 받을 정도였다. 자신이 즐겨 타던 말을 보석으로 치장한 뒤 원로원의 집정관으로 임명해 진짜 원로원의 의원들을 경악하게 만들기도 했다. 가뜩이나 자신들의 권력이 줄어들고 있고, 황제의 기행으로 언제 목이 날아갈지 몰라 두려워하던 원로원으로서는 웃지도 울지도 못할 광경이었을 것이다. 칼리굴라가 근위병들에 의해 암살당한 배후에는 한때 막강한 힘을 과시했던 원로원이 있었을 것이라는 음모론도 존재한다.

41년 1월 24일, 즉위한 지 만 4년도 되지 않아 칼리굴라는 어느 극장에서 수차례에 걸쳐 칼에 찔린 뒤 사망한다. 수에토니우스는 폭군 칼리굴라의 최후의 순간과 그 이후에 이어지는 혼돈의 시간에 대해서도 매우 상세하게 묘사했다. "바닥에 누운 상태에서 몸을 돌리며 '아직 살아 있다!'라고 외치자 나머지 병사들이 서른 번의 상처를 입히며 끝장을 내버렸다. 그중 몇몇은 검으로 그의 국부를 찌르기도 했다. 칼리굴라의 가마를 지던 가마꾼이 막대기를 들고 황제를 구하러 달려왔고, 그러자 게르만족 출신의 호위병들도 달려왔다. 가마꾼과 호위병들은 암살자뿐만 아니라 죄 없는 원로원 몇 명도 쓰러뜨렸다."[3]

이미 2,000년에 가까운 세월이 지났기 때문에 칼리굴라 황제가 오늘날의 의학적 기준으로 보아도 적합한 정신이상 증세를 지니고 있었는지, 아니면 '그저' 가학적 성향을 지닌 폭군이었는지는 확실히 판단할 수 없다. 하지만 칼리굴라는 어느새 정신이상증을 앓았던 로마 황제들을 상징하는 이름이 되었다. 로마 황제들 중 편집증, 정신증, 조현병 등을 앓았던 대표적 인물은 네로, 엘라가발루스, 카라칼라 황제가 있다. 위에서 언급한 네 명의 폭군 중 세 명은 권좌에 앉은 지 얼마 되지 않아 자살 또는 암살로 생을 마감했다. 예를 들어 칼리굴라의 재위 기간은 3년 10개월밖에 되지 않는다. 또한 폭정의 대명사인 카라칼라 황제는 어느 날 검투장에서 관중들이 자신을 야유한다는 느낌을 받았고, 그 즉시 관중들을 무차별 학살하라는 명령을 내렸다. 6년 간(211~217) 로마제국을 통치한 카라칼라는 결국 메소포타미아 원정길에 올랐다가 부하들에게 암살당한다. 카라칼라 황제의 사생아로 추정되는 엘라가발루스의 재위 기간 역시 칼리굴라와 마찬가지로 정확히 3년 10개월이었다(218년 5월~222년 3월). 엘라가발루스의 사생활도 문란하고 흥청망청하기로 유명했는데 열다섯 살에 즉위한 소년 황제에게 정신병이 있었는지는 확실하지 않다. 다만 동방의 문화를 도입하려 시도했던 것으로 미루어 보건대, 정신이상보다는 그저 자유분방한 로마제국의 관습보다도 도덕관념이 더 해이했거나 정서가 좀 불안했다는 정도로 이해하는 편이 옳을 듯하다. 위에서 언급한 네 명의 대표적인 폭군 중 통치 기간이 비교적 길었던 이는 네로 황제가 유일하다. 네로는 54년부터 68년까지 14년 동안 로마제국을 지배했다. 네로가 불타는 로마를 내려다보며 리라lyre를 켰다는 이야기는 전설처럼 전해 내려오고 있지만 사실이 아닐 가능성이 높다. 64년 7월 로마에 대화재가 발생했을 때 네로는 로마에 있지도 않았다. 화재의 원인은 건조한 여름 날씨와 인구가 밀집된 대도시에서 흔히 볼 수 있는 불법 건축물들로 추정된다. 그러나 네로는 친모를 살해하는 등 잔인한 행태를 보이고, 당시 서민들 사이에 퍼져나가고 있던 기독교를 박해하는 등 폭군으로서의 면모를 보였다.

모든 로마 황제들이 정신이상자는 아니었다. 만약 그랬다면 로마제국이 그토록 오랫동안 유지되지는 못했을 것이다. 엽기적인 기벽이나 폭정을 일삼았던 통치자들(81년부터 96년까지 재위한 도미티아누스 황제도 그중 한 명이다)은 수많은 황제들 중 예외에 속한다. 아우구스투스 황제가 최초로 도입한 원수정principatus, 즉 황제 1인의 통치 체제는 이따금씩 원로원이나 군대와 갈등을 빚기도 했지만, 대체로 무리 없이 잘 굴러갔다. 옥타비아누스(아우구스투스)는 기원전 27년부터 자신을 황제라 칭하기 시작했는데, 서로마제국은 그로부터 최후의 황제가 퇴위할 때까지 무려 500년을 넘게 건재했다. 이후 동로마제국(비잔티움 제국으로 수도는 콘스탄티노폴리스)에서도 황제 체제가 몇백 년 더 지속되었다.

다시 한 번 강조하지만 한 국가의 체제는 지성과 통치력을 갖춘 군주 없이는 결코 장수할 수 없다. 로마제국의 황제들도 자신에게 주어진 소명을 충실히 이행했다. 그중에는 당시로서는 치료법이 없던 질병에 걸려 예기치 않은 시점에 사망했던 이들도 있다. 앞서 언급했듯이 로마 공화정을 1인 독재 체제로 만들어버린 카이사르 황제는 (비록 현명하고 어진 황제는 아니었지만) 간질을 앓았던 것으로 추정된다. 지금도 국가 지도자들 중에 지속적이고 반복적인 스트레스로 인해 발생되는 혈관계 질환이나 심근경색, 뇌졸중을 앓는 이들이 있지만, 고대에는 중년의 나이에 이미 그와 같은 질환으로 고생했던 지도자들이 더 많았다. 트라야누스 황제도 심혈관계 질환으로 사망한 로마 황제 중 한 명이다.[4] 트라야누스는 117년 급사하기 전, 로마제국의 영토를 사상 최대로 확장하는 치적을 세우기도 했다. 트라야누스는 네르바(재위 96~98), 하드리아누스(재위 117~138), 안토니누스 피우스(재위 138~161), 마르쿠스 아우렐리우스(재위 161~180)와 더불어 이른바 '로마제국의 5현제賢帝'로 꼽힌다. 로마제국은 문화와 언어, 전통, 정치 면에서 유럽에 오래도록 영향력을 미쳤다. 제1차 세계대전이 끝날 무렵까지만 하더라도 유럽 강대국들은 카이사르의 통치 방식과 그의 권력을 본받고 싶어 했고, 통치자의 명칭도 카이사르에서 따왔다. 러시아의 황제인 '차르tsar', 독일의 황제를 칭하는 '카이저Kaiser'는 카이사르Caeser에서 유래한 것들이다.

의학적 관점에서 로마 문화를 고찰했을 때 가장 흥미로운 부분은 바로 공중위생의 발달이다. 오늘날의 기준에서 보자면 당시 시설들이 그다지 깨끗해 보이지 않거나 심지어 불결해 보일 수도 있겠지만, 급할 때마다 아무 곳에서나 볼일을 보던 시절에 비하면 분명 장족의 발전이었다. 로마의 공중 화장실은 수도 시설과 연결되어 있어서 물로 배설물을 흘려내려 보내는 시스템이 갖추어져 있었다. 단, 볼일을 본 뒤 신체를 청결하게 유지하는 방식은 조금 실망스러운 부분이 없지 않다. 막대기에 고정되어 있는 헝겊 뭉치를 화장실을 찾는 이들이 공동으로 이용했기 때문이다.[5] 로마 대중 목욕탕의 위생 상태 역시 지금과는 비교도 되지 않겠지만, 목욕탕을 즐겨 찾았던 로마인들의 문화는 청결과 위생을 추구하려는 인간의 욕구를 입증하는 사료이기도 하다. 대도시 로마가 성장함에 따라(전성기 때에는 인구가 120만 명에 달했다) 각종 문제들이 대두되었다. 티베르강은 오물과 세균으로 뒤덮였고, 도시 외곽에서는 풍토병 말라리아가 만연했다. 그럼에도 불구하고 로마제국에서는 위생이나 건강관리, 경험과 관찰을 통해 지식을 쌓은 전문가들의 (중세 시절과는 달리 종교적 도그마에 좌우되지 않는) 치료 행위들이 활발히 이뤄졌고, 그 수준은 당시 유럽 내 그 어떤 국가들보다 높았다. 몇몇 유럽 국가들은 19~20세기에 와서야 비로소 고대 로마제국 정도의 위생과 의료 수준에 도달했다.

5세기 들어 로마제국 내부의 결속이 약화되면서 황제의 권한도 예전과 달라졌다. 게다가 허술해진 국경을 통해 타국민들이 대거 유입되면서 쇠퇴의 길로 들어설 수밖에 없었다. 영국의 역사학자이자 고고학자인 브라이언 워드-퍼킨스Bryan Ward-Perkins는 그와 관련해 "삶의 표준들이 재앙을 맞은 것처럼 무너졌고, (다가올) '암흑의 시기'가 그야말로 모두를 짓눌렀다"라고 했다. 워드-퍼킨스는 《로마의 멸망The Fall of Rome》이라는 매우 인상적인 책을 다음과 같은 경고로 마무리했다. "지금 우리가 그러하듯 로마인들도 자신들의 제국이 멸망하기 전까지는 근본적 변혁 없이도 그 세상이 그대로 영원히 지속될 것이라 확신했다. 하지만 현명해지고 싶다면 결코 그러한 만용을 본받지 않아야 할 것이다."[6]

유럽의 역사를 바꾼 흑사병

페스트

유럽 대륙에서 수많은 인명피해를 낳은 재앙은 유럽의 어느 도시에서 시작되었다. 이 끔찍한 전염병은 남녀노소를 가리지 않고 무차별 공격했고, 전체 인구 대비 사망자 비율이 지난 2,000년간 있었던 그 어떤 자연재해나 인재, 역병들보다 높았다(두 차례의 세계대전도 포함). 5년 만에 유럽 인구의 4분의 1 내지 3분의 1이 이 질병으로 죽음을 맞이했고(사망자의 수나 비율은 지역에 따라 차이가 있었다), 시신들 대부분은 전염병 확산 방지를 위해 불에 태워지거나 구덩이에 한꺼번에 파묻혔다.

제노바 공화국은 현 이탈리아에 위치해 있던 도시국가로, 제노바의 상인들은 14세기 유럽의 경제를 주도할 만큼 강력한 힘을 지니고 있었다. 크림 반도 동쪽 끝자락에 위치한 도시 카파Kaffa(현재는 페오도시야Feodosiya)는 제노바의 상인들이 활동하던 교역의 요충지였다. 그런데 1346년 여름부터 타타르인(몽골족)들이 카파 시를 점

스위스 화가 아르놀트 뵈클린의 1898년 작품 〈흑사병The Pest〉.
이 작품을 그릴 무렵에는 페스트가 이미 유럽에서 퇴출된 이후였다. 하지만 언제든지 끔찍한 역병이 세상을 휩쓸 수 있다는 상징적 의미에서 해당 작품은 우리의 뇌리에 깊이 각인되었다.

령하기 위해 포위하기 시작했다. 하지만 카파 시를 함락하지는 못했다. 부대 내에 (훗날 페스트라고 불리는) 역병이 돌면서 군인의 수가 급격하게 줄어들었고, 이듬해인 1347년에는 결국 진영을 철거해야 할 지경에 이르렀기 때문이다. 당시 기록된 보고서에 따르면 소기의 목적을 달성하지 못하고 철수하는 길에 타타르인들은 절망과 분노를 참지 못하고 일종의 생물전生物戰을 치르기로 결심했다. 역병에 걸려 사망한 시신을 투석기에 매달아 카파 성벽 안쪽으로 던져 넣은 것이다. 오래 전부터 전해 내려오는 이야기들이 으레 그렇듯 이 이야기 역시 '양념'이 많이 가미되어 있을 것이고, 성벽 안으로 던져진 시신만으로 전 유럽을 휩쓴 끔찍한 재앙이 일어나지는 않았을 것이다. 타타르군 진영에 서식하던 쥐들이 카파 시로 들어왔을 수도 있고, 쥐들과 함께 박테리아에 감염된 쥐벼룩Xenopsylla cheopsis도 함께 유입되었을 가능성도 있다. 쥐벼룩이 페스트의 매개라는 사실은 1894년 스위스의 의사 알렉상드르 예르생Alexandre Yersin이 발견했고, 이후 페스트균은 그의 이름을 따 '예르시나 페스티스Yersina Pestis'라는 학명을 지니게 되었다. 페스트의 발병 원리를 최대한 간단하게 설명하자면, 우선 페스트균이 쥐벼룩의 소화기에 장애를 일으킨다. 식도가 막혀 아무것도 삼킬 수 없게 된 벼룩은 굶주림을 극복하기 위해 숙주의 몸을 더 열렬하게 뜯으며 피를 빨아먹는데, 이때 벼룩의 위胃 속에 있던, 박테리아에 감염된 내용물들이 침샘에 섞여 나온다. 벼룩은 한 마리 쥐에서만 피를 빨지 않는다. 이 쥐, 저 쥐를 옮겨 다니고, 다른 동물과 인간도 공격한다. 페스트균에 감염된 벼룩의 희생양이 된 생물은 죽음을 맞이한다. 먼저 쥐들이 죽어나갔고, 그 다음은 사람 차례였다.

페스트균에 감염된 카파 시민들이 대거 목숨을 잃는 사태를 보며 제노바 상인들은 걸음아 날 살려라 하며 도시를 등지고 떠났지만 그중 많은 이들이 배 위에서 목숨을 잃었다. 망망대해조차도 페스트균을 막아내지 못했다. 1347년 가을, 크림 반도에서 출발한 배들이 시칠리아에 도착하여 페스트균을 퍼뜨렸고, 그곳을 기점으로 흑사병은 급속도로 퍼져나갔다. 제노바 선적의 배들이 죽음의 질병을 싣고 온다는 소문은 각 도시들에 전달되었고, 이에 제노바 공화국은 자국 선원과 상인들의 입항을 불허했다. 이에 따라 1347년 12월에는 카파에서 출발한 배들이 고향으로 가지 못하고 마르세유에서 멈춰야 했다. 한편 카파에서는 그해 겨울이 다 가기도 전에 전체 시민 중 절반이 사망했다.[1] 참고로 유럽 땅에서 대규모 페스트가 마지막으로 발발한 곳도 마르세유였다(1720~1722).

14세기에 발병한 페스트가 유럽 대륙 최초의 페스트는 아니었다. 하지만 그 이전의 역사는 너무 오래 전이라 이미 모두의 기억 밖으로 사라진 뒤였다. 1347~1352년 당시 발생한 페스트는 매우 빠른 속도로 퍼졌고 수많은 이들의 목숨을 앗아갔다. 아마도 14세기의 인구 구조나 사회 구조가 전염병이 퍼져나가기에 알맞은 조건이었기 때문일 것이다.

유럽에서 페스트가 최초로 발발한 시점은 그리스의 역사학자 투키디데스의 기록을 보면 알 수 있다. 이른바 '아테네 역병'이라 불리는 유럽 최초의 페스트는 펠로폰네소스 전쟁이 발발하던 시점, 다시 말해 그리스가 최고의 전성기를 맞이하고 있을 때 발병했다. 펠로폰네소스 전쟁은 기원전 431년부터 404년까지 오랜 기간 지루하게 이어진 전쟁으로, 그리스 쇠망의 원인이 되기도 했다. 투키디데스는《펠로폰네소스 전쟁사》라는 고전을 통해 고대 그리스의 역사를 조명했는데, 인구 밀도가 가뜩이나 높은데다가 난민들까지 몰려오면서 포화 상태에 도달한 아테네에 기원전 430년경부터 역병이 발발했다는 사실과 그 역병의 증상도 상세히 묘사하고 있다. 때문에 아테네 역병을 '투키디데스 페스트'라 부르기도 한다. 아테네 역병은 원인 모를 고열과 두통, 기침, 재채기로 시작해서 나중에는 위장 계통에 통증을 유발했다. "환자 대부분은 9~10일째 되는 날, 아직 기력이 남아 있음에도 불구하고 체내에서 발생된 고열로 인해 사망한다. 그 고비를 넘긴 환자의 경우에는 통증 부위가 복강까지 내려가고, 부글부글 끓는 듯한 복통과 묽은 설사를 일으킨다. 결국 환자는 탈진한 상태에서 죽음을 맞는다. 통증은 가장 높은 곳, 즉 머리 꼭대기에서부터 시작되어 완전히 자리를 잡고, 그 뒤부터는 전신을 공격한다. 어쩌다가 가장 힘든 고비를 넘긴 경우라 하더라도 그 후 통증이 사지四肢로 확산된다. 국부나 손가락, 발가락을 잃는 경우도 있고, 시력을 잃는 사람도 있었다. 또 어떤 이들은 병에 걸리고 난 후 기억을 상실하여 가족조차도 못 알아본다."[2] 꽤나 끔찍한 내용이기는 하지만 페스트와는 조금 다른 증상들이었다. 투키디데스는 새들의 갑작스러운 죽음에 대해 언급하기는 했지만, 기록 어디에도 쥐를 포함한 설치류 동물들의 시체가 널려 있었다는 언급은 없었다. '투키디데스 페스트'는 아테네가 위치한 반도의 이름을 딴 '아티카 페스트'라고도 불리는데, 그것이 정확히 어떤 병이었는지 오늘날로서는 알 길이 없다. 혹 바이러스와 살모넬라균에 감염되었거나, 수많은 원인균이 복합적으로 작용해서 발생되는 역병이거나, 어쩌면 지금은 완전히 사라진, 그래서 우리는 모르는 또 다른 종류의 감염성 질환은 아니었을까 하고 추측할 뿐이다.

고대에 창궐했었던 또 다른 역병인 '안토니우스 페스트'도 사실 페스트인지 아닌지 불분명하다. 165년부터 167년에 유행했던 안토니우스 페스트는 증상으로 보아 천연두였을 가능성이 높다. 당시 해당 병의 증상을 기록한 글을 보면 더더욱 페스트가 아니라 천연두라는 확신이 든다. "(……) 눈을 제외한 안면부 전체에서 증상이 관찰되었으며, 나중에는 목, 가슴, 손, 피부 등도 흉한 발진으로 뒤덮였다."[3]

현재 우리가 알고 있는 의학적 지식으로 판단하건대 페스트가 지중해 지역에 상륙한 것은 고대 말기 무렵인 6세기였다. 이 시기에 페스트가 널리 확산될 수 있는 조건을 마련해준 것은 기상 이변이었다(1347년에도 마찬가지였다). 535년 동아시아에서 대규모 화산 폭발이 일어나면서 화산재가 전 세계로 확산되었고, 그 때문에 일조량이 감소하면서 기온이 낮아졌다. 핀란드의 어느 대학에서 나무의 나이테를 이용해 특정 시기의 기후를 추정하는 연륜연대학적dendrochronological 연구를 통해 536년에 기온이 갑자기 뚝 떨어졌다는 사실을 입증한 바 있다. 그 이후에도 평균 기온이 두 번이나 급강하하여 542년에는 1,500년 만의 최저 기온을 기록하기도 했다. 기온이 급격히 떨어져 내린 눈도 한동안 녹지 않았고, 날이 풀린 후에도 비 오고 흐린 날이 비정상적으로 오래 지속되었다. 게다가 일부 지역에서는 반대로 가뭄이 오래 이어지고, 그 와중에 이따금씩 우박까지 내려서(536년, 중국의 몇몇 지역에서 이런 현상이 일어나면서 대기근이 들었다) 농경 위주의 사회였던 고대 말기에 큰 피해를 입혔다. 이처럼 흉년이 들어 먹을 것이 부족해지자 모두들 굶어죽지 않으려 발버둥을 쳐야 했다. 6세기 이전에도 그 이후에도 마찬가지였지만, 특히 6세기에 접어들면서 전 세계 인구의 절반을 훌쩍 넘는 이들이 먹을 것을 구하지 못해 굶주렸고, 영양실조 상태에 빠졌다. 굶지 않을 때에도 각종 영양소를 골고루 섭취하는 것은 꿈도 꾸지 못했다. 당시 기상 이변으로 인한 흉작이 몇 년 동안 지속되었고(그 시절에 형성된 나이테들의 간격이 매우 좁았던 것으로 비춰볼 때 기근이 한 해가 아니라 여러 해 동안 지속된 듯하다), 사람들의 건강 상태는 급속도로 악화되었고, 따라서 면역력이 극도로 저하된 상태였다.

6세기의 페스트는 아프리카에서 시작되었다. 아직 '글로벌 무역'이라고 할 정도의 규모는 아니었지만, 1347년과 마찬가지로 6세기에도 상당한 물량의 상품들이 대륙과 대륙을 오가며 활발한 교역이 이루어지고 있었다. 이렇게 활발한 교역이 페스트의 확산에 기여한 것으로 보인다. 542년 페스트균은 나일 강 인근의 도시 펠루시움Pelusium에 당도했다. 펠루시움은 그 시절 아프리카에서 지중해까지 운반할 화물을 옮겨 싣는 주요 환적장이었다. 그런데 교역을 위해 만들어진 환적장이 질병을 일으키는 병균의 환적장으로 변해버렸다. 쥐, 벼룩, 페스트균으로 이루어진 '3종 세트'는 화물을 실은 배와 동일한 속도로 로마, 마르세유, 스페인 해안, 유럽 문명의 중심지인 콘스탄티노플까지 단 며칠 만에 진출했다. 그 이후부터는 육지를 통해 확산된 덕분에 확산 속도가 조금은 느려졌다. 그럼에도 불구하고 페스트는 같은 해에 이미 예루살렘과 기독교의 본산지라 할 수 있는 안티오키아(오늘날에는 터키 영토에 속함. 터키명으로는 안타키야 Antakya)까지 퍼졌다.

그곳에 거주했던 역사학자 카이사레이아의 프로코피우스Procopius of Kaisareia는 페스트로 인한 피해 상황을 상세히 기록했다. "역병으로 수많은 사람들이 죽었다. 지금까지 일어났던 재앙에 대해서는 현명한 이들이 이유를 밝혀낼 수 있었다. 하지만 이번에 일어난 천벌 같은 재앙에 대해서는 그야말로 신께서 직접 우리를 벌한 것이라는 설명 외에는 그 어떤 이유도 입에 담거나 머리에 떠올릴 수 없다. 그 누구도 어쩌다가 이런 병에 걸렸는지 알지 못했으니, 어쩌면 이상한 몽상이나 꿈이 발병 원인이었을 수도 있다." 당시 역병에 걸린 이들은 갑작스러운 고열에 시달렸다. 하지만 "피부색의 변화는 없었으며, 일반적인 발열 환자와는 달리 전신이 뜨겁게 달아오르지도 않았다. 열이 분명 나기는 했지만 증세가 매우 미미해서 환자 자신은 물론이고 환자를 검진한 의사조차도 위험 징후를 발견하지 못했다. 그러니 역병 환자들 중 그 누구도 자신이 그 병 때문에 죽을 것이라고는 상상도 하지 못했다. 하지만 이 병에 걸린 이들 중 어떤 이들은 감염 당일에, 어떤 이들은 다음날에, 또 어떤 이들은 며칠 뒤에 혹처럼 부어오른 종기가 생겼다. 종기는 하반신뿐 아니라 겨드랑이와 귀 뒤 그리고 허벅지에서도 생겨났다. 병에 걸리고 얼마 지나지 않아 죽는 환자들도 있었고, 며칠 뒤에 사망하는 환자들도 있었다. 어떤 이들의 몸에는 콩 만한 크기의 고름집이 생겨났는데, 그런 경우 하루도 버티지 못하고 죽어나갔다. 알 수 없는 이유로 피를 토하는 이들도 있었고, 그런 경우에도 환자는 곧 사망했다."[4]

프로코피우스의 기록은 비록 오래되기는 했지만 페스트 증상을 꽤 구체적으로 묘사하고 있다. 감염학자들은 페스트의 형태를 증상에 따라 선페스트, 폐페스트, 패혈성 페스트의 세 가지로 구분한다. 가장 대표적인 것은 선페스트bubonic plague로, 사타구니와 겨드랑이, 나아가 신체 기타 부위의 림프절이 극도로 부어오르는 것이 특징이다. 그 종기들은 테니스공만큼 크게 부어오르기도 하고, 내출혈이 일어나 검게 변하기도 한다. '가래톳'이라고도 불리는 종기를 오늘날의 수술용 메스와 유사한 도구로 절개했을 때의 단면도가 그림으로 남아 있는데, 중세 말기에 그려진 그림들 속에서 선페스트 종기는 대부분 나무를 쪼갠 형상과 비슷한 모습을 하고 있다. 선페스트에 감염된 채 아무런 의학적 치료를 받지 못한 이들 중 60퍼센트가 사망했다. 선페스트보다 사망률이 더 높은 것은 폐페스트pneumonic plague다. 폐페스트는 이름에서 알 수 있듯이 주로 호흡기관인 폐를 공격하는데, 치료를 받지 못한 환자들 중 90퍼센트가 사망할 정도로 사망률이 높은 질환이었다. 폐페스트는 벼룩에서 쥐로, 쥐에서 사람으로 옮겨가는 전형적인 감염 사슬조차 무너뜨려 버렸다. 이른바 기침이나 재채기를 통한 '비말감염droplet infection' 방식으로 전이되는 폐페스트는 체액을 통해 사람이 직접 다른 사람에게도 옮길 수 있다. 즉 폐페스트에 걸린 사람이 기침이나 재채기를 할 때, 혹은 침을 튀기며 말을 할 때 옆에 앉아 있다가는 기도를 통해 배출된 페스트균에 감염될 수 있는 것이다. 페스트 형태 중 가장 치명적인 것은 패혈성 페스트septicemic plague로 전염성을 지닌 균이 혈액을 통해 각종 신체기관에 퍼질 경우, 그 당시로서는 죽음을 피할 수 없었기 때문이다. 1347년부터 1352년까지 맹위를 떨쳤던 페스트는 환자들의 신체 부위를 괴사시켜 시커멓게 물들였다. 선페스트 환자들의 종기 역시 멍이 든 것처럼 까맣게 변했고, 페스트는 '흑사병'이라는 또 다른 이름을 얻게 되었다.

6세기에 발발한 페스트는 당시 동로마제국의 황제였던 유스티아누스 1세와도 관련이 있다. 콘스탄티노폴리스에 거주했던 황제도 이 병에 걸렸지만 다행히 죽음은 면했다. 황제가 몸져누워 있는 동안 역사상 가장 현명한 여인들 중 한 명으로 꼽히는 황후 테오도라가 국정을 책임졌다. '유스티아누스 역병'이라고도 불린 6세기의 페스트는 과거부터 현재까지를 통틀어 가장 규모가 큰 역병 중 하나로 꼽힌다. 역병으로 인한 사망자가 1억 명에 달했고, 하루에 1만 명씩 죽어나갔다는 기록이 있다. 그 이후에도 페스트는 유럽 곳곳으로 퍼져나갔다. 7~8세기에도 유럽 내 어딘가에서는 종종 역병이 발병했고, 영국 역시 664년에서 666년 사이 페스트의 습격을 받았다. 이후 페스트는 한동안 잠잠했다. 전염병이 급속도로 확산되기 위해서는 좁은 지역에 많은 사람들이(그리고 많은 쥐들이) 밀집되어 있는 도시 같은 환경이 필요한데 중세 초기는 그 조건을 충족시키지 못했기 때문이다. 중세 초기를 '암흑의 시대'라고 부르는 것이 부당하다는 주장도 있지만 그 시기에 도시의 발달이 이루어지지 않았다는 것만은 분명하다. 로마제국 당시에는 건재했던 도시들이 중세 초기에 들어서는 주민 수가 급감하는 현상을 보였고, 사회기반시설이나 문명의 발달 정도도 쇠퇴하였다. 이때 주춤했던 도시의 발달은 중세 중반, 즉 중세 절정기에 와서야 비로소 구조적으로도 문화적으로도 진정한 꽃을 피우기 시작했다.

그러나 중세의 전성기는 흑사병이 발병하면서 마감된다. 당시 페스트가 확산될 수밖에 없었던 중대한 전제 조건은 이미 30년 전에 조성되었다. 6세기처럼 이번에도 날씨가 주요한 요인이었다. 1315년, 유럽에 폭우가 쏟아졌다. 흉작은 예고된 것이나 다름없었고, 대기근 역시 불을 보듯 빤했다. 당시 사람들은 몇백 년 만에 발생한 대폭우가 열심히 키운 농작물을 휩쓸어가는 것을 보며 노아의 홍수가 재현되었다고 생각했다. 진노한 신이 비를 내려 자신들을 벌한다고 믿은 것이다. (그들은 페스트 역시 자신들의 방탕한 행동을 참지 못한 신이 내린 벌이라 믿었다.) 지긋지긋하게 쏟아진 폭우로 유럽은 큰 피해를 입었다. 인구가 이전보다 늘어났지만 그에 걸맞는 기반시설이 갖추어지지 않았기 때문이다. 기반시설이 제대로 구비되어 있었다면, 폭우로 그렇게 큰 피해를 입지는 않았을 것이다. 최초의 희생양은 당연히 가난한 이들이었다. 하지만 대기근은 이내 고위층과 부유층에도 영향을 미치기 시작했다. 오늘날 벨기에의 투르네Tournai 지역에 위치한 생마르탱 수도원의 수도사 질 리 뮈지Gilles li Muisis는 "남녀노소를 막론하고, 상류층이나 하층민을 막론하고, 부자와 가난한 자를 막론하고 수많은 이들이 죽어 갔고, 썩은 시체에서 풍기는 악취가 코를 찔렀다"[5] 라고 기록했다. 1320~1330년대에 들어서면서 대기근으로 인한 피해가 복구되고 농작물 수확량이 1315년 수준으로 다시 회복되기는 했지만, 이미 많은 이들이 세상을 떠난 뒤였고, 살아남은 이들의 건강 상태도 매우 나빴다. 게다가 오늘날의 기준으로 보자면 중세의 위생 상태는 재난에 가까웠다. 사람과 가축이 지나치게 가까이 붙어살았고(양이나 소를 도시 안에서 키우는 경우가 많았다), 각종 쓰레기나 배설물을 아무데나 함부로 버려 길거리가 오물로 넘쳐났다. 전염병이 번지기에 매우 이상적인 조건이었고, 페스트균이 매개체인 벼룩과 쥐와 함께 다시 유럽에 입성했다.

페스트는 상인들, 난민들 그리고 여행객과 여행객들의 짐가방을 통해 전파되었다. 당시 직물 교역은 경제를 뒷받침하는 든든한 기둥 중 하나였는데, 그중에서도 특히 모직물은 벼룩이 서식하기에 매우 좋은 보금자리였다. 하지만 벼룩들에게 있어 최고의 서식지는 화물선에 화물과 같이 탑승한 쥐의 털이었다. 페스트의 확산 과정을 잘 보여주는 영화로 〈노스페라투Nosferatu〉를 꼽을 수 있는데, 참고로 프리드리히 빌헬름 무르나우Friedrich Wilhelm Murnau (1922)와 베르너 헤어초크Werner Herzog (1979)가 만든 두 가지 버전이 있다. 당시 항구도시들은 선박의 입항을 불허했고, 격리 조치를 취했다. 아드리아 해 연안의 도시 라구사Ragusa (현재 지명은 두브로브니크Dubrovnik)도 페스트 예방 조치를 모범적으로 실행한 도시들 중 하나였다. 하지만 대비책에는 본디 빈틈이 많은 법이다. 잉글랜드의 대비책도 마찬가지였다. 사실 잉글랜드는 백년전쟁을 치른 천하의 숙적 프랑스에서 페스트가 확산되는 것을 보며 어느 정도 통쾌한 기분을 느꼈을 수도 있다. 그러나 페스트는 국적을 가리지 않으므로 잉글랜드로서도 분명 두려워해야 할 대상이었다. 배스와 웰스Bath and Wells 교구의 주교는 "재앙에 가까운 역병이 동쪽의 왕국(프랑스)을 엄습했다. 그 독성 역병이 이 땅에 도달하지 않도록 앞으로도 꾸준히, 경건한 마음으로 기도해야 할 것이다"[6] 라고 경고했다. 하지만 페스트는 결국 항구도시인 멜컴Melcombe을 통해 잉글랜드 땅에 당도했고,[7] 그곳을 기점으로 잉글랜드 영토 내 모든 섬으로 확산되었다. 당시 유입된 페스트로 사망한 이는 인구의 40~50퍼센트에 달했다.[8] 잉글랜드에서 흑사병으로 사망한 이들의 분포도를 조사해본 결과, 역병에 걸리지 않을 것이라 안심할 수 있는 이는 아무도 없었지만, 역시나 고위층의 사망률이 상대적으로 낮았다. 귀족들이 사는 저택은 목재나 점토벽돌을 사용하지 않은 석조 건물이 많았고, 따라서 쥐들이 많이 서식하지 않았기 때문이다. 반면에 콩나물시루처럼 다닥다닥 붙어 있는 런던의 서민 밀집구역에는 쥐들이 들끓고 있었다. 페스트로 인한 귀족의 사망률이 27퍼센트였던 것에 비해 시골 주민이나 막노동꾼의 사망률은 지역에 따라 45퍼센트에서 70퍼센트까지 치솟았다.[9]

프랑스의 불행을 보고 잉글랜드가 통쾌해했듯이 잉글랜드의 적국인 스코틀랜드도 마찬가지였다. 스코틀랜드는 "적국인 잉글랜드의 상황과 '악취를 풍기는 죽음'을 보며 웃음을 감추지 못했다." 1350년 여름, 스코틀랜드는 적국의 위기를 기회라고 생각했고, 엄청난 병력 차이로 평소 같았으면 꿈도 꾸지 못했을 시도를 감행했다. 잉글랜드와의 국경 사이에 대규모 병력을 집결시킨 것이었다. 하지만 어느 역사가의 기록에 따르면 상대방의 위기를 기회로 삼은 스코틀랜드 군대에 "신이 복수의 손을 뻗었고", 영국 본섬의 북부에 위치한 스코틀랜드에도 페스트가 확산되고 말았다.[10]

흑사병이 급속도로 확산되자 사람들은 앞다투어 희생양 찾기에 나섰고, 그런가 하면 세상이 저지른 죄를 대속代贖하기 위해 자신을 채찍질하는, 이른바 '고행자flagellants'를 자처하는 사람들도 나타났다. 중세는 종교의 힘이 강해 페스트가 진노한 신이 세상에 내리는 벌이라고 믿는 분위기가 지배적이었지만, 그와 동시에 신을 분노하게 만든 이들을 색출하여 벌하고 싶은 인간의 본능도 어김없이 고개를 들었다. 광신도들의 목표가 된 이들은 이번에도 유대인들이었다. 유럽 곳곳에 퍼져 있던 유대인 공동체는 늘 그렇듯이 사건이 발생할 때마다 주범으로 지목되곤 했다. 1348년 여름, 프랑스 남부와 스페인에 살고 있던 유대인들이 살해당했고, 뒤이어 대량학살이 자행되었다. 결정권을 지니고 있던 고위층들은 겉으로 반대하는 척했지만, 적극적으로 나서서 유대인 대량학살을 저지하지는 않았다. 혼란한 상황을 타개하기 위해 현실에서 일어나고 있는 범죄들을 눈감아주는 분위기였던 것이다. 시간이 지날수록 모든 일이 다 유대인 때문이라는 음모론이 많은 이들의 뇌리를 파고들었고, 대량학살이 자행된 도시나 마을의 수는 급격히 늘어났다. 독일 남부 콘스탄츠Konstanz의 성직자였던 하인리히 트루흐세스Heinrich Truchsess는 대량학살과 관련된 구체적 내용을 담담하게 기록으로 남겼다. "1348년 모든 성인의 날All Saint's Day(11월 1일)부터 1349년 성 미카엘 축일Michaelmas(9월 29일)까지 쾰른과 오스트리아 사이에 거주하는 모든 유대인들이 화형을 당하거나 살해당했다."[11] 그것은 분명 "살해 행위였고, 많은 역사가들은 그 시기에 자행된 범죄의 규모가 나치 정권이 유대인들을 계획적으로 말살하기 전까지 중세 유대인 사회가 맞이한 가장 큰 참사라 말한다."[12] 많은 역사학자들이 당시 수많은 도시에서 일어난 끔찍한 일들을 비교적 면밀하게 연구했다. 스위스 바젤Basel에서는 라인 강의 하중도河中島 한 곳에 위치한 목재 건물에 유대인들을 몰아넣고 밖에서 문을 잠근 뒤 건물 전체를 불태워 버리는 사건이 발생했다. 프랑스 스트라스부르에서는 1349년 2월 14일, 미처 도주하지 못한 유대인 시민들이 발가벗겨진 채 공동묘지로 끌려가 살해당했다. 밸런타인데이였던 그날, 마을 전체 주민 1,800명 중 약 900명가량이 몰살당했다.[13]

한편 앞서 언급한 고행자들은 일련의 광신도들로 고행단을 꾸려 활동했으며, 끝부분에 철조각이 달려 있는 채찍으로 자기 몸을 사정없이 내려치며 곳곳을 돌아다녔다. 그 광경을 본 시민들은 깜짝 놀라고 겁에 질렸다. 고행단이 자기 신체를 학대하는 목적은 인간들이 저지른 죄에 대한 형벌을 대신 받는 것이었다. 그들은 과도한 행위로 귀족뿐만 아니라 교단의 고위층으로부터도 불신의 눈초리를 받았다. 고행단들은 유대인 학살에 직접 가담하기도 했다. 또한 독일 프랑크푸르트를 비롯한 여러 곳에서는 고행단이 학살자들 곁에서 범죄 행위를 선동했다고 한다.

1352년 여름, 페스트가 유럽 대륙을 횡단하며 모스크바에 입성한다. 유럽의 대도시들 중 마지막으로 페스트의 공격을 받은 것이었다. 당시 차르가 통치하던 러시아의 수도였던 모스크바는 크림 반도에서 북쪽으로 1,000킬로미터는 족히 떨어진 먼 곳에 위치해 있었다. 그러나 카파에서 시작된 페스트는 먼 거리에도 아랑곳없이 교수형을 집행할 때 쓰는 동그란 밧줄 모양의 경로를 따라 모스크바까지 이동했다.

전 유럽을 뒤흔든 페스트는 유럽인의 의식 속에 깊이 아로새겨졌다. 그로부터 몇 세기가 지난 뒤에도 사람들은 페스트라는 말만 들으면 묵시록적 종말, 즉 세상의 멸망을 떠올리곤 했다. 1498년, 독일 화가 알브레히트 뒤러Albrecht Dürer는 당시 상황을 묘사한 목판화를 제작했다. 〈묵시록의 네 기사Four Horsemen of the Apocalypse〉라는 제목의 목판화는 보는 것만으로도 소름이 끼칠 정도로 끔찍한 장면을 담고 있다. 의학사에 대해 깊이 연구한 역사가 한스 샤데발트Hans Schadewaldt는 판화 속에 등장하는 네 명의 인물에 대해 이렇게 기술했다. "붉은 말 위에는 '전쟁'이 커다란 검을 든 채 앉아 있다. 그는 '사람들이 서로 학살하게 만들어 땅에서 평화를 없애는 권세'를 받았다. 검은 말 위에는 저울을 든 사내가 앉아 있는데, 저울은 '밀 한 되도 하루 품삯이요, 보리 석 되도 하루 품삯'이라는 계시록의 구절, 즉 '기근'을 상징한다. 기운이 없어 보이는 말 위에 앉아 있는 이의 이름은 '사망'이고 지옥이 그를 뒤따르고 있다. 흰 말 위에도 기수가 하나 앉아 있는데, 그 기수는 활을 가지고 있다. 이는 당시 발생했고 4세기 뒤에 다시 등장할 페스트라는 '질병'을 상징하는 것이다. 활과 화살은 질병과 의술을 관장하던 그리스의 신 아폴론이 역병을 유발할 때 활용하던 도구였다. 트로이아 전쟁 때 아폴론이 그리스 군대에 역병을 퍼뜨렸다는 이야기는 호메로스의 대서사시 《일리아스Ilias》에도 등장한다. 그 후 수백 년 동안, 나아가 오늘날에 이르기까지 독화살은 역병의 상징으로 남아 있다."[14]

페스트는 수백 년 동안 유럽인들을 공포로 몰아넣었다. 특히 17세기 들어 다시 페스트가 대유행했다. 30년전쟁을 비롯해 당시 발발한 수많은 전쟁을 틈타 페스트는 더 빠르게 확산되었다. 그 시절에도 '묵시록의 네 기사(전쟁, 기근, 사망, 역병)'가 여기저기에 등장했다. 과거보다 발전된 의료 기술도 페스트 앞에서는 무용지물이었다. 온몸을 가리는 옷을 입고 왕진을 하던 의사들은 역병의 치료법은 고사하고 원인조차 밝혀내지 못했다. 다행히 시간이 흐르면서 사람이 거주하는 주택과 동물을 키우는 축사를 구분하기 시작하고 계몽주의 시절을 맞아 사회 일부 계층에서 위생 관념이 생겨나면서 비로소 페스트의 파도가 조금씩 잦아들었다. 이후 1722년 마르세유를 마지막으로 페스트는 유럽 대륙에서 잠잠해졌다.

페스트로 인한 사망자 수는 지역별로 편차가 매우 크지만, 역사학자들은 1347년부터 1352년까지 유럽 전체 인구 중 30퍼센트가 흑사병으로 인해 목숨을 잃었고, 그 수는 대략 1,800만 명에 달한다고 추정한다.[15] 당시 교황이었던 클레멘스 6세의 지시로 시작된 어느 조사에서는 흑사병으로 인한 사망자의 수가 정확히 4,283만 6,486명[16]이라고 주장하기도 하지만 이 수치는 지나치게 높게 책정된 듯하다. 한편, 흑사병은 분명 엄청난 인명피해를 불러왔지만, 살아남은 자들은 사회적, 경제적 상황이 호전되는 이점을 누렸다. 수많은 사람들이 사망하여 모든 분야에서 노동력이 부족해졌던 것이다. 이에 따라 살아남은 수공업자나 농부들은 그 이전이라면 상상도 하지 못할 만큼 유리한 위치에서 거래처나 지주들과 협상할 수 있게 되었다. 서유럽과 북유럽을 비롯해 유럽 내 수많은 지역에서 노동자들의 임금이 상승했고 농노를 구하기 힘들어져 노예를 부릴 수 있는 기회는 더 이상 주어지지 않았다. 생필품 가격도 일시적으로 상승했으나 이내 하락했다. 1347년 이전에 비해 인구가 현저히 줄어들었기 때문에 식량 부족을 걱정할 필요도 없었다. 중세 시대의 인구 중 가장 높은 비율을 차지하는 계층은 농민이었는데, 할당 받은 토지의 면적이 너무 작아서 자신의 사망 후 장자長子에게만 겨우 물려줄 수 있을 정도에 지나지 않았다. 하지만 1450년 무렵에는 모든 자녀에게 나눠줄 수 있을 정도로 할당 받는 토지의 면적이 넓어졌다. 역사상 처음으로 딸들에게도 땅을 물려줄 수 있을 정도였다. 흑사병이라는 대재앙이 이러한 긍정적 효과를 불러온 것은 매우 주목할 만하다. 역병이 번지기 전까지만 하더라도 유럽 대부분 지역은 기근과 빈곤에 시달렸다. 몇몇 지역은 인구 과밀로 매우 열악한 상황에 처해 있었다. 그런 상황에서 사회가 발전할 리 만무했다. 하지만 1352년 이후 인구수가 급감하면서 살아남은 이들은 이제 제한된 자원을 보다 효과적으로 활용하기 시작했다. 수확량이 적은 토지들은 목초지로 전환시켰고, 기술 혁신이 인간의 노동력을 대체하기 시작했으며, 방앗간의 수도 늘어났다. 당시 사람들은 이제 곧 다가올 미래를 낙관적으로 바라보고 있었을 것이다. "한 세기 내내 죽음의 그림자에서 벗어나지 못했었지만 유럽은 결국 페스트라는 납골당에서 벗어났고, 비온 뒤에 해가 비치듯 역병을 딛고 굳게 일어선 것"[17]이다.

슈타우펜 왕조의 종말

'세계적 경이' 프리드리히 2세

역사는 다양한 계층의 많은 이들이 관심을 가지는 분야다. TV 프로그램 중에서도 역사 다큐멘터리는 나름 확고한 위치를 차지하고 있다. 몇몇 나라에는 역사 관련 프로그램만 방송하는 채널이 따로 있을 정도다. 대부분의 서점에는 역사 관련 서적만 전시해둔 공간이 따로 있으며, 런던 피카딜리서커스 역 인근에 있는 영국 최대의 서점 워터스톤즈Waterstones는 한 층 전체를 역사 관련 서적에만 할애하고 있다. 또한 독자들은 사실을 기록한 역사서에도 관심이 많지만, 역사적 배경을 소재로 한 소설에도 관심이 많다. 역사는 수많은 독자들의 관심을 불러일으키는 장르이자 상품성도 갖추고 있다. 유명 언론사들이 앞다투어 역사 전문 잡지들을 출간하고 있다는 것이 바로 그 증거다. 지금 이 책을 읽고 있는 독자들 역시 역사에 관심이 많을 것이다. 아마도 그리스 신화 속에 등장하는 역사의 여신 클레이오의 팬들이 아닐까?

독일뿐만 아니라 유럽 역사에 있어 매우 중대한 의미를 지니는 인물 중 한 명인 슈타우펜 왕조의 황제 프리드리히 2세의 죽음(1250)은 중세 중기의 마침표이자 후기의 시작점이라 할 수 있다. '세계적 경이'라고 칭송받던 프리드리히 2세도 의학 기술의 부족이라는 한계를 넘지 못하여 사망했다.

특히나 대중들은 한 시대를 풍미한 왕조의 이야기에 많은 관심을 보인다. 1977년 바덴-뷔르템베르크 주에서 주관한 〈슈타우펜 Staufen 왕조〉 전시회가 그 대표적인 예다. 전시회가 열린 기간은 두 달 남짓으로 길지 않았지만, 주최 측에서 기대했던 것보다 훨씬 더 많은 65만 명의 관람객들이 그곳을 다녀갔다. 전시회가 열리는 기간 내내 슈투트가르트 구舊 궁전 앞에는 기나긴 줄이 이어졌으며, 이후 그와 유사한 수많은 프로젝트들이 생겨났다. 1981년 아직 분단되어 있던 베를린 장벽 바로 옆에서 개최되었던 〈프로이센 전시회〉도 그 중 하나다. 지금도 수많은 미술관들이 역사 관련 유물들을 고정적으로 전시하고 있고, 한시적 역사전도 자주 개최하고 있다. 특히 독일의 본Bonn과 라이프치히 그리고 베를린에 위치한 역사박물관들은 독일 근현대사와 관련된 수많은 자료들을 소장하고 있는 것으로 유명하다.

슈타우펜 왕조는 이처럼 역사에 대한 대중들의 관심을 북돋는 물꼬를 터주었다. 지금부터는 그 왕조를 병력전기학적 관점에서 한번 살펴보겠다. 슈바벤Schwaben에서 탄생된 슈타우펜 왕조의 역사가 대중들의 마음을 사로잡는 이유는 지금으로부터 너무 먼 옛날의 이야기가 아니라는 점, 그럼에도 불구하고 아주 흥미진진한 시대였다는 점 등을 꼽을 수 있겠지만, '암흑의 시대'라 불리던 중세 시대에 위대한 업적을 남겼기 때문이기도 하다. 물론 몇몇 베스트셀러 역사서들은 중세 시대가 '암흑의 시대'가 아니라고 주장하기도 했다.[1] 그러나 민족대이동이 있은 이후, 즉 중세 초기는 암흑의 시대라는 수식어가 어울린다고 볼 수 있다. 혹은 중세 후반도 그러한 수식어가 어느 정도는 들어맞는다. 1315년경부터 시작된 기상 이변이 위기를 초래했고, 무엇보다 (페스트에서 자세히 살펴봤듯이) 1348년부터 번지기 시작한 흑사병이라는 커다란 재앙을 겪었기 때문이다. 그러나 슈타우펜 왕조가 통치하던 12~13세기는 발터 폰데어포겔바이데Walther von der Vogelweide 같은 훌륭한 시인을 탄생시키고 위대한 건축물들을 남겼다. 그중 가장 유명한 건축물 중 하나인 쾰른 대성당은 그로부터 600년 뒤에야 비로소 완공되기는 했지만, 그 역시 슈타우펜 왕조 때 축조하기 시작했으니 해당 왕조의 업적이라면 업적일 수 있다. 오해를 방지하기 위해 일러두자면, 슈타우펜 왕조가 영광의 시대, 문화 대번성의 시대이기만 한 것은 아니었다. 그 시절에도 전쟁, 폭력, 살인, 고문은 있었고, 성장과 번영을 거듭하고 있는 경제적 상황 속에서도 빈곤한 이들이 있었다. 물론 그 이전이나 그 이후의 시절과는 비교할 수 없는 숫자에 불과했지만, 그래도 분명 먹을 것이 없어 굶어죽는 사람들도 있었고, 당시 의술로는 치료 방법이 없는 질병으로 사망한 이들도 많았다.

슈타우펜 왕조에서 가장 유명한 왕인 프리드리히 2세와 그 이전의 왕들도 의학 기술의 부족으로 죽음을 맞아야 했다. 프리드리히 2세의 할아버지인 프리드리히 1세는 '붉은 수염'이라는 뜻의 '바르바로사Barbarossa'라는 별명으로 불리곤 하는데, 전해 내려오는 이야기들에 따르면 왕으로서는 매우 보기 드문 죽음을 맞이했다고 한다. 바르바로사는 어느 날 키프호이저Kyffhäuser 산 어딘가에 머무르던 중 가여운 독일 백성들을 비참한 현실에서 해방시켜야겠다고 결심했다. (어떤 구체적인 계획을 세웠는지에 대해서는 기록이 없다.) 이후 프리드리히 1세, 즉 바르바로사는 십자군에서 부대를 차출해 동방 원정길에 올랐다. 1190년 6월 10일, 제3차 십자군 원정에 나선 바르바로사는 살레프Saleph 강(지금은 터키 영토) 근처에서 신선한 공기를 마시며 잠시 쉬어가기로 결정했다. 때는 무더운 여름날이었고, 산줄기를 타고 내려온 강물은 몸을 담그고 싶은 유혹을 도저히 거부할 수 없을 정도로 시원했다. 당시 바르바로사의 나이는 대략 예순여덟 살 정도였다(생년월일 미상). 백발이 성성했을 나이다. 당시로서는 성서에 등장하는 최장수 인물 므두셀라에 비견할 정도로 오래 산 것이다. 부하들은 강물에 뛰어들지 말라고 간곡히 청했지만, 수영을 매우 잘했던 바르바로사는 부하들의 충언을 무시했다. 그런데 물의 냉기와 공기의 뜨거운 열기 사이의 온도 차가 너무 컸기 때문인지, 바르바로사는 물속에서 숨을 거두고 말았다. 많은 이들이 당시 황제가 익사했다고 믿고 있지만, 그보다는 심장마비를 일으켰을 가능성이 더 크다. 어쨌든 황제는 그렇게 생을 마감했다. 부하들은 어떻게 대처했을까? 당시 부하들이 황제의 주검을 보존하기 위해 취한 방식은 지금 독자들이 보기에는 매우 충격적일 것이다. 부하들은 황제의 시신이 무더운 상온에서 빨리 부패하는 것을 막기 위해 뼈에서 근육과 피부조직을 분리했다. 그렇게 보존된 시신의 일부가 나중에 어디에 매장되었는지는 알려져 있지 않다. 바르바로사가 그렇게 허망하게 사망한 뒤, 제3차 십자군 원정은 프랑스의 필립 2세와 영국의 '사자왕' 리처드 1세가 계속 이끌었다.

바르바로사가 당시로서는 장수를 누린 반면, 아들 하인리히 6세는 서른한 살의 나이로 요절한다. 시칠리아 북동쪽에 위치한 도시 메시나Messina에서 뜻밖의 질병에 걸린 것이다. 지중해 연안에 위치한 나라의 국민들을 수백 년 동안 괴롭혀온 질병인 말라리아였다. 기온이 상승할 때면 영국이나 라인 강 유역의 주민들도 걸리곤 하던 질병이다. 통치자가 갑자기 사망하면 으레 그렇듯 하인리히 6세가 급작스럽게 사망하자 독살설이 나돌았다. 그 배후에 태후인 콘스탄체가 있다는 소문이 널리 퍼지기도 했다.

하인리히 6세의 갑작스러운 사망은 역사적으로 중대한 의미를 지닌다. 만약 그가 요절하지 않았다면 역사에는 어떤 일이 벌어졌을까? 신성로마제국(독일 제1제국)의 황제인 하인리히 6세는 선제후들의 입김이나 선거 따위에 휘둘리지 않고 세습 체제를 확고히 구축하려고 했다. 병으로 사망하기 얼마 전 실제로 그런 시도를 했지만, 제후들의 거센 저항 때문에 결국 포기하고 말았다. 만약 슈타우펜 왕조의 전성기였던 당시에 하인리히 6세가 조금만 더 오래 살았더라면 독일의 역사는 완전히 다른 방향으로 흘렀을지도 모른다. 아마도 권력은 중앙에 집중되었을 것이고, 그랬다면 1870년경까지 이른바 군웅할거의 시대를 맞이하며 여러 개의 군소국가로 쪼개지는 일은 없었을 것이다. 하지만 하인리히 6세의 이른 사망으로 인해 독일제국도 프랑스, 영국, 스페인, 스웨덴과 비슷한 길을 걸었다. 유럽 국가 대부분이 걸은 길을 독일도 그대로 따른 것이었다.

하인리히 6세를 이어 황제의 자리에 오른 프리드리히 2세는 다재다능했다. 사람의 마음을 사로잡고 모든 이를 자기편으로 끌어들이는 빛나는 매력을 지닌 그는 '스투포르 문디stupor mundi', 즉 '세계적 경이'라는 별명으로 불렸다. 전기작가들 중에는 자신이 좋아하는 영웅을 찬미하며 칭찬 일변도의 내용만을 담는 작가들이 있다. 1927년 독일의 역사학자 에른스트 칸토로비츠Ernst Kantorowicz는 프리드리히 2세야말로 매우 이상적인 통치자의 인성을 지녔던 인물이라며 칭송하는 책을 출간했으며, 덕분에 황제의 이미지는 더더욱 좋아졌다. 지금은 상황이 조금 달라졌다. 요즘 학자들은 모든 것을 이성적으로 직시하고 중립을 지키는 것을 중요하게 생각한다. 따라서 프리드리히 2세를 미화하는 작업을 중단하고, 좀 더 객관적으로 황제의 업적을 분석해야 한다고 주장이 나오고 있다. 그러나 황제의 업적을 객관적으로 분석해서 나온 결론도 크게 다르지 않았다. 현대적 의미에서 볼 때에도 프리드리히 2세가 매우 아량이 넓은 인물이었다고 말들을 하니 말이다(물론 여기에 대해서도 논란이 있기는 하다). 당시 프리드리히 2세의 궁전에는 유대인 학자들이나 이슬람교를 믿는 학자들이 출입했으며, 호위병 중에도 무슬림교도나 에티오피아 출신의 용병들이 있었다. 급진적이고 고집스러운 성격 때문에 프리드리히 2세가 여러 명의 교황과 철천지원수 관계에 놓여 있었고, 그 교황들은 수차례에 걸쳐 황제를 교단에서 파문했으며, 황제의 사망 소식을 들은 바티칸이 ('네 이웃을 네 몸같이 사랑하라'는 기독교의 가르침은 깡그리 잊은 채) 비웃고 조롱하고 환호를 내질렀다는 이야기가 있지만, 그렇다고 황제의 기본적인 성정이 나빴다는 뜻은 아니다. 프리드리히 2세는 재위 기간(1220~1250) 중 많은 시간을 시칠리아에 머물렀는데, 한 가지 분명한 점은 황제가 머무르는 궁전이 각종 규제와는 거리가 멀었고, 예술과 문화, 자유로운 학술 연구의 중심지였다는 것이다. 황제가 불타오르는 학구열 때문에 자녀들조차 멀리 떠나보내 다른 사람이 키우게 했다는 소문도 있다. 인류 언어의 기원에 대해 연구하고자 하던 욕구가 그만큼 강했던 것이다. 음식물의 소화 과정을 확인하기 위해 산 사람의 배를 가르라고 지시했다는 설도 있지만, 그런 말들은 수많은 정적들이 황제를 비방하기 위해 세상에 퍼뜨린 헛소문에 불과하다. 황제의 학술적 업적에 대해서는 여러 가지 논란이 있지만, 그가 남긴 글들에 대한 평가에 있어서만큼은 대부분 긍정적이다. 매를 이용한 사냥에 열광했던 황제는《매사냥 기술에 대하여De arte venandi cum avibus》라는 책도 남겼다. 서지학적 측면에서나 예술적 측면에서나 고전에 속하는 이 작품은 그 이후 몇 차례에 걸쳐 재인쇄되었고, 각국 언어로 번역되었으며, 지금도 고서점이나 온라인 서점을 통해 구입할 수 있다. 무려 750년 전에 출간된 스테디셀러인 셈이다.

여러 가지 얼굴을 지니고 있던 통치자 프리드리히 2세는 1250년 12월 13일, 이탈리아 풀리아Puglia에 위치한 '카스텔 피오렌티노Castel Fiorentino' 성에서 최후를 맞는다. 황제를 죽음으로 몰고 간 것은 유행성 감염 질환이었다. 황제의 소화기관을 망가뜨린 질병은 티푸스나 파라티푸스였을 것으로 추정한다. 훗날 역사가들은 그 해를 기준으로 중세 전성기와 중세 후반이 갈린다고 평했다. 황제가 사망하자 교황청에서는 그 의도가 드러나는 적나라한 표현들로 황제의 죽음을 폄하했다. 프리드리히 2세가 구토와 설사와 사투를 벌이다가 결국 목숨을 잃었는데, 신실한 믿음이 없는 죄인이자 종교의 배신자였기 때문에 그런 고초를 겪었다는 내용이었다. 그보다는 중세의 연대기 학자인 파리의 마태오Matthaeus Parisiensis가 프리드리히

2세를 좀 더 제대로 평가했다고 할 수 있다. (이름에서는 다른 나라 사람으로 충분히 오해를 살 수 있겠지만 파리의 마태오는 잉글랜드 출신이었고, 런던 북쪽에 위치한 도시 세인트올번스St. Albans에 살고 있었다.) 파리의 마태오는 1251년, 프리드리히 2세가 전 세계적으로 가장 위대한 통치자요, '세계적 경이'라고 칭송했다.

유곽을 찾았다는 이유로 매독이라는 형벌을 받게 된 이의 모습을 묘사한 작품(19세기 중반). 매독은 아메리카 원주민이 유럽에 내린 형벌이라는 설이 있다. 교황과 황제, 유명 예술가들이 차례로 매독으로 쓰러졌다.

애정 행위의 어두운 그림자

매독

적국의 수도를 점령한 프랑스 병사들은 자신들에게 이런 행운이 주어졌다는 사실을 믿을 수 없었다. 하지만 그것이 과연 행운이었을까? 절망과 실의에 빠져 있던 나폴리 현지 방어군은 결국 최후의 수단을 동원했다. 당시 그 현장을 목격했던 한 증인은 다음과 같이 말했다. "그들은 먹을 것이 부족하다는 핑계를 대며 자신들의 진지 인근에 둥지를 틀고 있던 윤락녀들과 외모가 출중한 여성들을 폭력을 동원해서 프랑스 군대 쪽으로 내몰았다. 쫓겨난 여성들의 외모에 매료된 프랑스군은 그 여인들을 자신들의 진지로 끌어들였다".[1] 그 증인은 훗날 르네상스 시대를 대표하는 해부학자이자 의사가 될 가브리엘레 팔로피오Gabriele Falloppio[2]의 아버지였다. 가브리엘레 팔로피오는 평생 동안 유행성 질병과 그 질병의 징후 및 후유증을 연구하며 보냈다. 팔로피오의 아버지가 목격한 장면은 고전적인 생물학전이라 할 수 있겠다.

1495년 2월, 승승장구를 거듭하던 샤를 8세의 프랑스군은 나폴리에 입성한다. 그들은 나폴리군이 자신들에게 그 도시에서 가장 아름다운 여인들을 안겨줄 것이라고는 상상도 못했을 것이다. 나폴리군이 여인들을 자신들의 진영에서 쫓아내 프랑스군으로 보낸 이유는 식량 부족 때문이기도 했지만, 그보다 더 큰 이유는 프랑스 군대를 오래도록 괴롭힐 방도를 찾았기 때문이었다. 결과는 무엇을 상상하든 그 이상이었다. 왜냐하면 그 여인들의 건강에 큰 문제가 있었기 때문이다. 아름다운 여인들과 '즐거운' 시간을 가졌던 프랑스 병사들은 끔찍한 대가를 치러야 했다. 프랑스군이 나폴리에 입성한 지 몇 개월 뒤인 1495년 7월, 포르노보Fornovo에서 전투를 벌이던 중 프랑스군 측 의무병[3]들은 병사들의 상처 부위를 처치하다가 끔찍한 사실을 발견한다. 프랑스 병사들의 몸이 고름으로 뒤덮이거나 기타 피부 질환이 발생한 것을 확인한 것이었다. 마치 한센병을 떠올리게 만드는 증상이었다. 증세를 보인 병사들 중 몇몇은 사망했고, 살아남은 이들도 이루 말할 수 없는 고통을 겪었다. 이후 프랑스 병사들의 수는 가파르게 감소했고, 프랑스군은 결국 퇴각을 결정했다. 새로운 질병은 약 150년 전 발발했던 흑사병을 비롯한 각종 유행병들을 연상시켰고, 알 수 없는 질병에 걸린 병사들의 심신은 급속도로 지쳐갔다. 그런데 프랑스군을 괴롭힌 새로운 질병은 페스트나 한센병 혹은 천연두와는 다른 한 가지 징후가 있었다. 그것은 바로 최초 감염 부위였다. 병변이 환자들의 성기 주변에서 가장 먼저 관찰된 것이었다. 의무병들은 해당 병사들과 관계를 가진 여인들의 성기를 검사한 후, 성관계를 통해 감염된 질병임을 확신했다.

사람들은 새로이 등장한 그 질병을 '악성 천연두malicious pox'라 부르기 시작했다. 그 고약한 질병은 유럽 대륙 내에서 급속도로 전파되었다는 점에서 흑사병과도 닮은 점이 많았다. 훗날 매독syphilis이라고 불리게 된 이 질병은 당시 교통수단이 이동하는 것과 동일한 속도로, 나아가 당시 진군하는 군대의 속도와 유사한 속도로 퍼졌다. 이번 질병 전파의 주역은 샤를 8세의 군대였다. 프랑스에서는 해당 질병을 '나폴리 질병'이라 불렀다. 프랑스인들이 보기에는 나폴리가 매독의 발상지였기 때문이다. 하지만 이탈리아나 독일어권 국가, 나아가 영국에서는 그 질병을 '프랑스 질병'이라 불렀다. 그런가 하면 네덜란드에서는 '스페인 질병'이라 불렀고, 폴란드에서는 '독일 질병', 러시아에서는 '폴란드 질병'이라 불렀다. 그 이름들을 보면 매독의 진행 경로를 얼추 짐작할 수 있다. 나아가 문제가 발생하면 지리적으로 인접해 있는 국가에게 모든 책임을 돌리던 당시의 분위기도 엿볼 수 있다.[4]

이탈리아 전장에서 사투를 벌인 용병들은 대부분 여러 나라에서 모집한 농노들로 구성되어 있었으며, 이탈리아군와 프랑스군 모두에 스페인 출신 용병들이 포함되어 있었다. 그 당시에는 그것이 관행이었다. 우리는 여기에서 매독과 관련된 한 가지 중대한 단서를 찾을 수 있다. 비록 그간 논란이 분분하긴 했지만, 지금도 많은 이들이 매독이 스페인 용병들에게서 시작되었다고 믿고 있는 이유다. 유럽을 뒤흔든 끔찍한 질병, 즉 매독은 세계사적 사건과도 연관이 깊다. 1493년 3월, 콜럼버스가 니냐Niña 호와 핀타Pinta 호[5]를 이끌고 신대륙에서 귀환했다. 당시 콜럼버스는 금과 향료의 나라인 '동양' 인도로 향하는 뱃길을 개척했다고 주장했다. 그러나 사실 그곳은 '동양'도 아니었고, 정확히 따지자면 '개척'이 아니라 '재개척'한 것이었다. 왜냐하면 약 500년 전, 북유럽 출신의 뱃사람들(바이킹)이 이미 북아메리카 대륙을 밟은 적이 있기 때문이다. 하지만 콜럼버스가 신대륙을 식민지로 삼고 정복하려 했던 것과는 달리 500년 전에 신대륙에 도착한 바이킹들은 이렇다 할 자취를 남기지 않았다. 콜럼버스를 필두로 한 선원들이 스페인으로 귀환했을 무렵에 활약했던 두 명의 의사 페르난데즈 데 오비에도Fernandez de Oviedo와 뤼 디아즈 데 이슬라Ruy Diaz de Isla는 귀환한 뱃사람들에게서 매우 특이한 형태의 질병을 발견했다. 두 의사는 그 질병이 '인디오'라 불리던 신대륙의 원주민들과의 접촉에서 비롯된 것이 분명하며, "지금까지 볼 수 없었고, 어디에도 묘사된 바 없는 질병"이라고 말했다. 의사들은 귀환한 뱃사람들로부터 신대륙의 원주민들에게서 해당 질환이 흔히 볼 수 있는 질병이고 치료제도 있는 것 같다는 진술을 들은 바 있다고도 전했다.[6] 감염된 환자들 중에는 스페인 남서부에 위치한 도시 팔로스 데 라 프론테라Palos de la Frontera의 명문가 출신 마르틴 알론조 핀존Martín Alonso Pinzón도 있었다. 핀타 호의 선장이었던 핀존은 형제들과 함께 역사적 대탐험에 나섰지만, 본국으로 귀환할 때쯤에는 스스로 몸을 가누지 못해 들것에 실려 배에서 내려야 할 만큼 쇠약해져 있었고, 귀환한 지 2주 만에 사망했다.

1492~1493년, 제노바 출신의 콜럼버스가 이끈 탐사단에 몸을 싣고 세계를 누비던 선원들이 매독균Treponema pallidium을 유럽으로 수입해왔다는 주장은 동시대 사람들뿐만 아니라 지금까지도 많은

사람들이 믿고 있는 가설이다. 물론 그 주장에 대해서는 수많은 반박과 논란이 있었다. 콜럼버스 탐험단의 선원들이 매독균을 유입시켰다는 가설에 반대하는 사람들은 콜럼버스 이전, 그러니까 1492년 이전에 이미 유럽 대륙에서 매독이 발발했다고 주장한다. 하지만 이것도 확실한 근거가 있는 주장은 아니다. 그 시기 즈음에 매독에 걸려 사망한 것으로 추정되는 이들의 유해가 발굴되기도 했지만, 의학적으로 확실히 검증되지 않았고, 매독의 발발 시기 역시 명확하게 규명되지 않았기 때문이다. 그에 반해 콜럼버스가 신대륙에 도착하기 이전부터 신대륙 원주민들 사이에 매독이 유행병처럼 번져 있었다는 사실을 입증하는 자료는 제법 많다. 과학자들이 오늘날의 도미니카 공화국에서 8세기부터 매장된 시신들을 조사한 결과, 매독에 의한 골막염 증상이 발발한 것으로 보이는 시신이 6~14퍼센트에 달했다. 매독 감염자 모두가 골막염 증상을 보이지는 않는다는 점을 감안하면 매독 감염자의 수치는 그보다 훨씬 더 높았을 것으로 추정된다.[7] 콜럼버스 이후 몇 세기 동안 백인들은 원주민들의 땅인 아메리카 대륙을 약탈하고 대량학살을 자행했다. 어쩌면 매독은 아메리카 대륙 원주민들이 자신들이 당할 고통을 예상하고 백인들에게 미리 가한 형벌이었을지도 모른다.

1490년대 중반을 즈음하여 매독이라는, 듣도 보도 못한 성병은 급속도로 전파되었고, 모두들 그 앞에서 경악을 금치 못했다. 그 전파 속도나 당시 사람들의 반응을 보면 매독이 콜럼버스 이전에 이미 유럽에 존재했을 것이라는 가설은 신빙성이 떨어진다. 매독은 그 전염성과 위험성 때문에 등장하고 얼마 지나지 않아 무섭고 끔찍한 질병으로 사람들에게 깊이 각인되었다. 매독을 다룬 각종 글들과 예술 작품들도 속속들이 등장했다. 독일 화가 알브레히트 뒤러는 1496년에 매독에 걸려 온몸이 종기로 뒤덮인 농노 출신의 환자를 묘사한 목판화를 제작했다. 같은 해 독일 출신의 시인 겸 법학자 제바스티안 브란트Sebastian Brandt는 성모 마리아가 성자 예수를 안고 있는 모습의 목판화를 제작했다. 그 판화에서 아기 예수는 온몸이 종기나 농양으로 뒤덮인 매독 환자들을 향해 빛을 내뿜고 있는데, 치료를 위한 것인지 단죄를 하려는 것인지는 확실치 않다. 한편, 마리아는 왼팔로는 아기 예수를 안고 있고, 오른팔로는 막시밀리안 1세에게 왕관을 씌워주려는 듯한 자세를 취하고 있다. 막시밀리안 1세는 1495년, "최근 발생한 끔찍하고도 새로운 질병, '프랑스 질병'이라고 부르는 인류가 지금까지 듣도 보도 못한 질병"[8] 이 인간들이 저지른 각종 범죄나 신성모독에 대한 형벌이라는 내용의 칙령을 발표한 바 있었다. 판화 속의 마리아는 그 칙령을 발표한 막시밀리안 1세에게 일종의 보상으로 왕관을 씌워주고자 했던 것 같다.

브란트의 목판화는 그 이후 몇백 년 동안 종교계 지도자들이 매독을 얼마나 맹렬히 비판했는지를 단적으로 보여준다. 교단은 설교나 인쇄물 등을 통해 매독이 육욕 때문에 떠안게 된 천벌이라 비판했다. 하지만 가톨릭 교단, 그중에서도 고위층들은 매독에 걸린 일반 교인들을 비난할 자격이 없었다. 심지어 여러 명의 교황들이 줄지어 매독에 걸리는 경우도 있었다. 물론 교황을 필두로 한 종교 지도자들이 신도들에게 자신들의 무분별한 방탕을 알렸을 리는 만무하다. 스페인 보르자Borja의 교황 알렉산데르 6세와 더불어 율리우스 2세, 레오 10세도 매독에 걸렸다. 특히 율리우스 2세에 대해서는 교황의 주치의가 남긴 문서도 존재한다. "매우 치욕스러운 말이지만, 교황의 신체 중 그 끔찍하고 사악한 정욕의 상징으로 뒤덮이지 않은 부분이 거의 없다."[9]

매독이라는 무시무시한 성병은 고위 성직자들뿐만 아니라 귀족들에게도 급속히 퍼져나갔다. 그 때문에 영어권에서는 매독을 '왕궁의 천연두royal pox'라고도 불렀다. 병사들을 이끌고 나폴리 원정을 떠났던 프랑스의 샤를 8세도 매독을 프랑스에 퍼뜨렸다는 의심에서 벗어날 수 없었다. '친절왕Charles l'Affable'이라는 별명을 가진 샤를 8세가 연회나 음주가무, 난교 등을 싫어하지는 않았을 것이다. 샤를 8세는 한 나라의 국왕으로서는 보기 드문 이유로 요절하고 만다. 실내 테니스를 즐기려 시합장으로 들어가던 중 문틀에 머리를 박고 피를 흘리기 시작했고, 결국 스물여덟 살의 젊은 나이로 세상을 떠난 것이었다. 샤를 8세의 후계자 프랑수아 1세 역시 불공대천의 원수이자 라이벌이었던 신성로마제국의 황제 카를로스 5세와 마찬가지로 매독 환자였다는 설이 있지만, 세계를 주무른 정치가들의 병력에 대해서는 여러 가지 말들이 많으므로 확신하기 힘들다. 매독 환자라는 진단은 일종의 낙인으로 그 인물을 폄하하려는 의도를 지닌다. 즉 왕조 계승 문제 등으로 국왕과 갈등관계에 놓인 정적들이 국왕을 음해하기 위해 매독 환자였다는 근거 없는 소문을 퍼뜨리는 경우가 많았다는 것이다(정확하지 않은 자료들을 바탕으로 특정 통치자가 매독 환자였다고 주장하는 역사학자들도 많다). 그런 이유에서 한 국가를 이끈 수장들 중 매독 환자였다는 의심을 받는 이들이 유독 많았다.

영국의 헨리 8세, 광기와 폭력적 성향 때문에 '끔찍한 폭군 이반Ivan the Terrible'으로 불리던 러시아의 차르 이반 4세, 프랑스 국왕 루이 14세와 15세 등이 대표적이다.

근세로 전환하는 시점에 발발한 매독은 급속도로 퍼졌고, 증세도 매우 심각했다. 당시 매독은 사회 구조에도 많은 변화를 일으켰다. 중세는 독실한 신앙과 종교적 규율을 강조하는 사회였지만, 그것과는 상관없이 모두들 육체적 쾌락을 즐겼다. '목욕 보조원'이라 불리는 소녀들이 부수적인 수입을 올리는 대형 욕장도 많았다. 하지만 매독이 발발하면서 유럽 대도시에서 성업하던 대형 욕장들은 급속히 자취를 감추었다. 그때를 즈음해 혼외정사나 혼전 성교 등 자녀를 낳기 위한 목적이 아닌 모든 종류의 성관계에 대한 비난도 대대적으로 들끓기 시작했다. 물론 이 사안에도 교회가 관여했다. 그러면서 유럽 내 많은 지역에서 성교를 금기시하는 분위기가 조성되었다. 특히 서민들 사이에서는 웬만해서는 남녀가 관계를 맺지 않는 것이 바람직하다는 일종의 도덕률도 탄생했다. 하지만 귀족이나 고위 성직자들은 여전히 순결이나 정조관념과 거리가 멀었고, 늘 육욕에 찌들어 있었다. 그런 가운데 성매매 여성들은 매독을 옮기는 원흉으로 지목되었고, 나라별, 사회별 규범에 따라 윤락녀들을 다양한 방식으로 탄압했다. 병원에 강제 입원시킨 경우도 있고, "창녀는 매독의 원흉" 같은 낙인을 찍어서 괴롭히는 경우도 많았다. 당대를 주름잡은 계몽주의의 위대한 학자인 로테르담의 에라스무스Erasmus of Rotterdam [10] 조차도 매우 극단적이고 비인간적인 예방책을 제안한 바 있다. "결혼에 앞서 예비 신랑과 신부는 매독 검사를 받아야 했다. 둘 중 하나가 매독에 감염되었다면 혼약을 깨기에 충분한 이유가 되었다. 에라스무스는 이와 관련해 가장 좋은 방법은 악의 근원을 뿌리부터 뽑는 것이라 말했다. '매독에 최초로 감염된 자들을 화형에 처했다면 평온한 세상을 유지할 수 있었을 것'이라고 말한 것이다. 나아가 매독에 걸린 남성들은 거세하는 것이 좋다는 믿음도 있었다."[11]

앞에서 언급했던 의사 가브리엘레 팔로피오는 1564년 매독에 관한 학술적 연구를 바탕으로 《프랑스 질병De morbo gallico》이라는 책을 펴냈다. 참고로 '매독syphilis'이라는 병명은 팔로피오가 천문학자인 지롤라모 프라코스토로Girolamo Fracostoro와 함께 1530년부터 사용하기 시작했다. 하지만 그 병명은 그로부터 200년이 지난 후에야 확고한 병명으로 자리 잡았다. 저서에서 팔로피오는 매독의 증상과 당시의 처치법을 소개했고, 나아가 전염을 막는 예방법까지 제시했다. 파도바Padova 대학에서 후학을 양성 중이던 해부학 교수 팔로피오는 대규모 인원이 표본으로 참가하는 연구를 사상 최초로 실시했다. 오늘날의 표현으로는 아마도 '코호트 연구cohort study'쯤 될 것이다. 팔로피오는 1,100명이 넘는 표본 집단에게 성관계를 가질 때 리넨 천으로 만든 작은 덮개를 사용할 것을 부탁했다. 남성의 성기에 그 천을 씌운 뒤 성기의 뿌리 부분을 핑크색 끈으로 묶으라고 요청한 후 여러 가지 방법을 제시했다. 타액으로 천을 미리 적시라고도 지시했고, 성기를 덮기 전에 리넨 천을 소금에 절인 약초 용액에 잠시 담근 후 사용하게 했다. 또 다른 실험 참가자들에게는 우유에 적신 후 사용하라고 지시했다. 그런 다음 실험 결과를 정리하여 성병 연구 분야의 고전이라 할 수 있는 자신의 저서에 자세히 기술했다. 결론은 자신이 제안한 방법 중 어떤 방법을 사용하든 상관없이 매독에 감염된 사람이 없다는 것이었다. 이 실험 덕분에 팔로피오는 콘돔의 창시자로 불린다. 지금도 콘돔의 기원에 대해서는 여러 가지 말들이 많지만, 여러 방식의 실험을 기록한 저서를 바탕으로 콘돔의 창시자로 홀로 우뚝 선 것이다.

팔로피오가 활동하던 시절에 이미 매독을 치료하기 위한 몇몇 시도들이 있기는 했다. 하지만 그중 몇 가지 치료법은 매독보다 더 심각한 증세를 유도하는 매우 위험한 방법이었다. 당시 의사들은 우선 매독만큼이나 신대륙에 널리 퍼져 있던 유창목guaiacum을 활용하는 치료법에 큰 기대를 걸었다. 나무껍질을 줄질해서 매끄럽게 다듬은 뒤 농축액을 뽑아내고, 그 수액을 복용하거나 연고처럼 바르는 것이었다. 인문주의자이자 풍자시인으로 이름을 날린 울리히 폰 후텐Ulrich von Hutten도 유창목 치료법을 찬미하는 글을 써서 힘을 실어주었다. 후텐은 "내가 직접 관찰한 결과, 신속하거나 극적인 효과를 기대할 수는 없다. 그러나 그 방법은 느리지만 일관성 있는 효과를 보인다. 그 약을 쓸 경우, 기대했던 것보다는 금세 효과를 볼 것이고, 통증도 비교적 빨리 완화되다가 결국엔 사라진다. 하지만 최초 14일 동안은 질병이 최고조로 달하며 급성 통증을 체험하게 될 것이다. 그 기간 동안에는 고통이 더 증가되고, 종기가 더 퍼지며, 환자 입장에서는 지금까지 겪어보지 못한 최고의 고통을 겪게 될 것이다"[12] 라고 썼다. 하지만 후텐도 유창목이 매독균을 거의 치료하지 못한다는 사실을 삶의 마지막 단계에서는 분명 깨달았을 것이다. 1523년 후텐은 매독에 걸려 서른다섯에 세상을 떠났다.

매독 치료법으로 비교적 오래 사용되었던 약제는 중금속의 일종인 수은이었다. 수은은 대개 외용약, 즉 연고의 형태로 활용되었고, 상처가 난 부위에 펴바르는 방식이었다. 그와 더불어 열기를 가하는 방식도 자주 활용되었다. 폐쇄된 튜브관 같은 곳에 환자를 눕힌 뒤 열기를 쬐게 하는 것이었다. 하지만 그 방식은 환자가 느끼는 고통이 너무 심했고, 순환계에 이상이 생겨 결국 매독 치료를 받다가 사망하는 경우도 적지 않았다. 수은 성분이 포함된 약이나 사탕 모양의 알약을 복용하는 치료법, 수은이 포함된 증기를 흡입하는 치료법도 몇백 년 동안 지속되었다. 수은을 이용한 매독 치료는 20세기 초반에 들어선 이후에야 비로소 폐지되었다. 수은에 독성이 있다는 사실을 그때까지는 알지 못했거나 과소평가했던 것이다. 하지만 수은이 포함된 약제나 치료법을 처방받은 환자들에게서 탈모나 치아 빠짐 현상, 나아가 중추신경계나 신체 내부기관이 망가지는 사례가 계속해서 관찰되면서 수은의 유해성이 입증되었다. 영어에는 매독과 매독 치료법 사이의 치명적 연관성을 지적하는 속담이 하나 있다. "금성과는 하룻밤을, 수성과는 평생을!"[13] 이라는 속담이 바로 그것이다. 여기에서 금성은 아름다운 여자나 성매매 여성을 뜻하고, 수성은 매독 치료제로 활용된 수은을 의미한다. '성매매 여성과 하룻밤을 보낸 후 매독에 걸리면, 수은이 들어간 치료제를 써야 하므로 평생 고생한다'는 의미다. 매독 자체가 더 나쁜 것인지, 매독 치료법이 더 유해한 것인지는 알 수 없지만, 적어도 매독과 수은에 관한 한, 꽤나 정곡을 찌르는 속담인 것은 분명하다. 매독에 대한 현대적 치료제는 1909년에야 개발되었다. 독일의 면역학자 파울 에를리히Paul Ehrlich와 일본의 미생물학자 사하치로 하타Sahachiro Hata가 매독 치료제의 시조라 할 수 있는 살바르산Salvarsan이라는 약제를 개발한 것이었다. 참고로 살바르산은 비소arsenic라는 독성 화학성분을 기본 재료로 사용하는 약제다.

매독은 4세기가 넘도록 전 세계 많은 지역에서 수많은 사람들을 고통스럽게 했을 뿐 아니라 유럽 문화사에도 커다란 손실을 입혔다. 매독에 걸리거나 그와 비슷한 증상을 앓은 시인, 작가, 예술가들이 수두룩했다. 특히 '프랑스 질병'이라고 불리던 이유를 입증이라도 하려는 듯 프랑스 예술가들 중에 매독으로 의심되는 환자들이 유독 많았다. 샤를 보들레르Charles Baudelaire, 귀스타브 플로베르Gustave Flaubert, 기 드 모파상Guy de Maupassant, 에두아르 마네Edouard Manet, 폴 고갱Paul Gauguin, 앙리 드 툴루즈-로트레크Henri de Toulouse-Lautrec 등이 대표적이다. 또한 어느 유명한 음악 백과사전에 따르면 베토벤도 매독 증상을 보인 적이 있다고 한다. 베토벤은 꽤 젊은 시절에 이미 매독에 걸렸다고 한다. 음악 거장들의 삶을 다룬 어느 전기작가는 "베토벤이 매독에 걸린 적이 없다고 주장하는 학자가 10명이 있다면, 베토벤이 분명 매독 환자였다고 말하는 학자도 10명이 있다"[14]라고 말했다.

안타깝기 그지없지만, 당시 빈곤층에 속하는 젊은이들이 으레 그랬듯 천재 음악가 슈베르트 역시 매독이라는 운명의 화살을 피하지 못했다. 나폴레옹 전쟁이 끝난 뒤 젊은 작곡가 슈베르트는 거의 매일 밤 친구들과 함께 이른바 '슈베르트의 밤Schbertiade'[15]이라는 이름의 파티를 즐겼다. 파티 장소는 주로 오스트리아 빈 시내나 인근 지역이었다. 슈베르트의 밤에는 술과, 여자 그리고 노래가 빠지는 법이 없었다. 당시 빈은 전 세계 모든 윤락녀들의 집결지였다 해도 과언이 아니다. 주민이 30만 명 정도였는데, 그중 성매매 여성이 무려 2만 명에 달했다. 1797년부터 시작된 나폴레옹 전쟁을 마무리하고 유럽을 재정비하기 위해 1814~1815년, 유럽 각국 정부의 수반들이 오스트리아 수도 빈에 모여 '빈 회의Congress of Wien'를 시작하면서 사람들이 밀려들었기 때문이다. 슈베르트는 1822년, 그러니까 스물다섯 살쯤 되었을 때 매독에 걸렸다고 한다. 병에 걸린 슈베르트는 대낮에 사람들을 만나기를 꺼리는 시간이 길어졌다. 종기 때문에 흉하게 변해버린 피부를 드러내고 싶지 않았을 것이다. 술 없이는 버틸 수 없었고, 두통은 일상이었다. 나중에는 극심한 위통에 시달려 음식물을 거의 섭취하지 못할 지경이었다. 결국 슈베르트는 1828년 11월 19일, 서른한 살의 나이로 요절했다.[16]

매독은 그렇게 천재들의 창의력과 삶에 대한 의지를 앗아갔다. 그런 의미에서 독일이 배출한 위대한 시인이자 발군의 수필가, 풍자가였던 하인리히 하이네Heinrich Heine의 이야기로 마감해볼까 한다. 1797년 12월 뒤셀도르프에서 태어난 하이네[17]가 초기에 쓴 글에는 가브리엘레 팔로피오의 발명품에 관한 내용이 등장한다. 성병과 임신을 예방하기 위한 도구가 독일 고전주의 작가의 작품에 언급된 것이다. 매서운 칼바람과 동장군이 위세를 부리던 1824년 2월 어느 날, 하이네는 친구에게 다음과 같은 내용의 편지를 쓴다. "어제 저녁, 새로 문을 연 직물가게 여주인에게 6개의 '곤돈(콘돔)'을 주문했네. 내 사이즈에 맞게 제작해달라고 부탁했고, 연보라색 실크를 사용해달라고도 말했지."[18] 당시 괴팅겐에서 대학교를 다니던 하이네는 같은 편지에서 마음이 어찌나 갈대처럼 흔들리는지에 대해서도 털어놓았다. "사랑 때문에 내 마음이 매우 무겁다네. 이젠 더 이상 단 한 사람만을 향하던 예전의 그 마음이 아닐세. 사랑에 있어서는 나는 유일신만 섬기는 신자가 아니야. 난 맥주를 마실 때도 두 배로 강한 걸 마시잖나. 사랑도 '더블'이 좋다네."[19]

하이네는 비단으로 제작한 콘돔만이 매독이라는 끔찍한 성병으로부터 자신을 보호해줄 유일한 수단이라 믿었다. 매독은 당시 독일에서, 나중에는 유흥의 천국인 파리에서 오랫동안 많은 사람들을 벌벌 떨게 만든 질병이었다. 하이네의 명성에 흠집이 나는 것을 꺼리는 몇몇 전기작가들이 하이네는 매독에 걸린 것이 아니라 근위축성 측색경화증ALS에 걸린 것이라고 나름 미화하려는 시도를 하고 있기는 하지만, 정작 하이네 자신은 몸에 일어나는 변화를 보고 매독에 걸렸다는 사실을 인지한 듯하다. 노동운동의 선구자인 페르티난트 라살레Ferdinand Lassalle가 그 증인이다. 라살레는 1856년, 하이네가 눈을 감기 얼마 전, 당시 하이네가 거주하고 있던 파리의 집을 방문했다. 라살레는 그날 친구인 하이네로부터 들었던 말을 여과 없이 그대로 공개했다. "나를 보더니 그가 아주 좋아했죠. 그런데 인사를 건네자마자 큰 소리로 (성기를 가리키며) 이렇게 말했어요. '이것 좀 보게, 대체 이게 무슨 끔찍한 일인가! 그간 내가 이 녀석에게 그렇게 봉사를 했는데, 이 녀석은 날 여기까지 몰고 와버렸다네!'"[20]

눈앞에서 무산된 영국과 스페인의 통합

메리 튜더의 상상임신

메리 1세 여왕은 유쾌함이나 쾌활함과는 거리가 먼 사람이었다. 그런데 늘 엄격한 표정만 짓고 있던 여왕의 얼굴이 언젠가부터 밝아졌고, 곧 여왕이 회임懷妊을 했다는 소문이 런던 전체로 퍼져나갔다. 서른여덟 살이었던 여왕의 임신 소식은 영국 수도 런던에 주재하고 있던 외교관들에 의해 각국 정부로 타전되었다. 독일 제1제국, 즉 신성로마제국을 비롯해 스페인과 지평선 서쪽 너머에 있는 신대륙의 스페인령 영토까지 드넓은 땅을 지배하고 있는 카를 5세에게도 "여왕이 임신한 것이 틀림없습니다. 태동을 느끼고 있는 듯합니다. 그 외에도 임신했을 때 나타나는 대표적 징후들이 보입니다. 흉부의 상태도 그중 하나입니다"라는 전보가 도착했다.[1] '해가 지지 않는 제국'이라는 찬사를 받을 만큼 광활한 영토의 지배자였던 카를 5세는 여왕의 임신 소식에 매우 기뻐했을 것이다. 잉글랜드 여왕 메리 튜더(메리 1세)가 몇 달 전, 그러니까 1554년 7월, 아들인 스페인

자애로움과 거리가 먼 영국 여왕 메리 1세. 가톨릭 국가의 부활을 꿈꾼 그녀는 수많은 신교도들을 처형함으로써 역사에 '피의 메리'로 기록된다. 그러나 여러 차례의 상상 임신으로 후계자를 낳지 못하고 일찍 사망함으로써 남편의 나라 스페인과의 연합이 무산되었고, 엘리자베스 1세가 즉위할 수 있는 길을 터주었다.

의 펠리페 왕자와 혼인한 사이였기 때문이다.

1554년 여름에 거행된 결혼식과 당시로서는 꽤 나이가 많은 편이었던 여왕의 임신 소식은 각국이 처한 정치적(종교정책적) 입장에 따라 다양한 반응을 불러일으켰다. 가톨릭 국가에서는 소식을 반겼고, 신교 국가에서는 우려를 나타냈다. 단순한 염려가 아니라 목숨이 걸려 있는 심각한 문제였다. 메리 1세는 영국을 가톨릭 국가로 복귀시키기 위해 애썼고, 온갖 끔찍한 수단을 마다하지 않을 정도로 목표의식도 뚜렷했다. 실제로 메리 1세의 재위 기간 중에는 이교도들을 화형에 처하기 위해 장작더미에 끊임없이 불길이 치솟았다. 메리 1세는 신교를 추종하는 이들 모두를 이교도로 여겼다. 메리 1세가 사망한 뒤 역사가들은 여왕을 '피의 메리Bloody Mary'라고 불렀다.

그렇게 먼 과거에 일어난 그 일이 어쩌면 지금 우리가 살고 있는 세상을 완전히 뒤바꾸어 놓을 수도 있었다는 것을 상상하면 아찔해진다. 1554년에서 1555년으로 넘어가던 무렵의 역사의 흐름이 계속 그 방향으로 치달았다면 지금 이 세상은 과연 어떻게 바뀌어 있을까? 1555년 카를 5세가 퇴위한 뒤 메리 1세의 남편이었던 펠리페 왕자는 스페인 국왕 펠리페 2세가 되었다. 전 세계에서 가장 강력한 제국을 지배하게 될 펠리페 2세는 메리 1세와의 혼인을 통해 강력한 해군력을 보유하고 있던 영국과 연합을 맺었다. 펠리페와 메리는 둘 다 가톨릭의 열렬한 신봉자였다. 메리의 아버지인 헨리 8세는 로마 가톨릭과의 결별을 선포하고 신교인 영국성공회Church of England를 국교로 채택했다. 영국성공회의 수장은 늘 영국 왕이 맡는다는 단서도 포함되어 있었다. 메리 1세는 그 모든 것을 없던 것으로 만들고 영국을 가톨릭의 본산으로 만들고자 했다.

이러한 형국 속에서 유럽 대륙에 이제 막 대두되기 시작한 신교는 어떠한 상황이었을까? 당시는 부패한 가톨릭교에 저항하던 마르틴 루터Martin Luther가 사망한 지 10년밖에 되지 않은 시점이었고, 개신교는 아직 제대로 정착하지 못한 상황이었다. 게다가 영국-스페인 연합에 맞설 수 있을 만한 국가는 발루아Valois 왕조의 프랑스밖에 없었는데, 프랑스도 가톨릭이 국교였으니, 영국-스페인과 종교적 문제로 대립할 이유는 없었던 것이다. 영국의 신교도들이 희생당하지 않고 영국이 다시 가톨릭의 품에 안길 수 있을 확률은 매우 낮았다. 메리 여왕의 가톨릭 국교 부활이 진행되면 스페인 군사들의 총검과 화형식, 종교재판과 고문 등이 필연적으로 뒤따르게 되어 있었던 것이다. 그런데 이러한 국면에서 영향력 있는 어느 한 사람에게 일어난 병리학적 현상 때문에 역사는 예상하지 못한 방향으로 흘러갔다. 메리 1세가 살아온 인생 역정, 그중에서도 특히 질병과 관련된 부분은 이 책의 핵심 주제, 즉 질병이 역사에 어떤 영향을 미치고 어떻게 변화시켰는지를 매우 적나라하게 드러내는 단적인 사례다. 질병은 수많은 사람들을 고통에 빠뜨린다. 메리 1세의 사례에서 볼 수 있듯이 승승장구하며 나아가던 영향력 있는 결정권자의 탄탄대로도 무너뜨렸고, 그와 더불어 그 결정권자의 지배를 받던 백성들에게까지 영향력을 발휘했다.

메리 튜더의 건강 상태를 논하기 전에 우선 튜더 왕조를 한번 훑어보기로 하자. 튜더 가문의 역사는 500년이 지난 지금까지도 커다란 흥미를 끌고 있다. 각종 소설이나 영화, 연극, 기타 예술 공연에 튜더 왕조처럼 자주 등장한 왕조는 없었다. 조너선 리스 마이어스Jonathan Rhys Meyers가 헨리 8세 역할을, 나탈리 도머Natalie Dormer가 앤 불린Anne Boleyn 역할을 맡은 TV 시리즈 〈튜더스The Tudors〉는 전 세계의 수많은 시청자들을 TV 앞으로 이끌었고, 튜더 왕가는 요즘 식으로 말하자면 스타덤에 올랐다. 그뿐이 아니다. 햄프턴 궁전Hampton Court이나 런던타워 등 1,000년이 넘는 특별한 역사를 품은 장소들, 다시 말해 튜더 왕가와 관련된 장소들은 여행객들의 발길을 자석처럼 끌어당기고 있다. 특히 런던타워는 헨리 8세의 아내 두 명이 참수형을 당한 곳이라 더더욱 관광객들의 호기심을 끈다. 튜더 가문의 통치 기간은 118년밖에 되지 않고 배출한 군주도 5명밖에 지나지 않는다. 하지만 튜더 왕가의 역사서를 발간한 C. J. 마이어C. J. Meyer는 바로 그 가문이 전 세계에서 가장 유명한 왕과 여왕을 탄생시켰다고 말했다.[2]

튜더 왕조 시절은 폭력과 숙청, 저항과 전쟁의 시대였다. 그 시절에는 서민들뿐 아니라 권력자들도 갖은 고초를 겪어야 했다. 군주 곁에서 달콤한 말을 속삭이던 각 분야 전문가나 자문단도 왕의 총애를 받을 때는 좋았겠지만 왕이 등을 돌리는 순간 고문실이나 단두대로 끌려가거나 장작더미 위에 매달려 화형당해야 했다. 튜더 왕조가 시작된 1485년 8월 22일에도 유혈이 낭자했다. 요크 왕조의 마지막 왕 리처드 3세가 바로 그날 보즈워스Bosworth 전투에서 목숨을 잃음으로써 랭카스터와 요크 가문 사이에서 발발한 기나긴 장미전쟁이 막을 내렸다. 당시 랭카스터 가문과 먼 친척 간이었던 헨리 튜더(헨리 7세)는 프랑스에서의 오랜 유배 생활 끝에 영국으로 돌아와 자신의 부대를 이끌고 리처드 3세와 맞서 싸워 전쟁을 승리로 이끌었다. 헨리 7세는 승리를 거둔 후 잉글랜드의 국왕이 되었음을 선포했고, 튜더 왕조의 문을 열었다. 헨리 7세는 24년간 잉글랜드를 통치하는 내내 신중에 신중을 기했고, 매사에 조심스러운 태도로 일관했다. 그의 목표는 권력을 유지하는 것이었다. 패전하여 사망한 리처드 3세의 조카 엘리자베스와 결혼을 한 것도 권력 유지를 위한 화해의 제스처였다. 헨리 7세는 모든 시대, 모든 권력자들이 그랬듯 권력 유지의 수단으로 자신의 왕조를 대대적으로 선전하기 시작했다. 자기 이전에 일어난 모든 일들은 부정적인 것으로 묘사했으며, 전사한 이전 국왕 리처드 3세는 악독한 불한당이었기 때문에 잉글랜드는 보다 훌륭한 통치자가 필요했다고 홍보했다. 즉 악덕 군주인 리처드 3세를 내몬 헨리 7세 자신과 후손들만이 잉글랜드를 보다 살기 좋은 곳으로 만들어나갈 적임자라고 주장한 것이었다.

그로부터 약 100년 뒤 셰익스피어는 《리처드 3세》라는 희곡에서 리처드 3세를 희대의 악인으로 묘사했다. 리처드 3세의 성격이 까다로웠던 것은 사실이지만 최후의 전투에서 투항하지 않고 끝까지 싸우다가 장렬하게 전사한 것을 보면 기백이 넘치는 군주였음에는 틀림없다. 당시 시신조차 찾지 못하고 악덕 군주로 몰렸던 리처드 3세의 한이 다행히 21세기에 들어 조금은 풀릴 듯하다. 보즈워스 전투 이후 유실된 것으로 알려졌던 시신의 일부가 2012년 취미로 역사를 연구하던 어느 시민에 의해 레스터Leicester의 어느 주차장 아래에서 발견된 것이다. 리처드 3세가 사망한 지 무려 530년이나 지난 뒤에야 비로소 장례식이 치러졌다. 그곳에 운집한 수많은 시민들은 요크 가문의 상징인 백장미를 운구차와 유골이 안치된 관 위로 던졌고, 리처드 3세의 시신은 레스터 성당에 안장되었다. 시 당국에서도 리처드 3세와 그의 유골을 발견한 이를 기리는 박물관을 개관했다. 참고로 해당 유골이 진짜 리처드 3세의 유골인지는 DNA 검사와 또 하나의 증거를 통해 확인되었다. 유골에서 척추측만증scoliosis, 즉 등뼈가 곧게 뻗어 있지 않고 휘어 있는 증상이 발견된 것이었다. 셰익스피어나 리처드 3세에 대해 깊이 연구하지 않는 학자들은 리처드 3세가 '곱사등이'였다고 말했는데, 아마도 의학적 상식 부족에서 비롯된 오류가 아닐까 싶다.

튜더 왕가에는 별안간 중병에 걸려 목숨을 잃은 사례가 유독 많았다. 그러한 현상은 왕조가 시작된 첫 세대부터 나타났다. 헨리 7세가 엘리자베스와 결혼한 지 9개월 정도 되었을 무렵인 1486년 9월, 헨리 7세 부부는 아들을 얻었다. 헨리 7세의 아들 아서는 웨일즈의 왕자이기도 했으며, 왕위계승 서열 1위였다. 후계자가 태어나자 잉글랜드 왕실은 재빨리 신부감을 찾기 시작했다. 어린 시절부터 배우자를 정하는 것은 유럽 귀족 가문에서는 흔히 있어온 일이었다. 결국 잉글랜드 왕실은 세계 최강국으로 급부상하고 있는 스페인 왕실로부터 혼인 약조를 얻어냈다. 아서 왕자가 열네 살이 되는 해에 스페인 국왕 부부의 막내딸인 아라곤의 캐서린과 결혼한다는 내용이었다. 결혼식은 1501년 11월에 치러졌다. 소년과 소녀(캐서린은 아서 왕자보다 몇 개월 연상이었다)가 결혼하는 것이 과연 옳은 결정인지를 두고 정계와 종교계에 일대 논란이 벌어지긴 했지만 어쨌든 둘은 결혼에 성공했다. 결혼식 다음날 아서는 "어젯밤 나는 '스페인 안

in Spain'에 있었다"라고 이야기했다는 풍문이 있다. 첫날밤 의식에 빗대어 스페인을 정복했다는 말을 한 것인데, 그 말의 진위 여부는 불투명하다. 당시 아서 왕자의 건강 상태로 볼 때 그 말은 사춘기에 접어든 왕자의 허세일 가능성이 더 높다.

그러나 갓 결혼한 아서와 캐서린에게 남은 시간은 매우 짧았다. 1502년 4월 아서 왕자가 갑자기 세상을 떠난 것이다. 죽음의 원인으로 페스트, 독감, 당시 잉글랜드에 자주 유행했지만 발병 이유를 알 수 없었던 영국 발한증English Sweat 등이 거론되었지만, 정확한 사인은 끝내 밝혀지지 않았다. 형의 갑작스러운 죽음으로 둘째 아들인 헨리 왕자가 왕위를 이어받아 1509년 헨리 8세가 되었다. 영국과 스페인의 동맹관계는 양측 모두에게 매우 중요했고, 이에 따라 어린 미망인 캐서린은 아서 왕자가 사망한 뒤 헨리 왕자와 다시금 정혼 약조를 하고 헨리 왕자가 왕좌에 오른 뒤 혼인했다. 총 6명에 달하는 헨리 8세의 아내 중 첫 번째 아내였다. 성경에는 형제의 아내를 범하면 안 된다고 나와 있지만, 교황에게 예외를 인정받는 관면dispensation을 받아 무리 없이 혼례를 치를 수 있었다. 아서 왕자와의 미완의 혼인이 국가적, 종교적 사안으로까지 확대된 것이었다. 하지만 그로부터 20년 뒤 헨리 8세는 갑자기 형 아서와 캐서린의 결혼식이 유효했던 것으로 되돌리고자 했다. 그래야 교황으로부터 자신과 캐서린과의 결혼이 무효라는 사실을 인정받을 수 있기 때문이었다. 그러나 교황은 이를 거절하며 헨리 8세를 교단으로부터 파면한다는 통지문을 보냈고, 이에 분노한 헨리 8세는 로마와의 단절을 선포하며 지금부터 잉글랜드는 독자적 길을 걷겠다고 선언했다. 영국성공회가 그렇게 탄생한 것이었다.

그런데 헨리 8세가 오직 앤 불린과 결혼하기 위해 캐서린과의 혼인을 무효화하고자 한 것은 아니었다. 그가 매력적인 앤 불린에게 반한 것은 사실이었지만, 또 다른 이유가 하나 있었다. 캐서린이 왕위를 계승할 자식, 즉 아들을 낳지 못했기 때문이었다. 아니, 사실 낳기는 했지만 살아남은 아이가 없었다. 불임이 문제는 아니었던 것이다. 첫 딸을 조산했던 캐서린은 1511년 1월 1일에 아들을 낳았다. 하지만 아이는 사흘 만에 사망하고 만다. 이후 1513년에 다시 아들이 태어났지만, 이번에도 태어나자마자 사망했다. 사산이었을 가능성도 배제할 수는 없다. 1514년에 다시 아들이 태어났다. 이번에는 세례까지 받았지만 얼마 지나지 않아 목숨을 잃었다. 1516년 1월에는 메리(메리 1세)가 태어났고, 1518년에 다시금 아들을 낳지만 이번에도 사산이었다. 이 아기들의 비극적 운명을 보면 지난 수백 년간 출산이 아이와 산모에게 얼마나 위험한 일이었는지 알 수 있다. 당시 영아사망률은 매우 높았다. 농부의 오두막에서 태어난 아이든 왕족의 궁전에서 태어난 아기든, 생명이 시작된 지 얼마 되지 않아 목숨을 잃는 사례가 빈번했다. 19~20세기 들어서야 비로소 기본적인 위생 관념들이 자리를 잡기 시작했다. 또한 현대적인 산파술과 신생아 관련 의학이 틀을 갖추면서 조산아의 생존률도 높아졌다. 그 이전까지 임신은 희비가 교차하는 사건이었다. 부모가 된다는 설렘과 기쁨을 누릴 수 있기도 했지만, 다른 한편으로는 어머니를 잃거나 자식을 잃는 슬픔을 겪을 수도 있기 때문이다.

캐서린이 조산이나 사산을 거듭했던 것에는 당시 출산 행위에 내포된 일반적 위험 외에 또 하나의 요인이 작용했던 것으로 추정된다. 병력전기학 분야의 몇몇 전문가들은 헨리 8세가 스페인 공주 캐서린과 결혼하기 전 이미 매독균에 감염되었을 것으로 추정한다. 16세기 초반 갑자기 유럽을 강타한 성병의 일종인 매독균이 헨리 8세에게서 캐서린을 비롯한 아내들의 몸으로 옮겨갔고, 그 때문에 갓 태어난 왕자들이 비극적 운명을 맞이했다는 것이다. 앤 불린도 최소한 한 차례 이상 조산 혹은 사산을 경험한 것을 보면 사실일 가능성이 높다.[3]

그런데 사실 매독은 헨리 8세가 걸린 수많은 질병 중 하나에 불과하다. 청년 시절 헨리 8세는 성취욕이 강하고 무엇보다 강인한 체력으로 주변 사람들에게 매우 깊은 인상을 심어주는 인물이었다. 며칠이고 연달아 마상 시합을 벌이는가 하면, 지치지 않고 먹고 마시며 연회를 즐기기도 했다. 그 모습을 보며 몇몇 이들은 심지어 신이 인간의 모습으로 땅 위에 내려온 것이 틀림없다고 믿었다. 어느 날에는 마상 시합을 벌이다가 열 마리의 말을 지쳐 쓰러지게 만들 정도로 체력이 넘쳤다고 한다. 그러나 이후 여러 질병에 시달리면서 준수한 외모의 매력적인 왕자였던 헨리 8세는 기괴하고 잔인한 독재자가 되어갔다. 궁정화가 한스 홀바인Hans Holbein the Younger이 그린 초상화 속 뚱뚱한 체형의 길쭉한 얼굴, 독기를 품은 작은 눈의 헨리 8세에게서는 젊은 시절의 강인하고 멋진 모습을 찾아볼 수 없다. 헨리 8세도 그런 모습으로 기억되고 싶지는 않았겠지만 공교롭게도 그 그림이 지금까지도 우리가 헨리 8세 하면 곧장 떠올리는 대표적 초상화가 되고 말았다.

헨리 8세는 1514년에 천연두에 걸려 목숨은 부지할 수 있었지만 보기 흉한 흉터를 얻었다. 7년 뒤에는 당시 잉글랜드 일부 지역에서 유행하던 풍토병인 말라리아에 걸렸고, 이후 평생에 걸쳐 이상 고열 현상에 시달렸다. 하지만 그보다 더 큰 고통을 안겨준 것은 다리에 발생한 피부 궤양이었다. 1536년 1월 24일 그리니치 궁전에서 열린 마상 시합에서 발생한 끔찍한 사고가 원인이었다. 헨리 8세가 탄 말이 갑자기 요동을 치더니 헨리 8세를 바닥으로 내동댕이쳤다. 게다가 말이 헨리 8세의 몸 위로 넘어지면서 한 바퀴를 굴렀다. 그는 두 시간 동안 의식을 잃은 채 누워 있었고, 그 자리에 있던 이들은 왕이 사망한 것이 아닌지 의심했다. 이때 얻은 뇌진탕 후유증과 허벅지에 입은 상처는 어떤 수단을 써도 완치되지 않고 헨리 8세를 평생 괴롭혔다. 그때 감염된 부위가 주변 조직으로 퍼지면서 다리에 일어난 피부 궤양 역시 헨리 8세를 끊임없이 고통스럽게 만들었다.[4]

1992년, 엘리자베스 2세 영국 여왕은 1536년이 "헨리 8세에게는 끔찍한 한 해annus horribilis"였다고 말했다. 1월에 열린 마상 시합에서 입은 두부 손상은 오랫동안 지속될 후유증을 남겼다. 2016년 〈인지신경과학 저널Journal of Clinical Neuroscience〉에 실린 예일대학교 연구진들의 논문에 따르면 헨리 8세가 당시 입은 두부 손상이 호르몬 결핍과 장기적 생식기능저하증hypogonadism을 유발하여 성기능이 감퇴되었을 수 있다고 한다.[5] 뒤를 이을 자손이 반드시 필요한 군주에게 있어 이는 정치적 대참사였다. 왕성한 정력을 자랑하던 헨리 8세에게는 더더욱 뼈아픈 치명타였을 것이다. 한편 헨리 8세는 자신의 품에 아들 대신 딸만 안겨준 앤 불린에게 매우 실망했다.

1533년 9월에 태어난 공주가 나중에 튜더 왕조의 마지막 군주인 엘리자베스 1세가 되어 잉글랜드를 통치할 것이라고는 당시로서는 그 누구도 상상하지 못했다. 성적 매력이 철철 넘친다는 이유로 정적들에게 '왕의 창녀'라는 모욕적인 별명으로 불리던 앤은 헨리 8세의 시들어가는 정력을 조롱하다가 분노를 샀는데 엎친 데 덮친 격으로 여러 청년들과 간통과 반역, 근친상간이라는 혐의까지 얻어 감금되었다. 헨리 8세의 분노지수는 최고조에 달했다. 아직 아들도 얻지 못한데다가 사내구실도 뜻대로 안 되니 짜증이 극에 달한 상황이었다. 결국 앤 불린은 1536년 5월 19일 런던탑 안뜰에 마련된 처형대에 백조처럼 가느다란 목을 얹고 집행관의 검에 목숨을 잃어야 했다.

이후 헨리 8세의 성기능이 회복되었는지, 1536년 5월 30일 제인 시모어Jane Seymour를 세 번째 아내로 맞이한다. 앤 불린의 처형식이 있은 지 11일 만에 일어난 일이라 헨리 8세가 앤 불린과 결혼한 상태에서 이미 제인에게 눈독을 들이고 있었다는 소문이 돌기도 했다. 그런데 세 번째로 얻은 아내가 헨리 8세의 오랜 염원을 충족시켜 주었다. 드디어 아들을 낳은 것이다. 국왕은 왕자에게 에드워드라는 세례명을 지어주었다. 그러나 제인은 에드워드를 출산한 지 12일 만에 출산 전후의 비위생적인 환경으로 인해 산욕열을 앓다가 눈을 감고 만다. 산욕열로 인한 사망은 당시 산모들에게는 비교적 흔한 일이었다. 헨리 8세는 깊은 상심에 빠졌고, 진심으로 안타까워하며 제인의 죽음을 애도했다.

그때부터 국왕의 신체적, 정신적 건강 상태는 꾸준히 악화되었다. 운동을 하기 힘들 정도로 몸 상태가 나빴지만 식탐은 기괴한 수

준까지 늘어났다. 하루에 13접시를 집어삼키고 10파인트(4.7리터)의 맥주를 들이켰다. 양고기, 소고기, 각종 가금류까지, 각종 육류 요리를 닥치는 대로 섭취했다. 그렇게 육류 섭취량이 많다 보니 헨리 8세도 '왕의 질병'이라 불리는 통풍을 피해갈 수 없었다. 나중에는 체중이 무려 200킬로그램 가까이 불어났다고 한다. 그러면서 성격은 점점 변덕스럽고 포악하게 변해갔다. 집권 말기 몇 년 동안은 그야말로 폭력과 탄압의 시대였다. 사생활도 걷잡을 수 없는 나락으로 치달았다. 지나친 비만과 몸 곳곳에서 느껴지는 잦은 통증, 성기능 장애 등의 각종 문제들로 부부생활의 즐거움마저 사라진 뒤였다. 네 번째 부인과의 결혼을 터무니없는 핑계를 들어 번복한 것도 어쩌면 그런 이유였을 것이다. 니더라인 지역에 머물고 있던 궁정화가 한스 홀바인이 보내온 클레베 공작 요한 3세의 딸 앤Anne of Kleve (당시 스물다섯 살)의 초상화를 접했을 때만 하더라도 헨리 8세는 앤을 마음에 들어했다. 하지만 1540년 새해 첫날 뒤셀도르프에서 건너온 앤을 직접 대면한 왕은 실망을 금치 못했다. 결국 헨리 8세는 앤의 "살집이 흐물흐물하다"라는 핑계를 대며 잠자리를 거부했고, 반년 만에 혼인을 취소하겠다고 우겼다. 하지만 클레베의 앤은 현명하게 처신했다. 국왕인 남편의 신체 일부가 '흐물흐물하다'는 사실을 입 밖에 내지 않은 것이었다. 그 덕분에 폭군으로 변한 왕의 곁을 10년이나 더 지킬 수 있었다. 왕의 질병으로 인한 심각한 문제는 클레베의 앤이 아니라 그 다음 부인 캐서린 하워드Catherine Howard와의 사이에서 불거졌다. 열일곱 살의 꽃다운 나이인 캐서린은 남편과의 잠자리에서 만족을 얻지 못하고 정부情夫를 두었다. 각종 소문과 비방이 난

무하는 궁정에서 그 비밀이 오래갈 리 없었다. 결국 캐서린의 정부는 참수형을 당했다. 왕비가 되기 전에 만났던 사내는 심지어 몸이 네 갈래로 토막 나는 고통 속에서 죽었다. 캐서린 역시 1542년 2월, 부정을 저질렀다는 죄목으로 처형당한다.

여섯 번째 아내이자 캐서린이라는 이름을 지닌 세 번째 아내인 캐서린 파Catherine Parr에게는 이미 두 번의 혼인 경력이 있었다. 모르긴 해도 그간 남자의 마음을 다루는 비법을 습득한 노련한 여성이었을 것이다. 캐서린 파는 추방이나 처형을 당하지 않고 끝까지 왕비로 남았기 때문이다. 긴 수명을 누리지는 못했지만, 왕의 사망 뒤에도 왕비 대우를 받았다. 계속해서 새로운 아내를 맞이했지만 헨리 8세의 병은 깊어만 갔다. 1546년, 종교적 갈등으로 캐서린이 체포당할 뻔한 적이 있었다. 하지만 병사들이 체포하러 온 자리에 함께 있던 헨리 8세는 큰 소리로 군인들을 내쫓았다. 자신이 직접 체포 명령을 내렸다는 사실조차 잊어버릴 정도로 정신이 쇠약해져 있었던 것이다. 폭군 헨리 8세는 1547년 1월 28일 숨을 거두었다. 마지막 8일 동안은 궤양으로 인한 참을 수 없는 악취와 기타 배설물에서 나는 냄새를 맡으며 힘없이 시들어갔다. 왕이 죽음을 앞두고 있다는 사실을 궁정 의사들은 알고 있었지만 누구도 그 말을 입에 올리지 않았다. 왕의 서거를 선포하는 행위가 1급 반역행위로 간주되던 시절이었다. 만약 발설했다면 그들 역시 앤 불린이나 캐서린 하워드와 똑같은 운명을 피하지 못했을 것이다.

헨리 8세의 사망 이후 사회 전반적으로 숨통이 트였다. 감옥 문이 개방되면서 많은 죄수들이 풀려났고, 잉글랜드 앞에는 눈부신 미래만이 기다리고 있는 듯했다. 헨리 8세의 뒤를 이어 왕위에 오른 에드워드 6세는 매우 총명한 소년이었지만 즉위 당시 아홉 살밖에 되지 않았기 때문에 외삼촌인 에드워드 시모어(서머싯 공작)가 섭정이 되어 왕국을 다스렸다. 서머싯 공작은 사망한 왕비 제인 시모어의 오빠였다. 그런데 잘 알다시피 모든 가족이 화목하고 단란하게 어울려 살아가는 것은 아니다. 서머싯 공작의 동생인 토머스 시모어가 섭정인 형을 몰아내고 자신이 그 자리를 차지하려 든 것이다. 그러나 너무 서두르는 바람에 일을 그르치고 말았고, 이 일로 토머스 시모어는 처형당한다(서머싯 공작 역시 그로부터 얼마 뒤 실각하여 동생과 마찬가지로 처형당한다). 한편, 독실한 개신교 신자인 어린 왕 에드워드 6세는 가톨릭교도들을 고위 관직에서 내몰고 왕권 강화를 꾀했지만 폐결핵에 걸려 얼굴은 점점 더 창백해져만 갔다. 커다란 기대를 한 몸에 받고 있던 에드워드 6세는 잦은 기침과 고열, 발한 등으로 극도의 고통을 느끼며 하루하루 죽음을 향해 다가갔다. 런던에 주재 중이던 독일의 대사는 에드워드 6세가 죽기 며칠 전 이렇게 기록한 바 있다. "몸을 가눌 힘조차 없고 숨도 제대로 쉬지 못한다. 신체 기능이 더 이상 제대로 작동되지 않고 있고, 손톱과 머리칼이 빠지고 있다. 몸 전체는 딱지로 뒤덮여 있다."[6] 에드워드 6세는 결국 1553년 7월 6일, 열다섯 살의 어린 나이에 사망했다.

에드워드 6세가 죽기 전에 마지막으로 꼭 처리하고자 했던 공식 업무가 하나 있다. 바로 후계자를 지목하는 일이었다. 에드워드 6세는 이복 누나인 메리(메리 1세)에게는 절대로 왕위를 물려주고 싶지 않았다. 가톨릭을 철천지원수처럼 여겼기 때문이다. 이에 따라

에드워드 6세는 먼 사촌지간인 제인 그레이Jane Grey를 왕위 계승자로 지목했다. 헨리 8세의 여동생 메리의 손녀인 제인 그레이는 당시 겨우 열일곱 살밖에 되지 않았다. 하지만 본의 아니게 왕위에 오르게 된 제인 그레이는 에드워드 6세와 더불어 잉글랜드 역사상 가장 비극적인 생을 살다간 인물 중 하나로 전락하고 만다. 재위 기간도 단 9일밖에 되지 않기 때문에 '9일의 여왕Nine Days Queen'이라는 별명으로도 잘 알려져 있다. 제인 그레이가 왕위에 오른 지 9일째 되던 날, 힘 있는 추종자들을 등에 업은 메리 1세가 런던에 입성했다. 왕의 직계 자손이라는 점에서 국민들로부터 여왕이 될 자격이 충분하다는 인정도 받고 있었기 때문에 메리 1세는 순조롭게 왕위에 오를 수 있었다. 메리 1세는 폐위당한 제인을 런던탑으로 보냈다. 원래는 자유의 몸으로 풀어주려 했지만, 제인 그레이가 끝내 개종을 거부했고 토머스 와이엇이 이끄는 개신교도들이 일으킨 반란을 보며 제인에게 선처를 베풀었다가는 나중에 큰 화를 부를 수도 있겠다는 마음이 들었기 때문이다. 이에 메리 1세는 "무거운 마음으로"(이런 미사여구가 진실일 때는 그다지 많지 않다!) 사형선고문에 서명을 했고, 제인 그레이는 1544년 2월 12일 처형당한다. 프랑스 화가 폴 들라로슈Paul Delaroche는 1833년 〈레이디 제인 그레이의 처형The Execution of Lady Jane Grey〉이라는, 매우 인상 깊은 작품을 남겼다. 현재 그 그림은 런던내셔널갤러리에 소장되어 있고, 관람객들의 발길을 끄는 대표적 작품으로 손꼽힌다.

메리 1세는 왕위에 오른 후 역사의 수레바퀴를 거꾸로 돌리기 시작했다. 헨리 8세와 에드워드 6세 시절에는 가톨릭교도들이 탄압과 박해의 대상이었다면, 지금부터는 신교도들이 개종을 선언해야 할 판이었다. 종교적 신념을 꺾지 않는 이들은 처형당했다. 그때 처형당한 대표적인 인물로는 토머스 크랜머Thomas Cranmer 대주교를 들 수 있다. 크랜머 대주교는 헨리 8세와 첫 번째 왕비인 캐서린의 혼인을 무효화하는 과정에서 중대한 역할을 담당했다. 로마 가톨릭 교단에서는 허용하지 않았지만, 크랜머 주교의 중재로 혼인을 취소할 수 있었던 것이다. 메리 1세는 자기 부모의 혼인에 종지부를 찍게 한 크랜머 대주교를 산 채로 화형대에 올렸다. 당시 사회적 분위기는 고문과 살인, 처형 등으로 점철되어 있었다. 메리 1세를 위시한 권력자들은 잔인하고 가혹하게 신교도들을 탄압했다. 그 상황에서 메리 1세의 이복 여동생인 엘리자베스의 목숨이 안전할 리 없었다. 그녀는 헨리 8세와 앤 불린 사이에서 태어났기 때문에 사생아라는 낙인도 찍혀 있었다. 엘리자베스는 살아남기 위해 메리 1세에게 가톨릭 미사에 참석하겠다며 얼버무리듯 약속했다. 하지만 여왕은 본디 개신교 신봉자인 엘리자베스가 잠재적 정적이라는 사실을 잘 알고 있었다. 전해 내려오는 말에 따르면 메리 1세의 남편인 펠리페 2세가 엘리자베스를 건드리지 말라고 아내를 설득했다고 한다. 인류애적 차원에서 동정심을 베풀고자 했던 것이다. 하지만 그로부터 30여 년이 지난 뒤 펠리페 2세는 그 결정을 후회했을 것이다. 1588년, 엘리자베스 1세 휘하의 영국 함대가 펠리페 2세에게 재위 기간을 통틀어 가장 심각한 패전을 안겨주었기 때문이다. 당시 영국 해군은 펠리페 2세의 무적함대를 완전히 박살냈다.

메리 1세가 이복 여동생에게 아량을 베푼 것은 남편의 설득 때문이기도 했지만, 어쩌면 곧 태어날 후계자에 대한 기대감에 마음이 좀 누그러진 때문이기도 했을 것이다. 궁정 대신들 사이에서도 희망찬 분위기가 지배적이었다. 성모 마리아의 초상과 황금 장식품들로 꾸민 성당들에서는 찬미가가 울려 퍼졌다. 1555년 4월 스페인 대사는 펠리페 왕자에게 다음과 같은 전갈을 보냈다. "잉글랜드 전통에 따라 여왕께서 칩거에 들어가셨습니다. 아마도 내달 9일에 해산하실 듯합니다."[7] 헨리 8세가 런던 외곽에 건축한 햄프턴 궁전에서는 의사들이 출산용 의료기구들을 비롯해 만반의 태세를 갖추고 대기 중이었다. 메리 1세는 독일 황제와 프랑스 국왕 그리고 교황에게 왕자의 탄생 소식을 알릴 서신을 준비하라는 명을 내렸다. 정확한 날짜는 아직 정해지지 않은 상태였다. 그러나 결국 그 서신들은 발송되지 않고 런던의 공문서보관소로 보내졌다. 6월까지만 하더라도 여왕의 배가 불러오고 젖이 분비되는 것을 목격했다는 증언들이 분명 존재했다. 하지만 9월쯤에는 누가 보더라도 여왕의 몸이 회임 상태가 아니었다. 도대체 무슨 일이 일어난 것일까? 난소종으로 분비된 액 때문에 임신이라 착각한 것은 아닐까 하는 추측이 있긴 했지만 그 누구도 정확한 이유를 알 수 없었다.

그런데 이와 비슷한 일이 또다시 일어났다. 1558년 초에도 메리 여왕은 남편 펠리페 2세에게 임신 소식을 알렸다. 남편은 최대한 정중하게 반응했지만, 열광이나 환희와는 거리가 먼 태도를 보였다. 아마도 지난 번 상상임신 때문일 수도 있고, 런던을 마지막으로 방문한 지 이미 6개월이 지났기 때문이었을 수도 있다. 이후 백성들에게도 점점 더 외면당하던 메리 1세는 잦은 고열에 시달렸고, 얼굴은 창백해졌다. 눈에도 이상 징후가 발생했다. 중추신경계에 발생한 장애로 인한 시야결손visual field deficit이었던 것으로 추정된다. 1558년 5월 메리 1세는 유언장을 작성했다. 여름을 지나면서 몸 상태는 점점 악화되었다. 그때를 즈음해 유행성 독감이 잉글랜드를 강타했다. 그 때문에 여왕의 사망 원인을 독감으로 꼽는 이들이 많지만, 독감으로 5~6개월을 앓다가 사망하는 경우가 드물다는 점을 감안하면 반드시 독감이 원인이라고 보기는 어렵다. 그보다는 프로락틴종prolactinoma이라는 기저 질환이 원인이 되어 1558년 11월 17일 결국 죽음에 이르렀다고 보는 편이 더 일리가 있다. 프로락틴은 유즙 분비 자극호르몬으로 뇌하수체에서 분비되는데, 프로락틴종은 바로 그 뇌하수체에 종양이 생긴 경우를 말한다. 무월경, 유즙 분비, 두통, 시각 장애 등 메리 1세에게서 관찰된 모든 증상들이 프로락틴종 때문에 사망했다는 이론에 힘을 실어준다. 물론 지난 수백 년 동안 늘 그래왔듯 진단 결과에는 언제든지 오류가 있을 수도 있다.

사망 원인에 대해서는 여러 가지 가설들이 있지만, 메리 1세가 앓았던 질병이나 상상임신이 역사에 모종의 영향을 미쳤다는 점에는 이견이 없을 것이다. 재위 5년 만에 메리 1세가 사망한 사건은 잉글랜드뿐 아니라 유럽 전체의 역사를 다른 방향으로 바꿔놓았다. 뒤를 이어 여왕이 된 엘리자베스 1세는 무려 45년이나 권좌에 앉아 있으면서 황금시대를 열었다. 셰익스피어나 크리스토퍼 말로Christopher Marlowe 같은 대문장가들도 이 시기에 탄생했고, 대문호들이 남긴 작품들을 통해 영어가 신대륙과 전 세계로 뻗어나갔다.

스웨덴을 강국으로 만든 구스타브 2세 아돌프의 초상화.
근시로 시력이 나빴던 스웨덴 국왕 구스타브 2세는 짙은 안개로 시야 확보가 어려웠던 마지막 전투(1632년 뤼첸 전투)에서 길을 잃고 헤매다가 적군에게 발각되어 전사하고 말았다.

뤼첸에서의 죽음

방향감각을 상실한 구스타브 2세 아돌프

21세기 초반, 근시 환자가 너무 늘어나자 안과의사들은 이 역시 일종의 유행병이 아닌지 의심하기 시작했다. 각종 조사나 추산에 따르면 서구 선진국들 대부분에서 성인의 40퍼센트가량이 근시 환자라고 한다. 동남아 지역에서는 근시를 지닌 젊은이들이 그보다 훨씬 더 많다. 싱가포르, 홍콩, 대만을 비롯한 인근 지역에서는 고등학생과 대학생의 근시 유병률prevalence rate이 80퍼센트를 넘는다. 눈의 굴절이상의 일종인 근시는 먼 곳이 잘 보이지 않는 증상을 뜻한다. 근시 발병률이 높아진 주요 원인으로는 극심한 스트레스와 더불어 달라진 생활습관과 노동 패턴, 학습방식 등의 변화 등이 의심된다. '근접 작업'을 많이 하는 아동이나 청소년이 근시에 더 잘 걸릴 것이라는 예측은 굳이 안과 전문의가 아니라도 누구나 할 수 있다. 여기에서 말하는 근접 작업이란 장시간에 걸친 독서나 게임, 스마트폰 사용 같은 현재 청소년들이 틈날 때마다 주로 하는 활동들이라고 보면 된다. 역동적 성장을 거듭하고 있는 동남아 몇몇 국가에서는 학구열이나 학벌, 야심, 사회적 성공 등이 누구나 본받아야 할 미덕으로 간주된다. 따라서 많은 학생들이 늘 근접 작업을 해야 하고, 이에 따라 근시 환자의 비율도 높은 편이다. 그러나 야외활동을 많이 하는 아동과 청소년들, 밖에서 뛰놀기 좋아하는 아이들, 쉽게 말해 여가시간을 20세기 아이들과 비슷한 방식으로 보내는 아이들이 근시를 앓게 될 확률은 상대적으로 낮다.

과거에도 근시가 있었다. 비록 지금보다 유병률은 낮았지만, 이미 200년 전 영국의 의사 제임스 웨어 경Sir James Ware이 특이한 현상을 발견했다. 근시와 학력 사이에 모종의 상관관계가 존재한다는 것이었다. 마음의 양식보다는 체력 단련과 훈련에 더 중점을 두는 첼시의 사관학교 생도들을 관찰한 결과, 약 1,300명에 달하는 전체 생도들 중 단 3명만이 근시를 앓고 있었다. 대영제국의 명문대학교들을 조사한 결과는 완전히 다르게 나타났다. "옥스퍼드와 캠브리지의 다양한 칼리지College 학생들을 대상으로 연구를 계속 진행했다. 안경을 쓴 학생들의 숫자에 큰 차이가 있기는 했지만, 결론적으로 두 대학 학생들 중 꽤 많은 학생들이 근시 환자였다. 옥스퍼드의 어느 칼리지의 경우, 1803년부터 1807년까지 그 학교를 다닌 학생 총 127명 중 32명 이상의 명단을 확보했는데, 모두가 일반 안경이나 코안경을 쓴 학생들이었다. 물론 그중 멋을 내기 위해 안경을 활용한 이들이 몇몇 있었을 수도 있다. 하지만 안경을 시력 교정용 도구로 활용한 이들의 수에 비하면 패션용으로 착용한 이들의 수는 무시해도 좋을 만큼 미미했을 것이라 고찰된다." 이 글에 이어 제임

스 웨어는 공부를 많이 한 청년들일수록 근시에 걸릴 확률이 더 높다는 결론을 내렸다.[1]

학력과 시력 손상 사이에 이러한 연관관계가 존재한다는 사실을 볼 때,[2] 당시 국민 대부분이 문맹이었던 점을 감안한다면 근시 환자는 얼마 없었고, 그 얼마 되지 않는 환자 대부분이 상류층에 속하는 이들이었을 것이라고 추정할 수 있다. 로마 황제 네로도 검투장을 찾을 때면 유색의 돌멩이를 눈앞에 들고 있었다고 한다. 멀리 떨어진 곳에서도 검투사들의 움직임을 놓치지 않기 위해서였다. 그 말은 곧 그 유색의 돌멩이가 당시의 안경이었을 것이라는 뜻이다. 네로 황제가 손에 들고 있었던 것이 '베릴beryl', 즉 녹주석綠柱石이었다는 주장이 있다. 독일어에서는 안경을 '브릴레Brille'라고 하는데, 베릴에서 유래된 단어일 것이라는 추측도 있다. 독일어권 문서 중 안경에 대해 언급한 최초의 문서는 1270년경 작성된 것으로 추정되는 중세 초기의 문서로, 해당 문서에는 안경의 기원과 제작 방법에 대해 잘 나와 있다. 그 문서에서 말하는 안경은 주로 사람들이 초점이 흐려지는 40~45세를 전후하여 쓰기 시작하는 독서용 돋보기안경이었다. 1450년을 즈음해 서적인쇄술이 발달되면서 갑자기 읽을거리가 대거 등장했고, 지식욕에 불타는 이들도 늘어나면서 돋보기안경에 대한 수요도 폭발적으로 증가했다. 그 결과, 안경광학사, 즉 안경 제조업자라는 직업도 큰 인기를 끌게 되었다. 부유한 상업도시였던 뉘른베르크는 그중에서도 안경 제조 기술의 중심지였다.[3] 근시 환자들로서는 돋보기안경이 아닌 안경, 노안경과는 완전히 다른 연마 과정을 거쳐 제작되는 안경이 필요했지만, 제대로 된 근시용 안경은 그로부터 몇 세기가 더 지난 다음에야 비로소 개발되었다.

지금까지 이렇게 근시에 대해 긴 사설을 늘어놓은 이유는 어느 소년을 소개하기 위해서다. 이 소년은 희미한 촛불 아래에서 수많은 책들을 탐독했고, 여덟 살 때 이미 국정회의에 참가한 뒤 관련 문건들을 검토했다. 독일어와 스웨덴어를 유창하게 구사할 수 있었고, 동시대를 함께 살았던 몇몇 증인들의 말에 따르면 열두 살 무렵에는 라틴어와 이탈리아어, 프랑스어, 네덜란드어까지 할 수 있었다고 한다. 소년의 이름은 구스타브 아돌프Gustav Adolf, 아버지는 세습 군주 자격으로 스웨덴을 통치하다가 1604년 국왕 자리에 오른 카를 9세, 어머니는 슐레스비히-홀슈타인-고토르프Schleswig-Holstein-Gottorp 출신의 크리스티나였다. 1594년 12월 9일 스톡홀름 왕궁에서 출생한 구스타브 아돌프는 어릴 때부터 정치 수업에 입문했고, 국왕인 아버지를 따라 수많은 전쟁터를 누볐다. 스웨덴은 1523년 소년의 할아버지인 구스타브 바사Gustav Vasa(구스타브 1세) 덕분에 덴마크의 지배에서는 벗어났지만, 인접 국가들과는 여전히 갈등 관계에 놓여 있었기 때문이다. 구스타브 아돌프는 어려서부터 뛰어난 재주를 선보이며 보는 이들의 경탄을 자아냈다. 스승인 요한 쉬테Johan Skytte로부터 훌륭한 교육을 받은 덕분에 리비우스나 키케로의 저서들을 원문으로 읽을 수 있었고, 플루트 연주 솜씨도 매우 훌륭했다. 그렇다고 늘 책만 파는 공부벌레는 아니었다. 운동도 좋아했고, 때로는 무모한 도전을 감행하기도 했다. 하지만 그러한 무모함 때문에 스웨덴의 역사가 닐스 안룬드Nils Ahnlund는 구스타브 아돌프가 늘

흥분된 상태였다고 평하기도 했다.

구스타브 아돌프는 건장한 체격의 청년으로 성장했다. 머리는 밝은 금발, 아래턱에는 뾰족한 수염을 길렀다. 얼굴은 약간 긴 편이었고, 이마도 살짝 벗겨진 듯 넓었으며, 큰 눈에 푸른 눈동자를 가지고 있었다. 근시를 지닌 이들은 눈이 큰 것이 특징이다. 특히 안구의 길이가 근시가 없는 이들에 비해 매우 길다. 근시 전문가라면 사람의 눈만 보고도 고도高度 근시인지 아닌지 알 수 있다고 한다. 하지만 이렇듯 비교적 자세한 정보가 확보되었음에도 불구하고, 또한 수많은 목격자나 전기작가들이 제공한 정보들에도 불구하고 구스타브 아돌프가 어느 정도의 근시를 앓고 있었는지는 알 수 없다. 렌즈의 굴절력, 즉 디옵터diopter 수치를 소수점 이하 둘째자리까지 찾아내는 요즘 같은 기술이 그 당시에는 존재하지 않았기 때문이다.

1611년, 아버지가 사망하자 구스타브 아돌프는 열일곱 살의 나이로 아직 역사가 그리 길지 않아 기반이 불안정한 스웨덴 왕국의 군주 자리에 오른다(구스타브 2세 아돌프). 보기 드물게 탄탄한 체격과 그간 보여준 강력한 조직력, 합리적 이성과 기백을 모아 가진 능력을 폭발적으로 발휘해야 하는 상황이었다. 구스타브 2세 아돌프의 조부였던 구스타브 1세(구스타브 바사)가 통치하던 1523년부터 1560년까지의 스웨덴은 국제 정세상 매우 위험한 상황에 놓여 있었다. 스웨덴을 둘러싼 세 개의 인접국, 즉 덴마크-노르웨이, 차르 통치 하에 있던 러시아(당시에는 발트 해까지 영토가 확장되지 않은 상태였다), 지기스문트 왕이 통치하던 폴란드와 사실상 전쟁을 치르고 있었던 것이다. 그중 폴란드의 지기스문트 왕은 구스타브 아돌프의 숙부로, 스웨덴의 왕권까지 차지하려는 야욕을 품고 있었다. 왕위에 오른 후 몇 년 동안 젊은 왕 구스타브 2세 아돌프는 유럽 내 모든 국가가 두려워하거나 부러워할 만한 강력한 군대를 조직했고, 그 군대와 함께 각종 분쟁을 종식시키거나 최소한 완화하는 업적을 달성했다. 그 과정에서 구스타브 2세 아돌프는 크고 작은 무력충돌을 승리로 이끌었을 뿐 아니라 뛰어난 외교적 수완도 발휘했고, 협상에 있어 가장 중요한 능력인 무한한 끈기와 인내심을 보여주었다. 1613년에는 이른바 '칼마르Kalmar 전쟁'이라 불리는 전투가 끝난 뒤 덴마크와 '크네레드Knäred 조약'이라는 평화조약을 체결했고, 1617년에는 러시아와 '스톨보포Stolbovo 평화조약'을 맺었다. 하지만 폴란드와의 갈등은 구스타브 2세 아돌프가 재임하는 내내 지속되었다. 1629년에 와서야 '알트마르크Altmark 휴전조약'을 맺었지만, 구속력이 그다지 강한 조약은 아니었다. 당시 유럽의 지도를 보면 스웨덴의 영토가 얼마나 넓었는지 알 수 있다. 청색과 황색으로 이루어진 스웨덴의 국기는 원래 스웨덴 땅이었던 곳뿐 아니라 핀란드를 넘어 발트 해 연안의 넓은 지역까지 휘날렸다. 지금은 러시아 영토에 속하는 발트 해 연안의 영토 중 일부, 그러니까 그로부터 100년 뒤쯤 러시아의 표트르 대제가 상트페테르부르크라는 이름의 계획도시를 건설하라고 명령한 그곳 역시 당시에는 잉게르만란드Ingermanland라 불리는 스웨덴에 속한 주州였다.

한편, 부富라는 신의 은총을 입지 못한 스웨덴의 내정을 강화하기 위해 구스타브 2세 아돌프는 제국의회 및 신분제의회와 기꺼이 협력했고, 나아가 17세기가 낳은 걸출한 정치가인 악셀 옥센셰르나

Axel Oxenstierna와도 손을 잡고 수많은 결실을 맺었다. 옥센셰르나는 구스타브 2세 아돌프보다 나이가 열 살 정도 많은 인물로, 1612년에 스물여덟 살의 젊은 나이로 제국 총리가 되었고, 그와 동시에 구스타브 2세 아돌프 국왕의 최측근이자 가장 친한 친구가 되었다. 옥센셰르나의 집권 시절, 스웨덴은 근본적인 현대화의 길을 걸었다. 대표적 사례는 웁살라대학교로, 엄청난 지원금을 받으며 성장한 웁살라대학교는 얼마 지나지 않아 유럽 내 최고 대학으로 발돋움했다.

구스타브 2세 아돌프의 지배하에 스웨덴은 강국의 이미지를 구축했다. 이제 더 이상 변방의 이름 없는 나라가 아니었던 것이다. 유럽 본토에서 일어나는 일에 스웨덴도 간섭하기 시작했고, 반대로 유럽 왕실들 역시 북방 쪽으로 눈길을 돌리며 스웨덴 국왕이 이번에는 어떤 계획을 세우고 어떤 전략을 활용할 것인지를 파악하기 위해 힘을 기울였다. 그중에서 특히 독일제국은 스웨덴 군대가 점점 더 강력해지고 스웨덴 신교도들이 젊은 국왕을 우상으로 떠받드는 모습을 지켜보며 심기가 매우 불편해졌다. 스웨덴은 왕국 내 개신교를 신봉하는 지역을 탁월하게 다스렸을 뿐 아니라, 유럽 본토에서 일어난 갈등 상황에도 적절하게 대처했다. 그러던 중 1618년 5월 23일, 이른바 '프라하 창밖 투척 사건'이라는 대사건이 발생했다. 합스부르크 가문 출신의 보헤미아 국왕 페르디난트 2세가 국민들의 종교적 자유를 박탈하자 이에 분노한 시민들이 프라하 성 꼭대기로 올라간 뒤 참사관 두 명을 창밖으로 내던진 것이었다. 이 사건을 계기로 그 유명한 30년전쟁이 발발했다. 신교와 구교의 갈등으로 촉발된 이 종교전쟁은 주로 독일 땅에서 진행되었다. 페르디난트 2세와 바이에른의 막시밀리안 공작이 이끄는 구교도 군대들은 신교도 제후들을 무력으로 진압했다. 그 과정에서 구스타브 2세 아돌프가 국제적 갈등에 개입하게 되는 계기가 마련되었다. 지금까지 철천지 원수처럼 지냈던 덴마크의 국왕 크리스티안 4세가 스웨덴에 도움을 요청한 것이었다. 당시 신교 국가였던 덴마크는 페르디난트 2세가 이끄는 황제군에게 속수무책으로 당하고 있었고, 황제군은 유틀란트 반도까지 진출해 덴마크 땅을 유린 중이었다. 페르디난트 2세가 불러들인 보헤미아의 용병대장 발렌슈타인은 승리를 거두며 발트 해 연안까지 진출했고, 발렌슈타인의 공로를 인정하는 의미에서 황제 페르디난트 2세는 그때까지 발트 해에 면한 메클렌부르크 Mecklenburg를 지배하던 제후들을 강제로 쫓아낸 뒤 발렌슈타인에게 '메클렌부르크 공작'의 지위를 하사했다.

구스타브 2세 아돌프는 여러 가지 이유로 고민에 빠졌다. 독일 제국 내 신교도들과의 신앙적 동맹관계를 유지하는 동시에 스웨덴의 국력 강화와 안보를 꾀하고 싶었던 것이다. 또한 발트 해를 사이에 두고 스웨덴을 장차 위협하게 될 세력들도 걱정해야 했고, 합스부르크 가문이 폴란드의 바사Vasa 왕조를 지원하고 있다는 사실 역시 스웨덴 국왕의 마음을 무겁게 만들었다. 그러던 중 페르디난트 2세가 발렌슈타인 장군에게 '대양과 발트 해를 지배하는 장군'이라는 위력적인 칭호를 하사하면서, 구스타브 2세 아돌프의 심기를 건드렸다. 그러던 중 당시 독립도시였던 독일 북부의 항구도시 슈트랄준트의 신교도 군대가 황제군, 즉 페르디난트 2세의 휘하에 있던 군대의 공격을 성공적으로 막아내는 성과를 거두었다. 그러자 1628년,

신중함을 유지하던 구스타브 2세 아돌프는 종교적 갈등으로 촉발된 전쟁에 참여하겠다는 결정을 내리고, 스코틀랜드 용병으로 구성된 작은 부대 하나를 파견한다. 스웨덴 국왕으로서는 유사 이래 최초로 덴마크 왕조와 손을 맞잡은 것이었다. 스웨덴과 덴마크 연합군의 공격에 결국 발렌슈타인은 퇴각할 수밖에 없었고, 그 후 슈트랄준트는 약 200년 동안 스웨덴에 귀속되었다가 1815년에는 프로이센 영토로 편입되었다.

이후 정부 각료들 및 제국의회 소속 의원들과의 오랜 논의 끝에, 나아가 자기 내면과의 치열한 고민 끝에 구스타브 2세 아돌프는 1630년 여름, 스웨덴이 국제분쟁에 개입해야 한다는 강경파들의 주장을 받아들였다. 발렌슈타인에게 무력진압을 당하다 못해 전멸 위기에 놓인 독일제국 신교도들의 간절한 구조요청을 외면할 수 없다고 결심한 것이다. 모르긴 해도 만약 국왕이 불길한 전조 현상들을 조금 더 신경썼더라면 섣불리 그런 결정을 내리지는 않았을 것이다. 결단을 내리기 몇 년 전 구스타브 2세 아돌프는 스웨덴 군대의 긍지를 상징할 만한 전함 한 척을 건조建造하라는 명령을 내린 바 있었다. 그 배에는 왕가의 명칭인 '바사'라는 이름을 붙일 예정이었다. 용골 거치keel laying 시점, 즉 선박 건조에 착수한 시점은 1626년 1월 1일이었고, 그로부터 약 2년 뒤 웅장한 전함이 완공되었다. 하지만 바사 호의 처녀항해는 대재난으로 끝나고 말았다. 1628년 8월 10일, 진수식을 마친 배는 조선소를 미끄러지듯 빠져나갔다. 그로부터 20분 뒤, 약 2킬로미터를 항해한 배는 침몰하고 말았다. 짐을 많이 싣지 않은 배가 강풍에 흔들리며 한쪽으로 기울었고, 열려 있던 군함의 포문들 사이로 바닷물이 흘러들었던 것이다. 약 50명이 타고 있던 바사 호는 출항한 지 20분 만에 허무하게 가라앉고 말았다. 이후 1957년 해양고고학자인 안데르스 프란첸Anders Franzén이 침몰 위치를 찾아내고 1961년 드디어 인양되기까지 300년이 넘는 세월 동안 바사 호는 스톡홀름 항구 앞 바다 속 깊은 곳에 잠겨 있었다. 그 후 몇 년 간의 복구 작업을 거친 뒤 바사 호는 오늘날 스톡홀름에서 가장 많은 관광객들이 찾는 바사박물관[4]으로 이전되었다. 그곳에 가면 지금도 바사 호를 비롯해 당시 선원들이 남긴 유물을 통해 구스타브 2세 아돌프 시대의 일면을 엿볼 수 있다.

하지만 불길한 전조 현상을 믿지 않았던 구스타브 2세 아돌프는 출전 결정을 번복하지 않았고, 약 1만 3,000명의 병사를 태운 전함들을 직접 이끌고 발트 해를 건넜다. 다행히 그 선박들은 가라앉지 않고 지휘관과 병사들을 안전하게 실어날랐다. 하지만 1630년 7월 6일, 독일 북부의 페네뮌데Peenemünde에 당도한 스웨덴 원정군들은 당장이라도 몰려올 것처럼 굴었던 동맹군의 흔적조차 발견하지 못했다. 브란덴부르크-프로이센과 작센(둘 다 신교도의 핵심 진영이었다), 둘 중 아무도 나타나지 않았다. 대신 뜻밖에도 가톨릭 교단의 고위 관리인 리슐리외 추기경이 통치하고 있던 프랑스가 지원금을 보내왔다. 프랑스는 자신들의 최대 정적인 합스부르크 왕가에 대적하기 위해 구스타브 2세 아돌프와 동맹을 맺기로 한 것이다. 이는 본디 종교적 갈등이 원인이었던 30년전쟁이 시간이 흐르면서 세력다툼의 무대로 변질되었다는 사실을 여실히 입증하는 대표적 사례다.

하지만 누가 아군이고 누가 적군인지 제대로 밝혀지기까지는 오랜 세월이 걸렸다. 그때까지 전쟁의 참담함에 익숙해 있던 유럽인들조차도 깜짝 놀랄 만한 사건이 터진 뒤에야 누가 누구 편인지에 대한 윤곽이 드러나기 시작한 것이었다. 그리고 그 사건이 일어난 이듬해에 스웨덴 국왕 구스타브 2세 아돌프는 모든 신교도들의 유일한 희망으로 등극했다. 당시 일어난 대사건의 개요는 다음과 같다. 개신교도들이 주를 이뤘던 독일의 마그데부르크Magdeburg는 틸리Tilly 장군이 이끄는 황제군의 공격에 대항하며, 스웨덴이 어서 지원군을 파견해주기를 간절히 기다리고 있었다. 틸리의 황제군이 다시 공격해오기 전에, 스웨덴 지원군이 제발 자신들을 구원해주기를 기대한 것이었다. 하지만 그 소망은 이루어지지 않았고, 틸리의 군대는 1631년 5월 20일 다시금 마그데부르크로 쳐들어온 뒤 유럽인들이 그때까지 겪어보지 못한 끔찍한 만행을 저질렀다. 고삐 풀린 병사들은 약 2만 명의 시민들을 학살했다. 행여나 목숨을 부지할 수 있을까 싶어서 가톨릭 성당으로 피신한 이들도 있었지만, 병사들은 개의치 않고 학살을 이어나갔다. 황제군의 파펜하임Pappenheim 장군은 신께서 우리를 수호하고 있으니 아무 염려하지 않아도 된다는 말로 병사들을 격려했고, 무공을 세우면 거액의 상금을 지급하겠다는 약속까지 했다. 교황 우르바누스 8세 역시 어느 글에서 수많은 이교도들을 처단한 것에 환희를 느낀다고 밝힌 바 있다.

황제군들의 포악하고도 잔인한 만행에 지쳐 있던 독일제국 내 개신교 지역들은 구스타브 2세 아돌프가 마침내 당도하자 환호성을 지르며 스웨덴군을 맞이했다. 마음속으로는 남부의 구교도들에게 똑같이, 매우 잔악한 방식으로 앙갚음해주기를 기대했을 것이다. 하지만 구스타브 2세 아돌프가 이끄는 스웨덴 군대의 기강은 결코 해이해지지 않았고, 국왕 자신도 구교도에 대한 보복보다는 스웨덴 군대에게 충분한 식량과 자신이 약속한 보상금을 지급하는 것에 더 관심을 가졌다. 나중에 자신이 정복한 도시 뮌헨과 뉘른베르크에 거액의 분담금을 요구한 것도 그 때문이었다. 1631년 9월, 스웨덴 군대가 브라이텐펠트Breitenfeld 전투에서 압승을 거두면서 전쟁의 양상이 급격히 전환되었다. 황제군이 퇴각하기 시작한 것이었다. 황제군이 급격히 불리해지고 있다는 것을 깨달은 페르디난트 2세는 이미 방출한 발렌슈타인을 다시금 지휘관 자리에 앉혔다. 당시 발렌슈타인은 통풍으로 거동이 불편했고, 전반적으로 건강이 나빠진 상태였지만, 그럼에도 불구하고 사방이 탁 트인 곳에서의 전투를 교묘히 피하는 등 그때그때 필요한 전략과 전술을 적절하게 활용하는 전술을 발휘했다. 어서 빨리 최종적 승리를 쟁취하고 싶던 구스타브 2세 아돌프로서는 매우 실망스러운 상황이었다. 황제군과 스웨덴군 사이에 수개월 동안 이어지던 지루한 공방전은 1632년 11월 6일 드디어 종지부를 찍는다. 이미 동절기용 막사를 설치하고 대기 중이던 발렌슈타인은 라이프치히 인근의 뤼첸Lützen에서 유리한 입지를 선점할 수 있다고 판단한 뒤 부대에게 대열을 갖추라고 명했다.

스웨덴군은 안개가 자욱한 어느 비오는 날 오전에 공격을 감행했다. 스웨덴군은 맹공을 퍼부었다. 발렌슈타인도 어찌나 놀랐던지, 나중에 "생전 처음 겪어보는 광폭한 공격이었다"라고 고백했다. 그러나 가뜩이나 근시 때문에 시야 확보에 문제가 있었던 구스타브

2세 아돌프에게 악천후는 불리하게 작용했다. 짙은 안개 때문에 시야 확보가 어려움에도 불구하고 국왕은 후방에서 입으로만 지휘하던 여느 장수들과는 달리 병사들과 함께 용맹하게 전장으로 나섰다. 독일 문학계의 거장 토마스 만의 아들로 태어나 역사학자 겸 작가가 된 골로 만Golo Mann은 구스타브 2세 아돌프의 생애 마지막 몇 분을 다음과 같이 묘사했다. "구스타브 왕은 이미 큰 손상을 입은 좌측 보병대의 중심부로 깊숙이 뛰어들었다. 적군은 그가 구스타브 2세 아돌프임을 금세 알아차렸다. 기품이 넘치는 자태 때문에 모를 수가 없었을 것이다. 게다가 병사들은 전장의 중심으로 뛰어든 국왕을 우러러보며 기꺼이 길을 비켜주었다. 전장에 뛰어든 구스타브 2세 아돌프는 총탄에 왼팔을 피격당했고, 더 이상 원하는 방향으로 말을 몰지 못하게 되었다. 건장한 체격에 근시를 앓던 지휘관은 총포 연기와 안개 속에서 방향을 제대로 찾지 못했고, 결국 한 무리의 황제군들과 맞닥뜨리고 만다. 황제의 병사들은 권총을 쏘고, 검으로 머리와 등 부위를 수차례 찔렀으며, 스웨덴 국왕이 몸에 지니고 있던 것들을 약탈했다. 목걸이와 시계, 은으로 된 박차拍車, 모자, 옷가지, 장화 등 모든 것이 약탈 대상이었다. 자신의 신념에 충실했던 '북방의 사자왕' 구스타브 2세 아돌프의 시신은 벌거벗겨진 채 황량한 대지 위에 무방비 상태로 내던져져 있었다."[5]

국왕이 사망한 이후에도 전투는 몇 시간 동안 더 이어졌다. 스웨덴 군대는 '톡톡한 대가를 치렀다'라는 말로는 턱없이 부족한, 그야말로 소중한 지휘관을 잃었지만 전쟁에서는 승리를 거두었다. 30년전쟁은 그 이후로도 무려 16년 동안이나 지속되면서 참담한 일들이 벌어졌다. 지금까지 그 어떤 전쟁보다 더 잔인한 학살과 약탈이 무고한 시민들에게 자행되었다. 30년전쟁이 지속되는 동안 독일제국 국민의 3분의 1이 직간접적으로(전쟁 이외에 역병이나 기근 등으로 인해) 목숨을 잃었다. 학자들의 추산에 따르면 약 600만 명이 희생되었다고 한다. 스웨덴은 그 후 약 100년 동안 유럽 내에서 강대국의 지위를 유지하다가 19세기로 들어서면서 진보적 민주주의를 표방하는 국가로 변신했다. 만약 뤼첸에서 구스타브 2세 아돌프가 중대한 순간에 길을 잃고 헤매지 않았다면, 좀 더 오래 살면서 여타 국왕들과 비슷한 기간 동안 국가를 통치했었다면, 30년전쟁은 조금 더 일찍 마무리될 수 있었을지도 모른다. 나아가 1648년 베스트팔렌 조약으로 30년전쟁을 마감했을 당시 스웨덴이 독일에 대해 훨씬 더 큰 영향력을 미칠 수 있지 않았을까 예측해본다. 그렇게 역사가 흘러갔다 하더라도 그리 나쁜 일은 아니었을 것이다. 그보다 더 끔찍한 일들이 이후 유럽 대륙을 무대로 더 많이 펼쳐졌으니 말이다.

전염병이 발발했다!

천연두

1980년 5월 8일은 인류가 맞이한 영광의 순간들 중 하나였다. 제네바에 위치한 세계보건기구WHO에서 천연두가 지구상에서 완전히 퇴치되었음을 공식적으로 선포한 날이기 때문이다. 그날은 인류 역사상 최초로 유행성 질환 하나가 완전히 박멸된 날이기도 했다. 두창痘瘡이라고도 불리는 천연두가 수 세기에 걸쳐 인류에게 끼친 피해는 오늘날로서는 상상조차 하지 못할 정도로 어마어마했다. 20세기에만 약 3억 명이 천연두로 목숨을 잃었다.[1]

천연두의 전형적인 증상은 얼굴이나 몸에 특유의 수포가 형성되는 것으로, 특히 감염 초기에는 고열이나 두통, 요통, 뼈마디가 쑤시는 듯한 고통, 무기력함 등을 겪게 된다. 얼굴에 수포성 발진이 200개 정도 생기는 것은 증상이 약한 경우였고, 500개 이상의 수포가 안면을 뒤덮고 있는 경우도 있었다. 심지어 목숨을 잃는 경우도 많았다. 행여 살아남더라도 '마마媽媽 자국'이라 불리는 흉터들은 평

1796년 에드워드 제너가 실시한 최초의 천연두 예방접종 장면.
소젖을 짜는 여인들이 유독 아름답다는 데서 백신 개발의 힌트를 얻었다.

생 지울 수 없었다. 보기 흉한 흉터가 얼굴 전체에 퍼져 있는 경우도 많았다. 곰보 자국은 특히 어린 소녀나 젊은 처녀들에게 있어 재난과 동의어였다. 그 어떤 남자도 얼굴이 곰보 자국으로 가득한 여자와 결혼하고 싶어 하지 않을 것이기 때문이다. 천연두에 걸려 사경을 헤매다가 겨우 살아난 이들의 삶은 그 이후에도 평탄하지 않았다. 대부분 가난하고 비참한 환경에서 살아가야 했다. 그보다 운이 좀 더 좋은 이들은 종교에 귀의해 수도원에서 지낼 수 있었다. 한편, 유명인들 중에도 천연두 자국을 평생 떠안고 살아가야 했던 이들이 꽤 많다. 하지만 해당 인물들의 초상화를 통해서는 천연두 자국이 있는지 잘 알 수 없는데, 그 이유는 초상화 화가들이 고객의 심기를 불편하게 만들지 않으려고 보기 흉한 흉터들을 그림에 그대로 담아내지 않는 '섬세한 예술가적 감각'을 발휘했기 때문이다.

천연두에 걸린 유명인들 중 괴테와 모차르트는 흉터 자국이 꽤 많은 편이었고, 미국 건국의 아버지 조지 워싱턴은 그 둘에 비하면 훨씬 더 운이 좋은 편이었다. 천연두 바이러스, 즉 두창 바이러스 variola virus는 대두창 바이러스variola major와 소두창 바이러스variola minor 두 가지로 나뉜다. 그중 대두창 바이러스는 '저승사자'라 불릴 만큼 치사율이 높았다(최대 50퍼센트). 그에 반해 소두창 바이러스는 증상이 훨씬 더 가볍고, 치사율도 0.2퍼센트밖에 되지 않았다. 영국의 의사 개러스 윌리엄스Gareth Williams는 "소두창 바이러스에 감염되었다는 것은 이중의 행운을 뜻한다. 증세도 가볍고 흉터 자국도 잘 보이지 않을 정도로만 남을 뿐 아니라, 한번 걸렸다가 나으면 평생 대두창 바이러스에 대해서도 면역력을 지니기 때문이다"[2] 라고 서술한 바 있다.

천연두는 몇천 년 전에 이미 전 세계 각 문명권을 강타했다. 고대 중국에서는 기원전 1120년경에 천연두로 인한 사망자가 나왔다는 기록이 있다. 종두법inoculation에 관한 기록(기원전 6세기경의 기록)이 남아 있기 때문에 그러한 추정이 가능한 것인데, 이 부분에 대해서는 나중에 다시 자세히 살펴보겠다. 파피루스로 제작된 이집트의 고문서에서는 천연두에 관한 기록을 찾아볼 수 없지만, 기원전 1157년에 사망한 파라오 람세스 5세의 미라의 얼굴에서 천연두 자국이 관찰되었다. 반면, 고대 유럽은 꽤 오랫동안 '천연두 안전지대'였다. 천연두는 아시아와 아프리카를 중심으로 주로 발생했고, 아라비아 반도의 이슬람 문화권을 거쳐 아프리카 북부로 전파되었다. 그러던 중 910년경, 바그다드에서 활동하던 페르시아 의사 라제스Rhazes가 《천연두와 홍역에 관한 고찰A Treatise on the Small-Pox and Measles》이라는 글을 발표한다. 사상 최초로 피부 발진을 일으키는 두 가지 질병, 즉 천연두와 홍역을 구분해서 관찰한 글이었다. 이 글에서 라제스가 홍역이 천연두보다 더 위험한 질병이라고 주장한 점은 매우 흥미롭다.[3]

천연두가 유럽으로 전파된 것은 중세 시대로 바이러스의 매개체를 유럽으로 퍼뜨린 주범은 훈족Huns이었다고 알려져 있다. 낯선 문명이나 적들을 만악의 근원으로 돌리는 인류의 기본 습성 때문에 그렇게 알려진 것일 수도 있고, 어쩌면 진실일 수도 있다. 아무튼 1000년을 전후해 유럽 내 드넓은 지역에 천연두가 퍼졌다. 그때까지 천연두가 진출하지 않은 지역은 스칸디나비아 반도와 러시아 그리고 아이슬란드밖에 없었다. 하지만 아이슬란드도 결국 천연두의 희생양이 되었는데, 질병을 일으키는 바이러스에 대한 면역력이 전혀 없는 국민들에게 있어 천연두가 얼마나 큰 재앙인지를 단적으로 보여주는 사례가 되었다. 1241년 덴마크의 선박 하나가 천연두 바이러스를 아이슬란드로 옮겼다. 이후 단 몇 주 사이에 아이슬란드에 거주하고 있던 북유럽인 중 2만 명가량이 사망했다. 아이슬란드 전체 인구의 40퍼센트에 해당하는 수치였다.

1500년을 즈음해 유럽의 탐험가와 정복자들이 천연두를 신대륙으로 옮기면서 비극의 규모는 눈덩이처럼 불어났다. 천연두는 정복자들의 화승총, 소총, 검보다 더 많은 원주민들을 죽음으로 몰아갔다. 600명의 병사를 이끌고 간 에르난 코르테스Hernán Cortés가 아스테카 문명을 정복할 수 있었던 것도 순전히 멕시코 원주민들이 천연두로 인해 대거 사망했기 때문이었다. 아스테카 왕국의 수도 테노치티틀란Tenochititlan을 코앞에 두고 패퇴한 코르테스의 부대는 아스테카군의 반격을 기다렸다. 하지만 반격은 없었고, 코르테스는 테노치티틀란을 정복했다. 당시 원정길에 참가했던 어느 병사는 다음과 같은 목격담을 남겼다. "가옥과 논밭이 시체로 가득했다. 거리와 광장도 마찬가지였다. 인디오의 시체를 밟지 않고서는 한 발짝도 움직일 수 없었다. 참을 수 없을 만큼 지독한 악취도 진동했다."[4] 당시 멕시코에서는 2,500만 명의 원주민이 있었는데 그중 약 1,800만 명이 천연두로 희생되었다고 한다.

천연두 때문에 인구가 급감하고 그로 인해 정복자들의 손쉬운 먹잇감이 된 나라는 아스테카 왕국뿐만이 아니었다. 천연두는

1526년을 전후해 잉카 제국도 휩쓸었다. 10년 만에 잉카 제국은 50~90퍼센트에 달하는 주민을 잃었다. 천연두를 비롯해 스페인 정복자들이 들여온 독감이나 디프테리아, 티푸스 등에 의해 몰살당한 것이었다. '콘키스타도르conquistador', 즉 스페인의 정복자들 중 하나인 프란시스코 피사로Francisco Pizzaro는 1532년 167명의 보병과 67명의 기병만으로 감염성 질환과 내전으로 이미 초토화된 잉카 제국을 단숨에 제압했다.

18세기에는 정복자들이 아메리카 원주민들이 천연두에 취약하다는 사실을 이용하여 일부러 전염병을 퍼뜨리고자 한 정황이 포착되었다. 1763년, 북미 대륙에 주둔 중이던 영국군 수장 제프리 애머스트 경Sir Jeffrey Amherst이 펜실베이니아 주 인디언 거주지와의 경계 지역에 주둔해 있던 앙리 부케Henri Bouquet 대령과 주고받은 서신들에서 당시 상황을 짐작할 수 있다. "우리와 대치 중인 인디오 족들에게 천연두를 퍼뜨릴 방법은 없겠나? 그들의 수를 줄이기 위해 총력을 기울여야 하는 상황이라네"라는 애머스트 장군의 질문에 부케 대령은 "(천연두 환자들이 덮었던) 이불과 담요들을 인디오들이 사용하게 만들겠습니다. 아군이 감염되지 않도록 만전을 기하겠습니다"[6] 라고 답변했다. 일종의 생물전을 펼치겠다는 말이었다. 이같은 생물전 전술은 19세기 미국이 서부를 정복할 때에도 활용되었다. 역사학자들 사이에서는 1837~1840년 북미 서부의 프레리 지역에 널리 확산된 천연두가 순전히 우연이었는지, 아니면 누군가 일부러 퍼뜨린 것인지에 대해 아직도 논란이 분분하다. 만약 누군가가 퍼뜨렸다면 아마도 서부에 주둔 중이던 미합중국 부대의 전략이었거나 최소한 해당 부대의 동의하에 그러한 일이 벌어졌을 것이다. 그 사건의 경위는 다음과 같다. 미주리 강을 거슬러 올라가던 외륜증기선 '세인트 조셉' 호에 천연두 증상을 보이기 시작한 선원이 있었다. 그 선원은 같은 배에 타고 있던 아리카라족Arikara 출신의 세 여인을 감염시켰고, 천연두는 결국 인디언 1만 7,000명의 목숨을 앗아갔다. 특히 맨던족Mandan은 부족 전체가 몰살되다시피 했다.[7]

유럽에서 천연두가 절정에 달한 시기는 18세기로 25년 동안 1,500만 명이 사망했다. 계몽주의가 활발하게 전개되던 그 시절, 천연두 바이러스에 감염될 확률은 무려 3배나 증가했다.[8] 당시 천연두가 얼마나 일상적이었는지는 영국의 정치인이자 작가인 호레이스 월폴Horace Walpole이 1750년 4월에 작성한 편지에서도 알 수 있다. "사흘 전 댈키스 경Lord Dalkeith이 천연두에 걸려 우리 곁을 떠났습니다. 그의 가족들의 상황은 더 끔찍합니다. 숙부와 숙모 몇 명도 천연두로 사망했고, 심지어 댈키스 경의 첫째 아들도 지난해 숨을 거두었습니다. 하나밖에 없는 형제 역시 병에 걸린 지 이틀 만에 온몸이 문드러졌습니다. 병이 어찌나 심한지, 시신을 관에 넣을 때 온몸의 뼈마디가 부스러질 정도였습니다."[9]

지체가 높으신 분들 중 천연두에 걸려 사망한 가장 유명한 이는 러시아의 차르 표트르 2세와 프랑스 국왕 루이 15세였다. 표트르 대제의 손자이기도 한 표트르 2세는 열두 살에 즉위했다. 왕위에 오르고 3년 뒤인 열다섯 살에는 어느 귀족 집안의 딸과 결혼하기로 약속까지 했지만, 그 약속은 영원히 지켜지지 못했다. 3년이라는 짧은 재위 기간을 뒤로 한 채 1730년 1월 29일 천연두로 사망하고 말았기 때문이다. 프랑스 국왕 루이 15세는 그보다 훨씬 오랜 기간 최고 권력자의 위치에 머물렀다. 루이 15세는 '친애왕le Bien Aime'이라는 별명으로 불렸는데, 이는 국왕의 방탕한 생활을 반어법으로 조롱하는 표현이다. 루이 15세에게 있어 정부情婦, 애첩, 외도는 일상생활의 일부였다고 한다. 루이 15세의 여인 중 가장 유명한 여성으로는 퐁파두르 부인Madame Pompadour이 있다. 루이 15세는 공식적으로는 증조부 루이 14세가 사망한 뒤인 1715년, 다섯 살의 나이로 왕위에 올랐다. 열다섯 살에는 폴란드의 왕녀를 아내로 맞아들였고, 이로써 공식적으로 어른이 되었다. 아내와의 사이에서 10명의 자녀가 태어나기도 했다. 그 후에도 루이 15세는 약 50년 동안 왕위를 유지했다. 하지만 1774년 5월 10일, 예순네 살에 천연두에 걸려 부와 권력, 아리따운 여성 등 모든 것을 향유했던 삶을 마감하고 만다.

다행히 18세기 들어 천연두를 치료할 수 있는 돌파구가 뚫리고, 예방접종이라는 새로운 치료방식이 등장했다. 예방접종의 전신前身은 종두법이다. 중동 지역에서는 오래 전부터 활용되어온 방법인데, 영국의 시인 겸 서간문 작가인 메리 워틀리 몬터규Mary Wortley Montague에 의해 유럽에도 널리 알려지게 되었다. 몬터규 부인은 1714년 천연두에 걸렸고, 그로 인해 여성미를 완전히 상실하게 되었다고 고백했다. 그러다가 1717년 투르크 영국 대사로 부임한 남편을 따라 콘스탄티노플로 가게 되었다. 그녀는 투르크 제국에서 치료사들이 천연두를 예방하는 방법을 목격하게 되었다. 투르크의 치료사들은 천연두에 걸린 환자들 중 증상이 가벼운 환자들의 수포에서 액체를 뽑아낸 뒤 이를 건강한 이의 피부에 주입했다. 수포액을 이식한 건강한 사람들도 가벼운 흉터만을 남기고 천연두를 극복하고, 남은 생애 동안 다시는 천연두에 걸리지 않는 면역력을 기를 수 있으리라 기대한 것이다. 물론 이러한 종두법이 늘 성공한 것은 아니었다. 그러나 보스턴의 성직자 코튼 매더Cotton Mather는 종두법을 활용할 경우의 치사율이 일반적인 경우의 치사율보다 10배 정도 낮은 2.5퍼센트 정도라고 주장했다. 종두법을 이용하더라도 사망할 확률은 어느 정도 있었던 것이다. 한편, 투르크 제국에서 영국으로 돌아온 몬터규 부인은 종두법을 옹호하고 알리기 위해 목소리를 내었고, 점점 더 많은 의사와 정치가들이 그 방법에 신뢰를 보내기 시작했다. 1722년에는 영국 국왕 조지 1세가 왕가 출신의 공주 두 명에게 종두법을 시행해도 좋다고 승인하기도 했다.

이후 영국 의사 에드워드 제너Edward Jenner가 아주 혁신적이면서도 안전한 천연두 예방법을 제안했다. 당시 영국에서는 소젖을 짜는 소녀들의 외모가 출중하다는 소문이 널리 퍼져 있었다. 그 여인들이 그렇게 예쁜 외모를 지닐 수 있었던 이유는 무엇보다 천연두에 걸리지 않았고 그래서 얼굴에 곰보 자국이 없었던 덕분이었다. 많은 사람들이 그 사실을 알고 있었지만, 그 사실을 의학적으로 파고든 학자는 제너가 처음이었다. 그 시절, 우두cowpox는 젖소를 돌보는 여성들이 많이 걸리는 일종의 직업병이었다. 늘 젖소의 유방을 만져야 하기 때문에 젖소들이 지닌 우두 바이러스가 사람에게도 옮겨가는 것이었다. 바이러스의 주요 공략 부위는 당연히 젖소의 유방을 직접 만져 우유를 짜는 여인들의 손이었다. 그런데 신기하게도 그렇게 우두에 걸렸다가 나은 여인들은 천연두에 걸리지 않았다.

1796년 5월 제너는 이 가설을 증명하기 위해 우두법 실험을 단행했다. 제너는 우선 얼마 전 우두에 걸려 손에 수포가 생긴 젖 짜는 소녀 세라 넴스Sarah Nelmes에게서 수포액을 채취했다. 이후 그 액체를 여덟 살 난 건강한 소년 제임스 핍스James Phipps에게 주입했다. 처음에는 주입 부위가 살짝 부어오르는 듯했지만 제너는 실험을 계속했다. 우두를 앓고 난 아이에게 천연두 바이러스를 주입한 것이었다. 다행히 아이의 몸에는 이렇다 할 증상이 발견되지 않았다. 몇 달 뒤 그 소년에게 다시금 천연두 바이러스를 주입했지만, 이번에도 아이의 몸에는 변화가 일어나지 않았다. 이로써 천연두 예방접종법이 탄생한 것이었다! 우두법 실험에 성공한 제너는 논문을 통해 초기 실험에서 18명이 천연두에 대해 면역력을 갖게 되었다는 사실을 대대적으로 홍보했다. 제너가 개발한 천연두 백신은 전 세계적으로 대성공을 거뒀다. 그 대표적 사례는 아이러니하게도 영국의 숙적인 프랑스가 보여주었다. 1805년 나폴레옹은 휘하에 있는 모든 병사들에게 우두 바이러스를 접종하라는 명령을 내렸고, 천연두라는 끔찍한 질병과의 싸움에서 승리를 거두었다.

죽음을 부르는 수술

음악의 아버지 요한 제바스티안 바흐

알렉산드로스 대왕이나 프랭클린 D. 루스벨트 대통령처럼 최고 권력자가 질병으로 갑자기 사망한 경우, 정권이 막을 내리면서 역사의 물결이 전혀 예기치 못한 방향으로 흘러간다. 그러나 역사가 거물급 정치가들에 의해서만 좌우된 것은 아니다. 페스트나 콜레라, 폐결핵 같은 무시무시한 질병으로 희생된 이름 없는 수많은 이들도 역사의 방향을 바꿔놓았다. 또한 거물급 정치가도 이름 없는 대중도 아니지만 역사를 바꾼 또 하나의 그룹이 있다. 바로 각 시대마다 문화사에 중요한 업적을 남기곤 했던 예술가들이다. 예술가들은 동시대 사람들로 하여금 자신들이 한 국가의 국민이자 특정 민족의 구성원, 나아가 특정 사회계층에 속한 사람이라는 정체성을 깨닫게 해주었고, 유럽 문명 혹은 인류 전체의 문명이 번영할 수 있도록 수많은 예술 작품들을 남기기도 했다.

질병은 뛰어난 예술가라고 해서 특별히 봐주는 법이 없었으며,

근세 초기에는 외과 수술이 매우 위험했다. 외과 수술로 사망한 이는 농민이나 농노만이 아니었으며, 음악의 아버지라 불리는 요한 제바스티안 바흐도 희생양이 되었다.

수많은 예술가들의 작품 활동에 심각한 영향을 미쳤다. 청각을 상실한 베토벤, 소아마비 등 각종 사고로 인해 마음의 상처를 안고 살았던 화가 프리다 칼로Frida Kahlo, 백내장으로 시력이 약화된 상태에서 작품들을 남긴 윌리엄 터너William Turner나 클로드 모네Claude Monet, 류머티즘을 앓았던 오귀스트 르누아르Auguste Renoir 등이 대표적 사례다. 절정기를 맞이하기 직전 혹은 한창 꽃을 피워야 할 무렵에 삶을 마감한 예술가들도 있다. 양극성 장애bipolar disorder, 즉 조울증을 앓았던 것으로 알려진 빈센트 반 고흐Vincent van Gogh가 서른일곱 살의 젊은 나이에 극단적 선택을 하지 않았더라면 그 이후에 얼마나 많은 수작들을 남겼을까? 근세 초기에 발발해 수많은 희생자들을 낳은 전염병인 매독으로 요절한 슈베르트가 조금만 더 살았다면 우리의 심금을 울리는 명곡들을 얼마나 더 많이 남겼을까? 독일이 낳은 위대한 극작가 게오르크 뷔히너Georg Büchner도 마찬가지다. 뷔히너는 《당통의 죽음Dantons Tod》과 《보이체크Woyzeck》라는 두 편의 희곡과 《렌츠Lenz》라는 소설 한 편, 《레옹스와 레나Leonce und Lena》라는 희극 한 편만을 남긴 채 장티푸스에 걸려 세상을 떠났다. 그의 나이 겨우 스물세 살이었다. 하지만 그 후 그 이름을 내건 문학상이 만들어질 정도로 뷔히너의 천재성은 널리 인정받고 있다.

뷔히너처럼 오늘날에는 치료가 가능한 전염병 때문에 목숨을 잃는 예술가도 있었지만, 돌팔이 의사의 어설픈 치료 때문에 건강이 더 나빠진 예술가도 있었다. 유럽에서 가장 위대하다고 평가받는 작곡가이자 위대한 음악가의 대명사이기도 한 요한 제바스티안 바흐Johann Sebastian Bach가 그랬다. 당시 바흐는 시력이 감퇴하는 고충을 겪고 있었다. 동시대 증인들의 생생한 진술을 담은 바흐의 전기문을 보면 성 토마스 교회 성가대의 지휘자였던 음악가 바흐는 "태어날 때부터 시력이 안 좋았다"라는 문구가 나온다. 게다가 희미한 불빛 아래서 늘 열정적으로 글과 곡을 썼기 때문에 분명 근시였을 것이다. 바흐의 주요 활동 무대였던 라이프치히에서 얼마 떨어지지 않은 뤼첸에서 최후를 맞이한 스웨덴 국왕 구스타브 2세 아돌프와 비슷한 질병을 갖고 있었던 것이다. 바흐의 초상화 중 가장 유명한 작품은 1748년 엘리아스 고트로프 하우스만Elias Gottlob Hausmann이 그린 것으로, 그 그림을 본 안과의사들은 미간에 선명하게 새겨진 주름에 집중했다. 그 주름은 안경을 쓰지 않았을 때 초점을 맞추기 위해 눈을 살짝 찌푸리며 가느다랗게 뜨는 습관 때문에 생기는, 근시의 전형적인 표식이기 때문이었다. 나이가 들수록 시력은 당연히 더 나빠졌을 것이고, 미간의 주름은 노안성 백내장 때문에 더더욱 선명해졌을 것이다. 그 시절에는 백내장을 전문으로 치료하는 의사가 없었다. 이곳저곳을 떠돌며 무허가로 공막sclera(각막을 제외한 안구의 대부분을 감싸고 있는 흰색의 막-역자 주)을 뚫는 시술을 하는 돌팔이들이 대부분이었다. 그 돌팔이들 중에는 이발사들도 많았는데 당시 몇몇 이발사들은 방광결석 제거 수술 같은 외과 수술도 서슴지 않는 '과감한' 이들이었다. 바흐의 눈을 시술한 치료사는 영국의 유명한 돌팔이 의사 존 테일러John Taylor였다.

1703년 잉글랜드 노리치Norwich에서 태어난 것으로 추정되는 테일러는 의학사가들이 대표적인 돌팔이로 가장 먼저 꼽는 인물이다. 그는 무허가 시술로 병을 치료하기는커녕 수많은 환자들에게 더 큰 고통만 안겨주었다고 한다. 당국에서 테일러에게 무허가 시술을 중단하라고 경고했지만, 지푸라기라도 잡고 싶은 환자들은 테일러의 멀끔한 용모나 당당한 태도에 압도되어 시술을 맡기곤 했다. 테일러는 스스로를 기사chevalier라고 참칭했고, 자신의 치료 덕분에 기적적으로 완치된 환자가 수두룩하다는 무용담을 늘어놓곤 했다. 목에는 고급 스카프를 두르고 있었고, 많은 여인들이 연모하는 사내라는 소문이 늘 따라다녔다. 하지만 학벌과 관련해서는 의심스러운 구석이 많았다. 테일러는 상처치료사를 많이 배출한 가문에서 태어나 런던의 성 토마스 병원으로 간 뒤 유명 외과의인 윌리엄 체셀든William Cheseldon 밑에서 공부했고, 이후 안과 전문의가 된 뒤 영국 곳곳을 돌며 치료사로 일했다. 나중에는 유럽 대륙으로도 진출하여 벨기에의 리에주Liège에서 박사학위를 받았고, 쾰른에서 또 다른 박사학위도 추가로 받았다고 한다. 하지만 지금이 18세기 초반이라면 몰라도 그로부터 3세기도 더 지난 시점에 사실 여부를 확인할 방법은 없다. 나중에 테일러는 스위스에서만 몇백 명을 실명하게 만들었다고 실토하기도 했다.

테일러는 전형적인 공막천공 기법을 활용했다. 혼탁해진 수정체를 꼬챙이 같은 기구를 이용해 유리체, 즉 안구 중심부를 채우고 있는 투명한 젤 속으로 밀어넣는 시술법이었는데, 어찌 보면 간단한 수술이지만, 합병증과 부작용의 위험이 상당히 큰 수술이기도 했다. 하지만 테일러는 매우 자신 있는 태도로 수술에 임했고, 결국 환자들에게 큰 부작용을 남겼다. 테일러는 좋게 말하자면 '플라세보 의사'였고, 직설적으로 말하자면 수술이 성공할 것이라는 거짓말로 환자들을 우롱하는 돌팔이였다. 그의 위험한 시술 행위는 영국 왕 조지 2세가 테일러를 궁정의사로 임명하면서 절정에 달했다. 다행히 조지 2세는 테일러에게 수술을 한 번도 받지 않았지만, 테일러는 궁정의 출신이라는 경력 덕분에 귀족 사회에서 큰 존경을 받았고, 런던을 기반으로 활동하며 30년 넘게 유럽 전역을 누볐다.

1750년 봄, 테일러는 라이프치히를 방문하여 누군가의 소개로 유명 작곡가인 바흐를 만났고, 바흐의 백내장 수술을 집도하게 되었다. 그러나 수술은 성공적이지 않았다. 시술 중 천공용 꼬챙이로 분리한 수정체가 안구에 남아 있게 된 것이었다. 오늘날의 기준으로 보면 수술 과정에도 문제가 많아 심각한 합병증이 찾아올 것이 확실했다. 현대 의학에서는 백내장 수술을 할 때 수정체를 제거하고, 환자의 눈에 인공 수정체IOL, Intra Ocular Lens를 이식한다. 수술을 받고 나면 꽤 오랜 기간 동안 높은 시력을 유지할 수 있고, 심지어 안경을 쓰지 않아도 된다. 수술 시간은 15분 정도면 충분하다. 백내장 수술은 요즘 외과 의료 분야에서 수술 횟수가 가장 높은 수술이기도 하다. 하지만 바흐가 살았던 시절에는 백내장 수술법이 지금만큼 발달되어 있지 않았고, 수술의 안전성도 형편없이 낮았다. 우선 천공용 바늘이 가열멸균되었을 가능성이 거의 없고, 기껏해야 물로 씻어 내는 정도의 청결도만 유지했을 가능성이 많기 때문에 감염으로 안구 전체를 망가뜨릴 위험성이 있었다. 게다가 속발성 녹내장secondary glaucoma이 발병하거나 안구 내부에서 극심한 출혈이 일어날 가능성도 높았다.

바흐는 1차 수술을 받은 뒤 약 1주 후에 2차 수술을 받았다. 같은 눈을 다시 수술했는지, 다른 쪽 눈에 수술을 받았는지는 알려지지 않았다. 알려진 바에 따르면 테일러는 기본적으로 왼쪽 눈 수술을 선호했다고 한다. 문제는 어느 쪽 눈에 이상이 있는지와 상관없이 그저 습관적으로 왼쪽 눈을 수술했다는 것이다! 두 차례의 수술 후 바흐의 건강 상태는 급속도로 악화되었다. 눈 수술 때문이었는지 아닌지에 대해서는 말이 많지만, 만약 수술이 원인이었다면 분명 감염 때문이었을 것으로 추정된다. 안구에서 시작된 감염 증상이 온몸으로 서서히 퍼지면서 신체기능 전반에 이상을 일으켰을 것이다. 동시대 증인들은 바흐의 사망 원인을 극심한 고열이었다고 분석했는데, 그 역시 수술로 인한 감염이 사망 원인이었을 것이라는 추측과 들어맞는다. 과체중이었던 바흐는 아마도 2형 당뇨병(인슐린 비의존성 당뇨)도 앓고 있었을 가능성이 높았기 때문에 수술 합병증으로 당뇨병도 걷잡을 수 없는 극한의 상태로 치달았을 것이다. 결국 바흐는 1750년 7월 28일 저녁, 세상과 영원히 이별했다.

존 테일러는 바흐가 사망한 후에도 계속 의사로 활동하면서 또 다시 전 세계가 훌륭한 음악과 문화유산을 얻을 수 있는 기회를 망쳐버렸다. 1758년 8월, 테일러는 런던에서 음악계의 또 다른 거장인 게오르크 프리드리히 헨델Georg Friedrich Händel의 눈도 수술했다. 헨델은 이미 6년 전, 다른 안과의사에게 수술을 받은 상태였지만 차도가 없었고, 첫 집도를 한 의사는 그 후 헨델의 상태에 전혀 관심을 보이지 않았다고 한다. 천재 음악가였던 헨델은 테일러에게 공막천공 시술을 받은 지 몇 달 뒤 숨을 거두고 말았다.

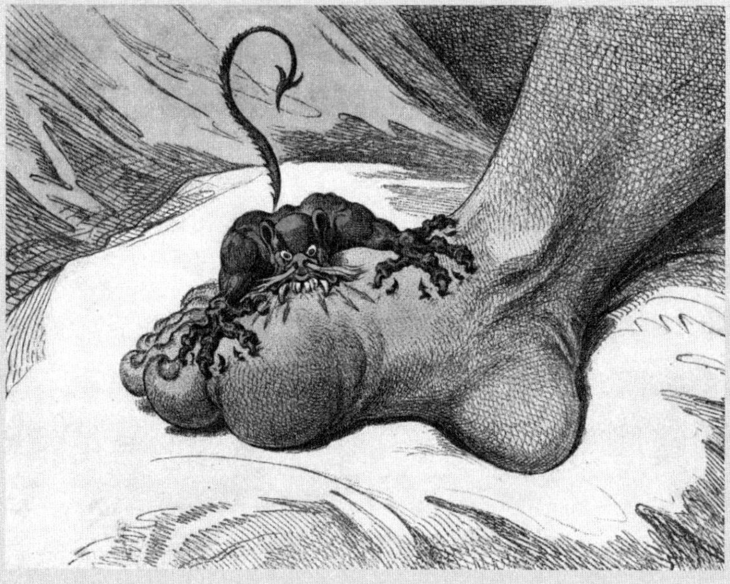

영국의 풍자화가인 제임스 길레이의 작품 <통풍The Gout>. 기름진 음식을 많이 먹어 걸리는 통풍은 부자들의 질병으로 불렸지만, 사람의 성격을 바꿀 정도로 고통스러운 질병이었다. 특히나 발에 지독한 통증을 느끼게 해 발을 구속한다는 뜻의 포다그라podagra라고 불리기도 했다.

근세 초기에 대두된 부자들의 질병

통풍

왕은 정말이지 견디기 힘든 사람이었다. 국가 체제를 전반적으로 정비했고, 국민들이 신뢰할 만한 행정 조직을 마련했으며, 비리를 척결하고, 적은 인구수에 비해 매우 강력하고 극도로 효과적인 군대를 구축한 것은 사실이지만 성격이 너무나도 나빴던 것이다. 하지만 늘 좋은 말만 늘어놓는 전기작가들은 그 왕을 역사상 가장 위대한 국왕 중 하나로 승격시켰다. 치적이 없었다는 뜻은 아니다. 최소한 자신의 뒤를 이은 아들이 나라를 유럽 최강국 대열에 합류시키게 만들 만큼은 위대했다. 그 왕국의 이름은 프로이센, 그 성격 나쁜 왕의 이름은 프리드리히 빌헬름 1세였다. 1713년부터 1740년까지 프로이센을 통치한 빌헬름 1세는 모든 이들이 두려워하는 폭군이었다. 신하들도, 백성들도, 심지어 가족들도 빌헬름 1세 앞에서는 벌벌 떨었다. 일설에 따르면 당시 백성들은 왕이 바깥 동정을 살피기 위해 궁 밖 시찰을 나올 때면 눈에 띄지 않게 줄행랑을 치기 바빴다고 한다. 어쩌다가 잽싸게 도망치지 못한 백성들은 빌헬름 1세가 짚고 다니는 지팡이로 두드려 맞기 일쑤였다. 그러면서 국왕은 늘 이렇게 외쳤다. "백성들은 날 두려워하고 우러러봐야 한다! 암, 우러러봐야 하고말고!"

그만큼 국왕은 기이한 성격의 소유자였고, 성격만큼이나 이상한 행동들도 많이 저질렀다. 빌헬름 1세는 교육이나 문화를 경시했고, 교양과는 거리가 먼 행동을 서슴지 않았으며, 약간의 가학적 성격장애가 있었던 것 같다. 좀 심한 평가인 것 같지만, 이렇게 심한 표현을 쓰는 것에는 다 이유가 있다. 빌헬름 1세는 나중에 프리드리히 대왕(프리드리히 2세)이 된 왕자를 얼마나 학대했던지, 왕자가 국외로 탈출을 감행할 정도였다. 하지만 탈출 시도는 실패로 돌아갔고, 빌헬름 1세는 붙잡힌 자신의 아들인 왕자에게 사형선고를 내리라고 지시했다. 그러나 다행히도 재판관의 거부로 왕자는 겨우 목숨을 건졌다. 하지만 화가 난 빌헬름 1세는 이제 겨우 열일곱 살밖에 되지 않은 아들에게 벌을 내리기 위해 아들의 가장 친한 친구이자 멘토였던 한스 헤르만 폰 카테Hans Hermann von Katte의 처형 장면을 강제로 목격하게 했다.

이러한 왕의 기행과 폭력은 통치 기간 후반부로 갈수록 더 심해졌는데, 상황을 더더욱 극단으로 몰아간 원인 중 하나는 바로 질병에 있었다. 빌헬름 1세는 통풍에 걸려 참을 수 없는 고통에 시달리고 있었던 것이다. 빌헬름 1세의 취미 중 문화와 관련된 유일한 것은 바로 그림 그리기였다. 그는 자신이 그린 간단한 그림 위에 늘 '고통 속에 그린 그림in tormentis pinxit'이라는 글귀를 새겨 넣었다. 그 당시 의사들은 빌헬름 1세가 통풍에 걸린 이유를 밝혀내지 못했다. 확실한 것은 빌헬름 1세도 여느 국왕들처럼 진수성찬을 마다하지 않았다는 것뿐이다. 당시 궁정이나 귀족 집안에는 고기요리들이 늘 상다리가 부러질 정도로 올라왔고, 테이블 위에는 술도 항상 넘쳐났다. 당연히 빌헬름 1세는 세월이 흐를수록 점점 더 거구가 되었고, 나중에는 거동조차 불편할 정도로 살이 쪘다. 최후의 순간이 다가올 무렵에는 육체는 물론이요 정신까지 녹초가 되었고, 삶의 마지막 나날을 휠체어에 앉아 보내던 빌헬름 1세는 1740년 5월 31일, 쉰한 살의 나이로 포츠담 왕궁에서 숨을 거두었다.

빌헬름 1세의 뒤를 이어 프로이센의 왕위에 오른 프리드리히 2세는 '대왕'이라는 칭호까지 얻었다. 프리드리히 대왕 역시 아버지의 '고기 사랑'을 그대로 물려받았지만, 적어도 저녁식사 때에는 지나치게 많은 양을 섭취하지 않았고, 최소한 비만은 아니었다. 아직도 남아 있는 군복 외투나 생전에 완성된 초상화들을 보면 프리드리히 대왕이 정상 체중이었다가 나중에는 심지어 조금 마른 체형으로 변했다는 것을 알 수 있다. 수명도 아버지보다는 꽤 길었다. 그러나 불행히도 최후는 아버지와 닮은꼴이었다. 프리드리히 대왕 역시 통풍에 걸려 자신이 건축을 명령한 상수시 궁전의 테라스에서 휠체어에 앉은 채 자신이 그토록 좋아하던 풍경風磬 소리를 들으며 최후의 몇 년을 보낸 것이다. 그럴 때면 사람보다는 강아지들을 곁에 두는 것을 더 좋아했다고 한다. 프리드리히 대왕은 자신이 키우는 개들과 함께 묻히고 싶다는 말을 남겼고, 그 소원은 1991년에 와서야 이루어졌다.

근세 초기, 그러니까 15~18세기 통풍 환자들의 목록을 보면 부와 권력을 쥐고 있던 이들의 인명사전을 보고 있는 듯한 착각이 든다. 그만큼 경제적 여유나 정치적 권력이 통풍에 걸릴 확률과 높은 상관관계를 지니고 있었던 것이다. 사실 식사시간만큼 빈부격차가 확연히 드러나는 때도 드물다. 상위 1퍼센트의 부유층이 화려한 샹들리에 불빛이 반짝이고 온 벽면이 거울로 장식된 곳에서 각종 산해진미를 즐기는 동안 하층민들은 어두침침한 불빛 아래에서 살기 위해 닥치는 대로 아무것이나 집어먹었다. 귀족 가문의 부부가 8개월 이하의 수탉을 거세해서 익힌 부드러운 카폰capon 요리와 야생동물로 만든 음식, 통삼겹 요리와 속을 채운 백조 요리를 먹고 유리병에 든 와인을 마시는 동안 가난한 농부 가족은 수수죽으로 허기를 달래야 했다. 어쩌다가 맥주를 마실 수 있는 날도 있었지만, 냉장보관법이 발달되기 전이라 미지근한 맥주의 맛이 어땠을지는 가히 짐작이 가고도 남는다. 이후 중산층과 커다란 부를 거머쥔 상류층이 대두되고, 그 아래편에는 농민이나 공장노동자 등 무산계급이 포진되면서 부유층과 빈곤층 사이의 간극은 더 커졌다. 18세기 후반, 영국의 정치가였던 체스터필드 백작Earl of Chesterfield은 "통풍은 신사들이 걸리는 병이요 류머티즘은 마차를 끄는 마부가 걸리는 병이다"[1] 라는 말을 남긴 바 있다. 류머티즘은 보통 습도가 높으면 악화된다고 알려져 있는데 당시 마부들이 살던 집은 대체로 비위생적이고 눅눅한 환경이었고, 마차를 끌 때에도 악천후에 노출될 때가 많았다. 하지만 귀족들은 마차 안에 앉아 있기 때문에 비바람을 어느 정도 피할 수 있었다.

통풍은 푸린purine 대사가 잘 되지 않아 요산 결정이 체내에 과잉 축적되는 질병으로, 통풍 환자들은 초기에 관절과 엄지발가락 등에 극심한 고통을 느낀다. 통증 부위가 부어오르거나 붉게 변하기도 한다. 화가나 풍자화가들은 과체중의 통풍 환자가 깁스를 한 발을 의자 위에 올린 채 누워 있거나 붕대를 감은 채 휠체어에 앉아 있는 모습을 묘사하곤 했다. 독일의 시인이자 풍자화가인 빌헬름 부시Wilhelm Busch도 1872년 《질투심 많은 직공 소년Der neidische Handwerksbursch》이라는 삽화동화에서 왼발에 붕대를 감은 통풍 환자 그림 아래에 "하지만 그 뚱보는 '아이고, 다리야! 오늘도 또 이놈의 통풍이!'라고 외쳤다"라는 글귀를 추가한 바 있다.

특히 발가락에 느껴지는 통증을 '포다그라podagra'라고 부르는데, '발'을 뜻하는 '포드pod'와 '구속, 속박'을 뜻하는 '아그라ágra'를 합성한 것으로, 통풍 환자들은 정확한 병명 대신 이 이름을 더 선호했다고 한다. 30년전쟁 당시 황제 페르디난트 2세가 불러들인 발렌슈타인 장군도 통풍에 시달렸다. 발렌슈타인은 전쟁 초기에 혜성처럼 나타나 황제군을 승승장구로 이끌며 수많은 권력을 거머쥐었다. 그러자 발렌슈타인에게 지나치게 권력이 집중되는 것을 경계한 황제와 가톨릭 진영은 발렌슈타인을 잠시 해임하고, 심지어 죽이려는 계획까지 세웠다. 황제가 견제할 정도로 엄청난 위용을 자랑하던 발렌슈타인 장군 역시 통풍 앞에서는 무기력했다. 1620년 황제군이 보헤미아 저항군에게 대승을 거둔 후 승리에 취해 있을 무렵, 발렌슈타인은 극심한 통증에 시달렸고, "1620년 7월 현재, 나는 죽을 만큼 큰 고통에 시달리고 있다. 이 병은 아마도 지나친 음주 때문인 것 같다. 내가 자초한 일인 것이다"[2]라고 말했다. 결국 그는 통풍 때문에 때로는 거동조차 할 수 없었고(전쟁터에서 들것에 실려 이동한 적도 있다) 프리드리히 빌헬름 1세처럼 짜증이 폭발하는 적도 많았다. 말을 탈 수 없을 정도로 고통에 시달렸던 때도 꽤 있었는데, 당시 그가 군대를 지휘하는 장군이었던 점을 감안하면 그야말로 '직무수행능력이 제로인 상태'였던 것이다. 게다가 발렌슈타인은 매독도 앓았던 듯하다. 직무에서 해제된 이후에는 몸 상태가 급속도로 악화되어 무기력한 지경에까지 이르렀다. 1634년 2월의 어느 밤, 체코 서부의 헤프Cheb에서 청부살인업자에게 쫓기던 발렌슈타인은 재빨리 도주하지 못하는 바람에 결국 목숨을 잃고 말았다.

통풍은 고대의 의사들도 잘 알고 있는 질병이었다. 기원전 1500년경 작성된 것으로 알려진 이집트의 《에베르스 파피루스Ebers Papyrus》에는 통풍의 증상이 서술되어 있을 뿐 아니라 사프란 추출물을 이용한 치료법도 나와 있다. 의학의 아버지라 할 수 있는 히포크라테스(기원전 460~377)도 고대 그리스인들의 엄청난 포도주 소비량과 통풍 사이에 연관성이 있을 것이라고 의심했다. 요즘 발간된 의학서에는 당시 통풍에 대한 히포크라테스의 지식이 어느 정도였는지 잘 요약되어 있다. "히포크라테스는 '통풍은 주로 성인들에게서 관찰되며, 증상이 신체 여러 곳에서 나타난다. 폐경 전의 여성들은 거의 걸리지 않고, 거세한 남성은 절대 통풍에 걸리지 않는다. 또한 통풍은 일종의 유전성 질환이고, 아무것도 하지 않고 빈둥거리면서 엄청난 양의 음식을 섭취할 때 걸리는 병이다'라고 했다. 뿐만 아니라 그는 관절에 통증을 유발하는 관절염과 통풍이 서로 구분되는 다른 질병인 것도 알고 있었다."[3]

고대의 학자들은 유전적 요인과 식습관, 호화로운 생활이 통풍을 유발하는 주요 원인이라고 생각했다. 이와 관련해 철학자 세네카는 통풍이 남성만의 질병이 아니고, 과음이나 폭식을 할 경우 여성도 얼마든지 걸릴 수 있다고 강조하며 다음과 같이 히포크라테스를 비판하기도 했다. "통풍에 걸려 대머리가 된 여성들이 이렇게 많은데, 가장 위대한 의사이자 자연의 근원을 가장 잘 아는 학자가 거짓말을 하다가 들켰으니 이 어찌 놀랄 일이 아닌가?"[4]

로마 황제들 중에도 통풍 환자들이 더러 있었고, 중세에서 근세로 넘어가던 무렵 영국의 통치자였던 헨리 8세도 통풍을 앓았으며, 그 외에도 수많은 선제후와 국왕이 같은 질병으로 고통받았다. 그중에서도 특히 프랑스의 루이 14세와 스페인의 카를로스 5세(독일 제1제국, 즉 신성로마제국의 황제로서의 칭호는 '카를 5세')는 통풍과 더불어 매독까지 앓았던 것으로 추정된다. 카를로스 5세의 아들인 펠리페 2세도 통풍으로 다리가 마비되었다고 한다. 그 외에 통풍을 앓았던 유명 인사들로는 이마누엘 칸트Immanuel Kant와 벤저민 프랭클린Benjamin Franklin을 꼽을 수 있다. 성직자 신분으로 금욕적인 생활을 해야 마땅했던 마르틴 루터 역시 과식과 과음의 유혹을 견디지 못하다가 통풍에 걸렸다.

요산과 통풍의 상관관계는 18세기 후반에 와서야 밝혀졌다. 독일 출신의 스웨덴 화학자 칼 빌헬름 셸레Carl Wilhelm Scheele는 1776년 방광결석을 연구하던 중 요산을 발견했고, 1797년에는 영국의 과학자 윌리엄 하이드 울러스턴William Hyde Wollaston이 환자의 통풍결석에서 요산 성분을 확인했다. 19세기 들어 통풍에 관한 연구는 더 발전되었고, 통풍이 관절뿐 아니라 신장에도 영향을 미치고, 심한 경우 신부전증으로 이어질 수도 있다는 사실이 밝혀졌다. 기근이나 재난으로 먹을 것이 풍족하지 않던 시절에는 통풍 발병 건수가 눈에 띄게 줄어들었다. 독일의 경우, 제1, 2차 세계대전 이후 통풍 발병률이 매우 낮았다.

과거에는 통풍에 걸릴 정도로 기름진 음식을 많이 먹는 것이 부의 상징이었으나 오늘날에는 과거와는 상황이 완전히 달라졌다. 요즘은 영양실조보다는 그릇된 식습관과 과식이 빈곤의 상징으로 여겨지고 있다. 부유하고 교육 수준이 높은 사람들은 친환경 마트에서 장을 보고, 고급 레스토랑에서 건강한 식재료로 만든 요리를 적당량 섭취한다. 접시 밖으로 고기가 넘칠 정도로 많은 양을 1인분으로 제공하는 식당은 이제 가난한 이들의 전유물이 되고 말았다.

형제 최후의 여행

로런스 워싱턴과 조지 워싱턴

1751년 11월의 어느 날, 카리브 해에 위치한 영국의 식민지 바베이도스Barbados 섬에 두 청년이 도착했다. 훗날 이 섬에 대규모 리조트 단지가 들어서고 전 세계에서 몰려온 많은 이들이 백사장을 따라 휴양과 오락을 즐기게 될 것이라고는 누구도 상상하지 못하던 때였다. 당시 브리지타운을 비롯한 작은 마을들에는 바베이도스의 특산물인 사탕수수를 타지로 실어 나르는 거친 뱃사람들이 머무는 싸구려 여관들이 군데군데 자리 잡고 있었다. 당시 그곳에는 사탕수수뿐만 아니라 아프리카에서 노예들을 싣고 오기도 했다. 물론 상류층에 속하는 여행객들은 마을에 있는 여관에 묵지 않았으며, 대부분 그 지역 상류층에 속하는 지인의 숙소에 머물렀다. 배에서 내린 두 청년도 바베이도스의 한 요새를 지키던 지휘관인 크로프탄 장군Captain Croftan의 집으로 갔다. 장군의 관저에 머물면서 바베이도스의 상류사회를 체험해볼 생각이었던 것이다.

로런스 워싱턴이 일찍 세상을 떠나게 되자
이복동생인 조지 워싱턴의 앞에 성공으로 가는 길이 활짝 열렸고,
조지 워싱턴은 미합중국 건국의 아버지가 되었다.

두 청년은 키가 꽤 큰 편이었고 옷도 말쑥하게 잘 차려입고 있었다. 분명 영국 상류층이거나 최소한 돈 많은 상인 또는 기업가임에는 틀림없어 보였다. 사실 두 청년은 영국이 아니라 영국령 식민지 버지니아 출신이었다. 그들은 바베이도스에 오기 위해 거센 풍랑과 싸워가며 37일을 바다 위에서 보냈다. 돛단배를 타고 먼 길을 이동하는 것은 결코 녹록치 않았다. 그때 고생했던 기억 때문인지, 고향으로 돌아간 뒤 둘 중 좀 더 젊은 청년은 삶을 마감할 때까지 배를 거의 타지 않았다. 단, 어느 해 크리스마스 날 아침, 델라웨어 강을 건너는 모습이 담긴 그림이 하나 남아 있기는 하다. 역사적 사실을 주로 화폭에 담은 독일 태생 미국 화가 에마누엘 로이체Emanuel Leutze의 〈델라웨어 강을 건너는 워싱턴Washington Crossing the Delaware〉이 그것이다.[1] 바베이도스에 도착한 두 청년 중 동생의 나이는 열아홉 살이었다. 건장하고 위풍당당했으며, 이제 막 삶의 전성기를 향해 나아가고 있는 듯한 모습이었다. 반면 서른세 살이었던 형의 얼굴은 창백하기 그지없었고, 끊임없이 기침을 해댔다. 크로프탄 장군이나 바베이도스 섬에 살고 있던 상류층이 주최하는 파티에 참가해서도 힘들어하며 겨우 자리를 지키고 앉아 있을 뿐이었다. 아무래도 폐에 문제가 있는 듯했다. 아마도 폐결핵이었을 것이다. 동생은 카리브 해의 따뜻한 공기가 형에게 도움이 되길 바랐고, 형의 병이 완치되기를 간절히 기도했다. 바베이도스에 살고 있던 의사 윌리엄 힐러리William Hillary는 형을 진찰한 뒤 병세가 충분히 호전될 수 있다며 희망을 주었다. 동생은 그 말에 큰 안도감을 느꼈다. 자기보다 열네 살 위인 이복형은 자신과 가장 가까운 사람이었기 때문이다. 조지에게 있어 로런스는 아버지 같은 형이자 스승이자 가장 가까운 친구였다. 이제 막 성인이 되는 문턱에 서 있는 조지 워싱턴 George Washington에게 로런스 워싱턴Lawrence Washington은 그야말로 세상의 중심이었다.

질병은 이미 권좌에 오른 이의 앞길을 막아 역사의 흐름을 바꾸기도 하지만, 권력이 보장된 자를 덮쳐서 사망에 이르게도 만들고, 이를 통해 다른 이에게 앞길을 터주기도 한다. 자신의 이름을 딴 시대를 탄생시킬 만큼 수많은 업적을 남긴 빅토리아 여왕만 해도 그렇다. 빅토리아 여왕이 왕위에 오를 수 있었던 것은 왕위 계승권을 가진 왕실 내 많은 이들이 갑작스레 죽음을 맞이하거나, 무자녀이거나, 혹은 정통성이 없는 자녀들(사생아 또는 신분이 낮은 이와의 혼인에서 태어난 자녀들)만 낳았기 때문이다. 빅토리아 여왕은 왕위 계승 서열이 자기보다 높은 이들이 무려 열 명 넘게 자리를 비켜준 덕분에 간신히 왕위에 오를 수 있었던 것이다. 빅토리아 시대보다 약 300년 전에도 다른 이들의 '양보'로 왕좌에 오른 이들이 있었다. 앞서 소개했던 헨리 8세와 메리 튜더(메리 1세)가 그 주인공들이다. 헨리 8세는 형 웨일스 공이 요절한 덕분에 왕위에 올랐고, 메리 1세 역시 나이 어린 왕이 질병으로 사망하는 바람에 왕위 계승자가 되었다. 그런가 하면 질병으로 요절한 수많은 이들 중 한 명에 불과하지만, 역사를 써내려간 유명 인물과 친인척 관계라는 이유로 세상에 이름이 알려진 인물도 있다. 조지 워싱턴의 형인 로런스 워싱턴이 바로 그중 한 명이다. 로런스는 자신을 진심으로 믿고 따르는 이복동생 조지에게 정치와 경제를 가르쳤고, 상류사회에 합류하는 방식이나 사회 지도층과 인맥을 구축하는 방법도 알려주었다. 이후 로런스가 뜻밖의 질병에 걸려 젊은 나이에 사망하자 조지 워싱턴은 형 대신 유산을 물려받아 군사적, 사회적, 정치적 신분 상승에 필요한 재력을 갖출 수 있었다.

로런스와 조지는 버지니아 주의 어느 지주 가문에서 태어났다. 부족할 것 없는 집안이었지만 굴지의 거부까지는 아니었다. 북아메리카에서 가장 오래된 영국 식민지 버지니아에서의 입지도 그다지 확고하지 않았다. (아직은) 엘리트 계층에 속하지 못한 것이었다. 아버지 오거스틴 워싱턴과 첫 부인 사이에서 태어난 아들 로런스는 영국 기숙학교에서 정규 교육을 받았다. 하지만 로런스가 영국에 머무르는 사이, 어머니는 세상을 떠났고, 부친은 다른 여인과 재혼했다. 둘째 부인 메리는 1732년 2월 조지 워싱턴을 출산했다. 하지만 조지는 어머니와 사이가 좋지 않았고, 그러면서 더더욱 형 로런스에게 의지하게 되었다. 성장한 로런스는 군인으로 경력을 쌓기 위해 입대했고, 1740년 초에는 소령으로 진급해 버지니아에서 스페인군과 대치 중인 영국군 중대를 이끌며 전쟁에 참가했다. '젠킨스의 귀 전쟁War of Jenkins' Ear'이라 불리는 그 전쟁은 스페인 해안경비대 지휘관들이 영국 선장 로버트 젠킨스Robert Jenkins의 귀를 잘라낸 일을 계기로 시작되었다. 게다가 스페인군이 영국 국왕에게도 똑같은 가혹 행위를 저지른 뒤 스페인 앞바다에 내던져버리겠다며 떠벌리고 다녔으니 사태는 악화될 수밖에 없었다. 로런스 워싱턴은 카리브 해와 오늘날의 콜롬비아 지역에서 전투를 치르는 동안 열대 풍토병들이 지닌 무시무시한 위력을 목격했다. 황열병을 비롯한 각종 유행병이 돌면서 질병으로 사망한 영국군이 스페인군에 의해 사망한 병사보다 더 많을 정도였다.

워싱턴 형제의 사회적 신분 상승은 형 로런스가 세운 군사적 업적 때문이 아니라 우연히 주어진 행운 덕분이었다. 물론 신분 상승에 도움이 될 만한 결혼 상대자를 고르는 것도 능력이라면 능력이었다고 할 수도 있겠다. 로런스는 영국 명문가 출신인 앤 페어팩스Anne Fairfax의 마음을 사로잡아 결혼했고, 엄청난 명예와 부를 거머쥘 수 있었다. 페어팩스 가문은 당시 식민지였던 버지니아에서는 상상조차 할 수 없을 정도로 부유했고, 사회적으로도 명망 높은 집안이었다. 형이 그 집안의 사위가 되자 동생 조지도 버지니아를 쥐락펴락하는 이들과 자연스럽게 어울리게 되었다. 조지 워싱턴의 전기문을 쓴 론 처노Ron Chernow는 페어팩스 가문과 워싱턴 형제의 관계에 대해 다음과 같이 썼다. "페어펙스 가문과 관계를 맺음으로써 시골 소년 워싱턴 앞에 믿기지 않을 만큼 화려한 세계가 펼쳐졌다. 사회 지도층 가문인 페어팩스 가문의 이해관계와 운명적으로 맞물리지 않았다면 조지 워싱턴의 눈부신 성공은 결코 없었을 것이다."[2]

조지 워싱턴은 측량사가 되기로 결심했다. 당시 측량사는 영국 식민지가 서부로 확장됨에 따라 점점 인기를 끌고 있는 직종이었다. 포토맥Potomac 강 인근에 위치하여 수도 워싱턴의 관문 역할을 하는 도시 알렉산드리아의 구舊 도심은 바둑판을 연상시키는 구조로 되어 있는데, 17세밖에 되지 않은 측량사 조지 워싱턴도 그곳이 건설되는 데 크게 이바지했다. 하지만 형 로런스의 건강 상태가 나빠지면서 조지 워싱턴의 청소년기에 어두운 그림자를 드리웠다. 형에 대한 동생의 애정과 염려가 얼마나 각별했는지는 1749년 5월에 작성한 편지에서도 알 수 있다. "사랑하는 형, 지난번에 봤을 때보다는 기침이 잦아들었기를 바랍니다. 또, 버지니아를 떠나겠다는 생각도 이제 접길 바랍니다."[3] 하지만 둘 중 어떤 바람도 충족되지 않았다. 기침이 나아지지 않자 로런스는 부인 앤과 함께 영국에 가서 그곳 의사들과 상담을 해보기로 결심했다.

그러나 영국의 내로라하는 의사들도 로런스의 병을 치유하지 못했고, 두 사람은 아무런 소득 없이 버지니아로 돌아왔다. 조지는 최근 개발된 '버클리 스프링스Berkeley Springs' 온천으로 형을 데려갔다. 그곳 물이 호흡기 질환에 좋다는 소문을 들었기 때문이었다. 그러나 그조차도 도움이 되지 않자 로런스와 조지는 따뜻한 카리브 해의 바베이도스로 여행을 떠나기로 결심했다. 그곳에서 조지 워싱턴이 얻은 가장 큰 소득은 바베이도스 총독의 통치 방식을 보고 배운 것이었다. 당시 조지의 일기에 보면 영국 국왕을 대리하는 식민지 총독이 전임자와 똑같은 실수를 저지르지 않기 위해 애를 많이 쓰고 있고, 주변 사람들을 덮어놓고 신뢰하지 않았다고 적혀 있다. 당시 얻은 교훈을 바탕으로 훗날 조지 워싱턴도 장군을 거쳐 대통령이 될 때까지 부하나 측근들과 늘 일정 거리를 유지했다. 최고 지위에 있는 수장이라면 그런 방식으로 부하나 국민을 대하는 것이 옳다고 믿었던 것이다.

한편 로런스의 병은 차도가 없었다. 열대지방의 따뜻한 공기도 로런스의 병세를 호전시키지 못했고, 건강은 점점 더 나빠졌다. 바베이도스에 머무른 지 2주 만에 조지는 18세기를 지배했던 무시무시한 전염병인 천연두에 걸렸고, 거의 3주 동안 고열과 천연두 환자 특유의 발진에 시달렸다. 다행히 죽지 않고 살아났고, 천연두에 대해서만큼은 평생 면역을 지니게 되었다. 그 덕분에 미국 독립전쟁 당시 수많은 미국 병사들이 천연두로 고생할 때도 조지는 무사할 수 있었다.

바베이도스에서 머문 시간은 로런스와 조지 형제가 평생 가장 친밀하게 지낸 시간이었을 것이다. 둘은 아마도 긴 시간 동안 흉금을 털어놓고 서로의 고민과 꿈에 대해 이야기를 나누었을 것이다. 하지만 형제간의 우애도 병을 치료하지는 못했다. 바베이도스에서 돌아온 지 얼마 되지 않아 로런스 워싱턴은 1752년 7월 26일 짧은 생을 마감했다. 로런스는 영국 함대를 이끌던 에드워스 버넌 제독을 존경하여 버지니아에 있는 자신의 농장에도 '마운트 버넌'이라는 이름을 붙였다. 이 마운트 버넌 농장은 미망인과 어린 딸 사라에게 남겼다. 하지만 그 둘 역시 오래지 않아 세상을 떠났고, 마운트 버넌은 조지의 소유가 되었다. 마운트 버넌은 조지 워싱턴이 부와 명예를 쌓는 든든한 발판이 되어주었다. 부유한 과부 마사 커티스Martha Curtis와의 혼인 역시 또 다른 탄탄한 발판이 되었다. 이후 조지는 프랑스와의 전투(1754~1763)에서 혁혁한 공을 세웠고, 버지니아에서 가장 명망 높은 인물이 되었다. 만약 로런스가 젊은 나이에 병으로 생을 마감하지 않았다면 부와 명망은 조지가 아닌 로런스의 차지가 되었겠지만, 운명의 수레바퀴는 조지에게 유리한 쪽으로 굴러갔다. 1775년 미국 내 13개의 영국 식민지는 대영제국과 맞서 싸울 것을 결정했고, 이듬해에는 독립을 선포했다. 당시 13개 식민지들은 버지니아 민병대의 지휘관인 조지 워싱턴을 총사령관으로 지정하며 자신들의 운명을 맡겼다. 새롭게 탄생될 나라의 수장이 누가 될 것인지는 논란의 여지도 없었다. 두 번의 대통령 임기를 마친 조지 워싱턴은 1796년 3선 도전을 과감히 포기했고, 후임자들에게 좋은 선례를 남겼다(4선에 성공한 프랭클린 D. 루스벨트는 예외). 조지 워싱턴은 형이 남긴 유산이자 형에 대한 기억이 서려 있는 장소인 마운트 버넌을 항상 그리워했고, 대통령 임기를 마친 후 그곳에 돌아가 생애의 마지막을 보냈다.

콜레라의 전염 경로를 밝힌 영국 의사 존 스노우. 존 스노우는 세계 최초의 질병지도를 만들어 당시 공기를 통해 전염된다고 알려져 있던 콜레라가 사실은 더러운 물을 통해 감염된다는 사실을 밝혀냈다. 그의 활약으로 수많은 도시의 위생환경이 크게 개선되었다.

세계를 휩쓴 전염병

콜레라 전성시대

런던은 유명 기념비와 동상들이 곳곳에 설치되어 있는 대도시다. 따라서 소호Soho 지역에 있는 작은 펌프 모양의 설치물이 사람들의 이목을 끌지 못하는 것은 당연하다. 이 펌프는 대영제국 시절 각 도시에 수백 개씩 설치되어 주민들의 식수를 제공했던 펌프와 똑같은 모양이지만 손잡이는 달려 있지 않다. 사실 이 설치물은 19세기 수많은 이들의 목숨을 앗아갔던 전염병 콜레라와 맞서 싸워 최초로 승리한 지점을 표시하고 있다. 그 승리를 바탕으로 전염성 질병의 발병 원인과 감염 방식을 연구하는 학문인 역학epidemiology(또는 전염병학)이 태동되었다.

콜레라는 유럽이 현대에 들어서면서 등장한 질병이다. 당시 유럽의 생활환경은 유례없는 속도로 급격히 개선되었다. 1815년 이후 유럽 대륙은 18세기에 이미 근대화를 이룬 영국을 모델 삼아 산업화를 급속도로 진전시켰다. 섬 지역에서는 18세기 중반 무렵부터 증기력을 에너지원으로 활용했고, 내륙 지역에서는 채굴업과 탄광업이 번성했으며, 곳곳에 공장이 들어섰다. 말이나 사람의 힘을 이용하지 않고 바람의 방향이나 세기에도 의존하지 않는 완전히 새로운 형태의 이동수단도 등장했다. 1825년 9월, 영국의 산업도시 스톡턴Stockton과 항구도시 달링턴Darlington을 연결하는, 세계 최초의 철도가 개통되었다. 조지 스티븐슨George Stephenson은 세계 최초의 증기기관차 '로코모션Locomotion'을 제작했다. 로코모션은 처음에는 화물 열차로 활용되었지만, 이내 여객 수송 분야에도 도입되었다. 먼 곳을 빠르게 이동할 수 있는 시대가 열린 것이었다.

유럽 본토에서는 철도 개발이 그보다 늦게 이루어졌으며, 부설지의 분포도 고르지 않았다. 시간은 영국보다 조금 더 걸렸지만 독일과 오스트리아(당시 오스트리아는 '독일연방동맹' 때문에 아직 독일에 속해 있다가 1866년 전쟁 이후 독일연방동맹에서 추방되었다)에서도 산업화의 흔적이 곳곳에 나타나기 시작했다. 특히 오버슐레지엔Oberschlesien과 루르Ruhrgebiet 지역에서 산업화가 집중적으로 이루어졌다. 그때까지 그다지 두각을 드러내지 않던 도시들이 산업 중심지로 발달하기도 했다. 작센 왕국의 켐니츠Chemnitz가 대표적인 곳으로, 영국의 중공업 중심 도시의 이름을 따 '작센의 맨체스터'라 불리기도 했다. 독일의 정식 철도가 개통되기도 전에 드레스덴과 라이프치히를 잇는 중요한 소규모 경편철도가 작센 왕국에 먼저 부설된 것도 우연이 아니었던 것이다. 이후 1835년 뉘른베르크와 퓌르트를 잇는 독일 최초의 정식 철도가 개통되었고, 4년 뒤인 1839년에 드레스덴-라이프치히 구간이 여객 수송용으로 활용되면서 작센에도 정식으로 철도가 개통되었다.

산업화와 더불어 인구 구조에도 커다란 변화가 일어났다. 18세기 중반부터 꾸준히 늘어나던 인구수가 19세기 들어서는 다시 급감했고, 곳곳에 들어선 공장 때문에 일자리는 넘쳐났다. 도시에는 그 이전까지 주된 산업이었던 농업 분야에 종사하던 인력을 투입하는 것만으로는 충족되지 않을 만큼 많은 노동력이 필요했다. 그러자 시골 출신의 젊은 구직자들이 도시로 대거 몰려들었다. 그러나 주택 공급량이 도시와 인구의 팽창 속도를 따라잡지 못했고, 많은 이들이 좁은 공간에 다닥다닥 붙어살아야 했다. 그런 곳은 대개 수도 시설이 열악했고, 배설물이나 쓰레기를 처리하는 시설은 그보다 더 열악했다.

산업화가 진행되는 동안 개인의 삶에 새로운 가치가 매겨지기 시작했으며, 가족의 삶에도 재평가가 이루어졌다. 빈 대학에서 후학을 양성했던 역사학자 하인리히 루츠Heinrich Lutz는 당시 일어난 변화를 다음과 같이 설명했다. "산업화 이전의 생활양식에서는 가족이 생활공동체인 동시에 생산공동체였던 반면, 현대의 가족은 개인주의와 개인의 감정을 중시하고(배우자 선택 시에도 개인의 감정이 중시됨), 가정 내에서 남녀의 역할구분도 달라졌다. 물론 지역별, 사회 계층별로 조금씩 차이는 있겠으나 이러한 변화야말로 그 시절을 특징짓는 가장 큰 요인일 것이다."[1] 역사학자 토마스 니퍼다이Thomas Nipperdey도 "가족이 중시되는 이유는 가족이야말로 개인의 존재를 규명하는 보루이기 때문이다. 가족 내에서의 삶, 가족을 위한 노동은 삶의 의미를 구성하는 한 부분이다"[2]라고 언급했다.

당시 새로이 대두된 중산층은 전통적 엘리트와 귀족 그리고 1850년 이후 그 수가 급격히 늘어난 무산계급 사이에서 자신의 지위를 확고히 굳히려 애쓰고 있었다. 늘어나는 중산층 구성원들은 무엇보다 아늑한 삶, 감성이 넘치는 삶을 중시했다. 당시 그림들을 보면 많은 이들이 정치보다는 개인의 삶에 더 집중했다는 사실을 알 수 있다. 정치에 대한 무관심은 아마도 위로부터의 탄압, 특히 '카를스바트 결의'으로 대변되는 메테르니히의 강력한 억압 정책 때문이기도 했을 것이다. 그 시절의 작품들에는 잘 차려입고 애정 가득한 몸짓으로 자녀를 돌보는 부부의 목가적인 모습이나 양초를 밝힌 채 하우스콘서트를 즐기는 모습, 저택 거실이나 카페, 와인바에 앉아 신문을 읽거나 괴테의 소설을 손에 들고 있는 이들을 흔히 볼 수 있다. 그 그림들은 대개 '좋았던 옛 시절'로 간주되는 3월혁명 이전에 탄생된 것으로, 개중에는 부부가 팔짱을 끼고(한두 세대 이전에는 상상조차 하지 못할 광경) 시내 거리를 산책하고 있는 모습을 담은 작품들도 있다. 남편은 패션 감각이 넘치는 프록코트를 입고 있고, 아내는 풍성한 주름이 잡힌 흰색 원피스나 신선한 봄날을 연상시키는 드레스를 입고 있다. 허리는 개미처럼 가늘고, 머리에는 당시 유행하던 챙이 길고 넓게 퍼진 포크보닛poke bonnet을 쓰고 있으며, 손에는 양산을 들고 있다. 부부 주변에서는 아이들이 신나게 뛰놀고 있고, 덩달아 신나서 달음질치고 있는 강아지도 한 마리 있다. 그러나 예나 지금이나 평온하고 목가적인 모습에는 약간의 과장이 섞여 있기 마련이다. 그림속의 풍경이 실제로 어디서나 볼 수 있는 흔한 모습은 아니었다. 하지만 당시 많은 회화나 인쇄물에 다수 묘사되어 있는 것으로 미루어볼 때 그러한 광경은 분명 어느 정도는 일상적인 모습이었고, 19세기 후반의 현실과 감성을 비추는 거울이었을 것이다.

그런데 두려울 정도로 빠르게 변화하는 사회와 목가적인 분위기가 병존하던 그 시절, 갑자기 콜레라가 유행처럼 번지기 시작했다. 콜레라에 걸리면 나타나는 대표적인 증상 때문인지 콜레라에 걸렸다는 선고를 받으면 충격과 공포에 휩싸일 뿐 아니라 주변 사람들로부터 손가락질을 받아야 했고, 때로는 관계를 단절해야 했다. 콜레라는 아시아, 그중에서도 특히 인도에서 자주 발병하는 질병이었다. 19세기 이전에도 유럽에 콜레라가 전파된 적이 있었는지는 확실하지 않다. 소장이나 대장, 맹장을 일차적으로 공격하여 설사를 유발하는 유행성 질병은 고대에도 존재했다. 어쩌면 그런 유형의 질병은 인류의 태동기부터 있었을지도 모른다. 설사를 유발하는 전염병의 원인으로는 살모넬라균이나 세균성 이질균인 시겔라균shigella, 아메바균, 회충 등 여러 가지가 있을 수 있다. 오늘날 중부 유럽 지방에서는 주로 노로바이러스나 로타바이러스 등 바이러스에 의한 감염이 급성 설사병의 주된 원인이다. 하지만 콜레라균으로 인한 증상은 일반적인 급성 설사 질환보다 훨씬 더 강력하고 심각하다. 의사들은 1830년경부터 유럽에 발생한 콜레라가 완전히 새로운 형태의 전염병이라고 확신했다. 콜레라의 대표적 증상은 급성 구토와 설사다. 설사로 수분을 지나치게 많이 빼앗기는 만큼, 심각한 탈수 증세를 겪는 환자들도 많다. 그런 경우 얼굴이 푸르스름한 빛으로 창백해지거나 심한 경우 검게 변하기도 한다. 콜레라의 원인균vibrio cholerae은 위산이 분비되는 환경에서 매우 민감하게 작용하다가, 위를 거친 뒤 대장, 소장에 도착하면 거침없이 증식하고, 엔테로톡신 enterotoxin이라는 독소를 방출한다. 그 독소가 구토와 설사를 일으키는 것이다.

당시는 신체기관의 기능이나 증상에 대해 공공연히 말하는 것이 금기시되던 시절이었다. 따라서 콜레라 증상만큼 놀랍고도 부끄러운 낙인은 아마 없었을 것이다. 의사들은 아주 중립적인 입장에서 매우 담담하게 콜레라의 대표적 증상을 '폭포수 같은 설사'라고 했다. 그야말로 폭포처럼 쏟아지는, 도저히 조절이 불가능한 설사는 때와 장소를 가리지 않았다. 마차를 타고 시골길을 달릴 때든 일요일 예배에 참석했을 때든 복통은 급작스럽게 일어났고, 환자들은 증상 때문에 수치심을 느끼는 동시에 혐오 섞인 시선을 받아야 했다. 모르긴 해도 페스트 환자들보다 콜레라 환자들이 느끼는 부정적 감정들이 훨씬 더 컸을 것이다.

일반적인 유행병epidemic에 비해 범유행병pandemic은 전염 지역이 매우 광범위하다. 범유행병은 한 대륙 전체나 여러 개의 대륙이 감염성 질환의 공격을 받는다는 특징을 가진다. 전염병학자들은 19~20세기 전 세계적으로 유행한 범유행병인 콜레라의 확산 단계를 7단계로 구분한다. 1817년, 인도에서 대규모 콜레라가 최초로 발발했으며, 그 전파 속도와 규모는 상상을 초월할 정도였다. 발병 원인은 이상 기후(1815년 4월, 오늘날의 인도네시아에 위치한 탐보라Tambora 화산의 대폭발로 인해 전 세계적으로 기상 이변이 나타났다)[3]로 인한 흉작과 그로 인해 영양분 섭취량이 턱없이 부족해 면역력이 감소했기 때문으로 추정된다. 1824년까지 지속된 이 범유행병은 아시아를 휩쓴 뒤 지중해 동부까지 이동했다. 당시 유럽의 의학자들은 의학전문지나 신문 등을 통해, 아시아에서 일어나는 비극적인 상황을 접했을 것이다. 그러나 유럽인들에게 있어 인도나 중국은 자신들과 상관없는 먼 나라에 불과했다. 당시는 이동수단이 그만큼 느렸기 때문에 그렇게 생각할 수밖에 없었을 것이다. 느린 이동수단과 콜레라의 짧은 잠복기 때문에 콜레라의 유럽 대륙 진출은 쉽지 않았다. 콜레라의 잠복기, 즉 감염된 시점으로부터 겉으로 증상이 드러나기까지의 시간은 짧으면 몇 시간, 길면 사흘 정도에 불과하다. 만약 1820년 식민지 인도의 어느 감독관이 감염된 홍합 요리를 마지막으로 먹은 뒤 캘커타에서 리버풀이나 포츠머스로 향하는 배에 승선했다면, 출렁이는 파도를 헤치며 나아가는 배에서 인도 반도의 모습이 시야에서 멀어질 때쯤에는 이미 콜레라 증상이 나타났을 것이다. 콜레라의 증상은 요란해서 배에 같이 승선한 선원들이나 배의 기착지 항만을 관리하는 공무원들이 쉽게 알아차릴 수 있고 콜레라가 더 이상 번지지 않도록 예방조치를 취했을 것이다. 14세기 유럽을 초토화했던 페스트와는 달리 '소리 소문 없이' 유럽으로 들어올 수 없었던 것이다.

따라서 유럽은 콜레라 발생 초기에는 안전지대로 남아 있었지만, 방어선은 단 몇 년 만에 무너졌다. 이번에도 병원균을 들여온 이들은 대륙 곳곳의 전장을 누비던 군인들이었다. 군인들은 자신들의 짐 속에 병균을 품은 채 귀환했고, 짐이 아닌 뱃속에 병균을 품은 채 돌아온 이들은 그보다 훨씬 더 많았다. 인도 갠지스 삼각주 유역에서 다시금 번진 콜레라는 페르시아와 아프가니스탄을 거쳐 러시아까지 전파되었다. 1830년 9월, 모스크바는 유럽 대도시들 중 처음으로 콜레라의 습격을 받았다. 수많은 모스크바 주민들이 콜레라를 피해 동시다발적으로 피난길에 올랐고, 그 과정에서 험악한 상황이 벌어지기도 했다. 모스크바를 비롯해 인구밀도가 높은 도시의 빈민가에서는 국가와 권력자들이 자신들을 말살하기 위해 일부러 콜레라균을 퍼뜨리고 있다는 소문까지 돌았다. 본디 무시무시한 유행병이 창궐할 때면 각종 음모론이 뒤따르게 마련이다. 1980년대 에이즈 환자가 급속히 늘어났을 때에도 CIA가 바이러스를 퍼뜨린다거나 보수 종교단체들이 동성애 집단을 근절하기 위해 에이즈균을 무기로 활용한다는 소문이 무성했다. 1831년 6월 수도 상트페테르부르크에서 콜레라가 유행하자 러시아 당국은 물리력을 동원해 환자들을 병원에 강제입원시켰고, 음모론이 시민들의 마음에 더더욱 깊이 각인되었다.[4]

러시아에 창궐했던 콜레라는 정치적 갈등과 함께 폴란드를 휩쓸었고, 이어서 유럽 서부와 중부를 강타했다. 1831년 어느 프랑스 캐리커처 화가의 〈유럽에 진출한 야만 행위와 콜레라La Barbarie et le Choléra morbus entranten Europe〉[5]라는 제목의 그림에는 포악한 거인(차르 정권의 야만적 횡포)이 용맹하게 맞서는 폴란드인을 잔악하게 짓밟는 모습 뒤로 죽음의 신이 유럽을 향해 달려오고 있는 모습이 묘사되어 있다. 18세기 후반 러시아와 오스트리아 그리고 프로이센은 인접 국가인 폴란드를 분할통치하기로 결정했다. 1815년에 개최된 빈 회의 결과, 수도 바르샤바를 포함한 폴란드의 핵심 영토가 러시아의 손아귀로 넘어갔다. 1830년 11월 폴란드에서는 차르의 횡포에 저항하는 봉기가 일어났지만 독립을 이루지 못했다. 폴란드는 1918년이 되어서야 비로소 독립국가로서의 지위를 회복할 수 있었다. 러시아를 덮친 콜레라는 러시아의 통치 지역인 폴란드에도 순식간에 퍼져나갔고, 수많은 사람들이 사망했다.

러시아와 폴란드의 서쪽에 위치한 프로이센은 콜레라 유입을 막기 위한 조치들을 단행했다. 그 첫 조치는 국경 지대 중 단 12곳만 개방하는 것이었다. 콜레라 발병 지역에서 온 여행객들은 10~20일간 격리시켰고, 그 여행객들이 가져온 짐들은 아로마가 포함된 수증기를 쬐어 소독했다. 해당 지역에서 온 편지들도 주기적으로 소각했다. '소독 완료'라는 도장이 찍힌 편지들만 국경을 통과해 수신인들에게 배달되었다.

하지만 그 모든 조치들은 큰 효과를 발휘하지 못했다. 먼저 쾨니히스베르크와 단치히에서 콜레라가 창궐했다. 독일어권 내에서 역병이 널리 퍼진 최초의 대도시들이다. 두 도시의 시민들 역시 당국에 대해 강한 불신을 품었다. 급속도로 퍼지는 역병을 막지는 못하고 오히려 주민들을 통제하려고만 했기 때문이었다. 이와 관련해 독일의 문화예술사학자 한스 빌더오터Hans Wilderotter는 다음과 같이 말했다. "상트페테르부르크에서 그랬듯 이곳 주민들도 상황과 전혀 맞지 않는 경찰의 대처에 분노해 봉기를 일으켰다. 7월 28일, 쾨니히스베르크 성 앞에 집결한 군중들은 경찰의 폭력진압에 분노하며 몸싸움을 벌였고, 경찰서로 쳐들어가 기물을 파괴했다. 시위대는 국가가 콜레라에 대처하기 위해 발표한 경고문인 '저기에 콜레라가 있다. 저것을 파괴해야 된다'라는 문구를 조롱하듯 외치며 경찰서 내

각종 집기들을 던지고 파손했다."[6]

시민들은 역병이 급속도로 퍼지고 있다는 사실을 금세 깨달았고, 그 역병이 지금까지 겪어보지 못한, 완전히 새로운 종류의 위협이라는 사실도 간파했다. 그러자 콜레라를 주제로 한 각종 문건들이 대거 등장했다. 1830년 라이프치히 도서전의 카탈로그에는 콜레라와 관련된 문서가 160건 이상이 등록되었다. 오직 콜레라에 관련된 내용만 다루는 신문도 등장했다. 주로 콜레라에 걸린 가족이나 이웃을 대하는 방법에 대한 안내문들이 지면을 채우고 있었다. 예를 들어 안내문은 다음과 같았다. "환자가 주변에 있을 경우, 절대로 아무 대책 없이 환자에게 다가가서는 안 된다. 환자와 함께 있는 동안에는 침을 삼켜서도 안 되고, 접촉 후에는 안젤리카 뿌리Angelica archangelica나 소두구Elettaria cardamomum, 노간주나무 열매Juniperus communis 등을 씹은 뒤 즉시 식초 희석수나 클로르석회로 손을 씻어야 한다. 담배 연기도 환자와 접촉한 이에게 추천할 만하다."[7]

1831년 늦가을에는 콜레라가 베를린까지 진출했다. 당시 베를린의 주민 수는 24만 명 안팎이었는데, 그중 2,250명이 콜레라에 감염되었고, 사망자의 수는 1,417명이었다고 한다. 다른 대도시에서도 희생자 비율이 전체 주민의 0.5~1.0퍼센트로 그와 유사했다. 함부르크에서는 13만 명 중 약 1,600명이 희생되었고, 빈에서는 33만 명 중 2,200명이 콜레라로 인해 목숨을 잃었다.[8]

유럽에서 최초로 발생한 대규모 콜레라는 부유층과 빈민층을 가리지 않았다. 1892년 콜레라가 함부르크에서 다시 발생했을 때 무산계급, 즉 빈민가 주민들이 주로 희생되었던 것과는 다른 양상이었다. 최초 콜레라 대유행 시 희생된 유명 인사 중 대표적인 인물은 독일의 관념론 철학자 게오르크 프리드리히 빌헬름 헤겔Georg Friedrich Wilhelm Hegel이다. 헤겔은 1818년 빌헬름 폰 훔볼트Wilhelm von Humboldt가 설립한 베를린대학교에 부임하여 후학을 양성 중이었다. 독일 작가이자 저널리스트인 빌헬름 폰 슈테른부르크Wilhelm von Sternburg는 헤겔에 대해 다음과 같이 언급했다. "가장으로서는 가족에게 편안하고 안락한 환경을 제공했고, 철학자로서는 점점 더 큰 신망을 받는 동시에 미움도 샀으며, 괴테나 장 파울Jean Paul의 훌륭한 토론 상대였을 뿐 아니라 낭만주의를 추종하면서 나중에 프리드리히 빌헬름 4세가 된 보수적인 프로이센의 황태자의 훌륭한 대화 상대이기도 했다. 헤겔은 그 자체로 인간의 정신을 통찰하는 하나의 기관이었다."[9]

헤겔의 미망인은 남편이 사망하고 3주 뒤 지인에게 편지를 보냈다. 위대한 철학자가 최후의 시간을 어떻게 보냈는지, 역병에 대해 어떤 공포심을 품고 있었는지가 고스란히 드러나는 글이었다. "콜레라는 헤겔을 근심과 공포에 빠지게 만들었습니다. '가뜩이나 위가 좋지 않으니, 거기엔 콜레라가 들어갈 자리도 없을 텐데'라는 말도 자주 했습니다. 나는 아예 콜레라 전용 약국을 차려야 할 판이었고, 만일의 사태를 대비해 집 인근에 의사 하나도 물색해두었습니다. 그는 의외로 비교적 차분했습니다. 외곽에 살며 맑고 신선한 공기를 마시고 있으니 어쩌면 이 위기가 무사히 지나갈 것 같다는 희망도 내비쳤습니다. 하지만 10월 말경에는 학기가 시작될 때라 거처를 다시 도시로 옮겨야 했습니다. 날씨가 좋지 않아 바깥에 오래 머물기도 힘들었고 공기도 나빴습니다. 헤겔은 자신이 샘물에서 뛰놀다 구정물에 빠진 물고기 같다고 말했습니다. 다행히 시간이 좀 지나자 콜레라 증상이 완화된 것 같다며 기뻐했고, 걱정도 좀 줄었습니다. 11월 10일과 11일에는 강의도 했습니다. 어찌나 생동감과 활기가 넘쳤던지, 강의를 듣는 모든 이들이 매료될 정도였다고 했습니다. 토요일에도 대학에 가서 시험을 진행했고, 그 뒤 지인을 만나기도 했습니다. 그날 저녁과 일요일 아침 식사 때에도 전에 볼 수 없었던 정도로 쾌활했습니다. 하지만 11시경부터 다시 위통과 기타 증세를 호소했고, 나는 즉시 차를 끓이고 몸을 따뜻하게 할 수 있는 조치들을 취했습니다. 오후 2시경에는 의사가 왕진을 왔습니다. 낮을 지나 밤새도록 이어지는 통증에 '고통스러울 뿐 아니라 불안감을 느꼈다'고 합니다. 이런 저런 방법을 써보아도 차도가 없었습니다. 다행히 다음날 아침에는 통증이 사라지고, 그저 무기력한 상태라고 했습니다. 의사도 맥박이 안정되었다며 나를 안심시켰지만, 다음번 왕진 때는 완전히 말이 달라졌습니다. 맥박이 너무 떨어져 기진맥진할 정도였습니다. 평소 따뜻하기만 했던 얼굴에 얼음처럼 차가운 빛이 비치기는 했지만, 그래도 의식은 온전했고, 아무 염려도 없는 듯한 평온함도 유지했습니다. 무기력감을 즐기고 있다는 느낌마저 들 정도였습니다. 하지만 곧 숨을 쉴 수 없다고 호소했고, 옆으로 눕혀 달라고 부탁하더니 그 사랑스러운 자태 위로 말로 형언할 수 없는 고요함이 내려앉았습니다. 그것은 가장 고요하고 부드러운 잠, 성자가 세상과 이별하는 모습이었습니다."[10]

헤겔은 콜레라 같은 역병이 돌 때 대도시를 떠나 다른 곳으로 피신할 만큼의 경제적 여유를 갖추고 있었다. 헤겔의 아내 마리Marie가 편지에서 언급한 '외곽'은 당시에는 아직 농촌 지역이었던 크로이츠베르크에 위치한 '헤겔의 작은 성', 즉 여름 별장이었다. 그곳은 분명 인구밀도가 높은 도심보다는 훨씬 더 생활환경이 위생적이었을 테지만, 대학에서 학생을 가르치는 교수로서의 책임감 때문에 별장에서의 안전한 생활을 포기했던 것이다. 헤겔 부부가 베를린에서 머문 집은 쿠퍼그라벤Kupfergraben 지역, 지금 '박물관섬Museuminsel'이 들어선 지역이었다. 그런데 마리 헤겔의 편지 내용 중 조금 특이한 부분은 남편을 '헤겔'이라고 불렀다는 점이다. 편지는 남편이 사망한 지 3주밖에 지나지 않은 시점에 작성된 것이다. 슬픔이 아직 생생했을 때라는 뜻이다. 그러나 이것은 사실 그다지 놀라운 일이 아니다. 당시 교양 있는 중산층이나 상류층에서는 흔히들 그랬기 때문이다. 헤겔도 경제적 여유 덕분에 한때나마 공기가 나쁜 대도시를 피해 시골에서 신선한 공기를 마실 수 있었고, 나머지 대다수의 콜레라 환자들과는 달리 24시간 대기 중인 주치의까지 있었다. 큰 도움은 되지 않았지만 말이다. 또 한 가지 특이한 점은, 마리 헤겔이 도시로 거처를 옮기자마자 남편이 위통을 호소한 점을 강조했다는 것이다. 그 때문에 헤겔의 전기문을 쓴 몇몇 작가들은 헤겔이 콜레라가 만연할 때 베를린에 살았던 것은 사실이나, 사망 원인이 콜레라는 아니었을지도 모른다고 주장한다. 그러나 헤겔의 공식적 사망 원인은 콜레라가 맞다. 마리 헤겔은 유명한 철학자로 '성자'처럼 추앙받던 남편이 비참한 최후를 맞이했다는 사실을 인정하기 싫었을 것이다. 헤겔처럼 훌륭한 철학자의 죽음은 고귀하고, 아름답고, 품위 있는 최후여야 한다고 생각했을 것이다. 따라서 마리 헤겔이 콜레라의 주요 증상인 극심한 설사에 대해서는 수치심 때문에 일부러 감추었을 공산이 크다.[11]

한편, 프로이센 군대의 유명 인사들 중에도 콜레라로 사망한 이들이 있었다(그 시절 프로이센의 군대는 사회 지배층에 속했다). 미국 독립전쟁에 참가한 젊은 장교 아우구스트 나이트하르트 폰 그나이제나우August Neidhard von Gneisenau가 그중 한 명이다. 그나이제나우는 국왕 프리드리히 빌헬름 3세로부터 폴란드와 프로이센의 경계 지역에 주둔 중인 부대를 지휘하라는 명을 받았다. 프리드리히 빌헬름 3세는 프로이센군이 러시아군을 도와 폴란드 시위대를 진압하기를 원했다(결과적으로 러시아군은 프로이센의 무력 지원 없이도 폴란드 시위대를 제압했다). 그나이제나우는 훌륭한 군인이자 대단한 전략가였지만 의학에 대해서는 문외한이었다. 1831년 5월 1일, 그나이제나우는 사위인 빌헬름 폰 샤른호르스트Wilhelm von Scharnhorst에게 편지를 썼다. "적어도 나는 콜레라가 전염병도, 위험한 질병도 아니라고 생각하네." 아내에게 보내는 8월 9일자 편지에는 이렇게 썼다. "내게 죽는 방식에 대한 선택권이 주어진다면 포탄, 약한 뇌졸중과 더불어 콜레라를 선택하겠소. 사람이 일흔 살쯤 되면, 그래서 심신의 기력이 쇠약해지고 더 이상 즐거운 일을 고대할 수 없게 되면 아마도 나처럼 조용히 자신을 되돌아보게 되고, 역병도 담담하게 받아들일 수 있게 되고, 위기에 처한 다른 이들을 더 걱정하게 되겠지."[12] 그나이제나우의 소원은 이루어졌다. 포탄에 쓰러지지는 않았지만, 그로부터 2주 후 콜레라로 세상을 떠난 것이다. 그나이제나우의 참모장이었던 유명한 군사이론가 카를 폰 클라우제비츠Carl von Clausewitz도 1831년 11월 16일 지휘관의 뒤를 따라 유명幽冥을 달리했다.

다른 국가들도 19세기에 있었던 몇몇 콜레라 발병기에(3차 발병기가 1839년에서 1856년까지였고, 4차는 1863년에서 1875년까지로 추정된다) 유명 인사들을 잃었다. 그중에서 정치적으로 가장 지위가 높은 이는 아마도 미국의 11대 대통령 제임스 녹스 포크James Knox Polk일 것이다. 포크는 사실 대통령감으로 거론되지 않았지만, 1845년 '깜짝 당선'되면서 모두를 놀라게 했다. 포크는 여러 가지 면에서 보통의 정치인과는 달랐다. 임기가 시작되기도 전에 이미 재선 포기 선언을 하는가 하면, 두 가지 중대 공약도 실천에 옮겼다. 첫째로 몇 년 동안 독립된 연방주였던 텍사스를 미합중국 연방에 재편입했고, 둘째로 미국의 북쪽 국경을 영국령 캐나다 지역까지 확장했다. 포크는 각종 위협과 외교를 통해 자신의 의지를 관철해냈다. 텍사스와 오늘날의 애리조나, 뉴멕시코, 유타, 네바다, 콜로라도 일부 지역 그리고 캘리포니아 같은 주들은 멕시코와 단기전을 벌인 끝에 미합중국에 편입되었다. 한때 백악관의 주인이었지만 지금은 거의 잊혀진 바로 그 인물이 미합중국의 영토 확장에 매우 큰 기여를 한 것이다. 1849년 3월 임기를 마친 포크는 미국 남부 순회여행을 감행했다. 6월에는 자신이 태어나고 자란 테네시 주의 수도 내슈빌에 도착했지만, 그곳에서 그만 콜레라에 걸려 사망했다. 포크의 장례 절차는 한때 최고 권력을 누린 미국 대통령의 장례식이라고 볼 수 없을 정도로 초라하기 그지없었다. 제대로 된 장례식도 치루지 못하고 시신이 집단매장용 구덩이에 안치된 것이었다. 그때는 그럴 수밖에 없었다. 콜레라로 사망한 자의 주검은 그 어떤 예나 절차도 갖추지 않고 최대한 빨리 매장하는 것이 최상의 질병 확산 방지법이었기 때문이다. 훗날 포크의 유해는 재발굴되었고, 살아생전 지위에 걸맞은 장례식도 치렀으며, 1893년에는 내슈빌의 의사당으로 이송되었다. 지금도 포크의 시신은 그곳에 안치되어 있다. 하지만 포크의 시신이 다시금 컬럼비아 시로 이장될지도 모른다는 소식이 들려온다. 콜레라로 사망한 미국 대통령 포크는 사망 후에도 제대로 된 안식을 취할 수 없는 듯하다.[13] 콜레라로 희생된 또 다른 유명인으로는 작곡계의 거장 차이코프스키가 있다. 차이코프스키의 공식적 사인은 콜레라로 알려져 있다. 1893년 10월 상트페테르부르크의 어느 레스토랑에서 콜레라균에 감염된, 끓이지 않은 물을 마셨을 것으로 추정된다. 하지만 극단적 선택의 가능성에 대해서도 논란이 분분하다. 스스로 비소를 복용했다는 설도 있고, 심지어 세균에 감염된 음료를 일부러 마셨다는 설도 있다.

포크 대통령과 차이코프스키가 사망하기 훨씬 전, 그러니까 1831~1832년쯤 프로이센에서 콜레라가 널리 퍼졌을 때 콜레라를 효과적으로 방어한 나라들도 몇몇 있었다. 작센 왕국이 그 대표적인 예로, 작센은 엄청난 경제적 손실을 감내하면서까지 엄격한 출입국 규정을 적용했고, 이로써 역병의 전파를 효과적으로 차단할 수 있었다. 작센의 수도인 드레스덴에는 콜레라를 막아낸 당국의 노력에 대한 감사의 표시로 기념물이 설치되었다. 고트프리트 젬퍼Gottfried Semper가 설계한 '콜레라 분수'가 바로 그것이다. 오늘날 '엘베 강의 피렌체'라 불리는 드레스덴을 찾는 여행객들은 타셴베르크 궁전

Taschenberg Palais 인근에 위치한 콜레라 분수를 감상할 수 있고, 조금 더 가면 젬퍼의 또 다른 작품인 드레스덴의 명물 젬퍼 오페라하우스Semper Oper도 감상할 수 있다.

1850년대에 들어서면서 독일 남부에도 콜레라가 퍼졌다. 당시 문화적 번성기를 누리던 바이에른 왕국이 특히 큰 피해를 보았다. 그런데 아이러니하게도 지금까지 상상조차 할 수 없었던 19세기의 위대한 발명품이자 이동수단에 대혁명을 불러온 철도가 콜레라의 확산에 크게 이바지하고 말았다. 전염병과 관련된 수많은 저서를 남긴 역사학자 만프레트 바솔트Manfred Vasold는 당시 상황을 다음과 같이 기술했다. "뉘른베르크는 배로는 도달할 수 없는 위치에 있었던 덕분에 콜레라의 공격을 받지 않았다. 하지만 1852년 뮌헨과 뉘른베르크를 잇는 직행 열차가 개통되면서 상황이 달라졌다. 이로써 독일이 낳은 유명 화가 알브레히트 뒤러가 탄생한 도시 뉘른베르크도 콜레라의 마수에 걸려들고 말았다. 왜 그렇게 되었는지는 불을 보듯 빤하다. 마차를 타고 뮌헨에서 뉘른베르크로 이동할 경우 약 이틀이 걸린다. 콜레라의 잠복기와 비슷한 기간이다. 콜레라 보균자가 뮌헨에서 마차를 타고 뉘른베르크로 향할 경우, 길 위에서 객사할 확률이 매우 높았던 것이다. 이에 따라 콜레라균이 뉘른베르크까지 도달하지 못할 공산이 컸다. 하지만 철도가 개통되면서 상황은 달라졌다. 뮌헨에서 열차를 타면 7시간 뒤에는 뉘른베르크에 도착할 수 있다. 즉 뮌헨에서 감염된 사람이 열차를 타고 뉘른베르크에 도착했을 때에도 겉으로는 아마 멀쩡하게 보였을 것이고, 그래서 아무런 의심도 받지 않은 채 콜레라균을 널리 퍼뜨릴 수 있게 되었다."[14] 그 결과 최초로 콜레라가 발병한 1831년부터 이후 반세기 동안 독일에서만 약 50만 명이 콜레라로 인해 목숨을 잃었다.

프랑스에서는 1차 콜레라 발발 당시 약 1만 8,000명이 희생되었다. 프랑스 사람들이 콜레라에 대처하는 방식을 제일 비웃었던 이는 아마도 뒤셀도르프에서 태어나 파리에 거주하던 독일 시인 하인리히 하이네Heinrich Heine였을 것이다. 당시 프랑스의 부유층에서는 플란넬로 만든 의복이 콜레라에 걸리지 않도록 보호해줄 것이라고 믿었다. 하이네는 1832년 4월 19일자 《아우스부르거 알게마이네 차이퉁Ausburger Allgemeine Zeitung》에 실린 기고문에서 당시 파리를 비롯한 프랑스 부유층들이 사용했던, 아무짝에도 쓸모없는 콜레라 치료법을 한껏 비꼬았다. "부유층이 의사와 약사를 데리고 아직 오염되지 않은 지역으로 피난 가는 모습을 보며 서민들은 씁쓸한 마음으로 투덜거렸다. 가난한 이들은 돈이 죽음까지 막아줄 수 있다는 사실을 목도하며 심기가 매우 불편했을 것이다. 중산층과 금융자본가들 역시 도시를 떠나 자신들의 성이나 별장에 머물렀다. 하지만 부자 중에 부자인 로스차일드Rothschild 가문은 아무런 동요 없이 파리에 그대로 머물렀고, 이로써 자신들이 돈 문제에 있어서만 여유롭고 대담한 이들이 아니라는 사실을 입증했다. 카지미르 페리에Casimir Pierre Périer 총리도 콜레라 발병 후 시립 병원을 찾는 대담함과 여유를 보여주었다. 그러자 페리에의 정적들은 페리에가 예의 그 다혈질적인 성격 때문에 콜레라에 걸렸다는 소문을 퍼뜨리며 페리에의 과감한 행보를 폄하했다. 하지만 페리에는 콜레라에 걸리지 않았다. 페리에 자신이 콜레라보다 더 '큰 질병'이었기 때문이다. (하이네의 판단과는 달리 페리에는 하이네의 기고문이 실린 지 4주 만에 콜레라로 사망했다.) 페리에 총리와 함께 시립 병원을 방문한 젊은 왕세자 오를레앙 공작도 시민들로부터 많은 신망을 얻었고, 오를레앙 공작뿐 아니라 왕가 전체가 절망적인 상황에서도 품위를 잃지 않았다. 콜레라가 발병했을 당시, 마음씨 좋은 왕비는 지인과 시종들을 불러 모은 뒤 온몸을 감싸는 플란넬 의복을 손수 바느질해서 나눠주었다. 옛 기사들의 품격 역시 무너지지 않았다. 기사들은 오히려 시민 계급과 함께했다. 다들 알다시피 지금은 기사들이 갑옷과 투구를 두르고 전장에 나가는 시절이 아니다. 지금은 따뜻한 셔츠와 속옷이 필요한, 평화로운 시민의 시대다. 우리는 철갑의 시대가 아니라 플란넬의 시대를 살고 있다. 플란넬이야말로 콜레라의 공격에 맞서는 최선의 선택이다. 《피가로》도 '비너스가 지금 살아 있다면 아마 플란넬 복대를 둘렀을 것'이라는 내용의 기사를 내보냈다. 나 역시 목까지 오는 플란넬 의복으로 몸을 꽁꽁 감싸고 있다. 이 정도면 콜레라에 걸리지 않을 것이라는 생각이 든다. 국왕 역시 시민들이 입는 플란넬 의복 중 최고급 의복을 몸에 휘감고 있다."[15]

콜레라는 1차 발병 시기에 이미 북해와 영국 해협을 뛰어넘어 산업화의 선두 주자이자 19세기 최강국 중의 하나이던 영국에 도달했다. 빅토리아 여왕이 권좌에 앉아 있던 1831년 가을, 콜레라는 영국 북동부의 항구도시 선덜랜드Sunderland에 모습을 드러냈고, 1832년 2월에는 대영제국의 심장부 런던에 도달했다. 다행히 발병 시기가 겨울이었던 까닭에 다른 지역과 달리 맹렬한 속도로 확산되지는 않았지만, 한가롭게 좌시할 수 있는 상황은 아니었다. 당시 산업화로 팽창 중이던 런던에도 빈민가가 형성되어 있었다. 빈민가의 오염된 식수원이 각종 질병과 전염병의 발발지라는 의심은 이미 오래전부터 존재했다. 영국 화가 윌리엄 히스William Heath의 그림 〈템스 강물이라 불리곤 하는 괴물의 수프Monster Soup Commonly Called Thames Water〉는 위생 관념이 싹트기 전의 시대를 직관적으로 보여주는 좋은 사례다. 그림 속 여인은 현미경 비슷한 도구를 이용해 템스 강물을 확대하는데, 그 안에는 더러운 생물들이 잔뜩 들어 있다. 그 모습이 얼마나 충격적이었는지, 여인은 들고 있던 찻잔을 떨어뜨리고 만다. 템스 강물의 수질과 관련된 공식 문서는 콜레라가 발발하기 한참 전인 1828년에 작성되었다. 그 문서의 작성자는 런던 시민들의 식수원인 템스 강물을 "보는 눈을 불편하게 만들고, 구토를 일으키며, 건강을 파괴하는 썩은 동식물의 잔해를 강물에 희석시켜 놓은 것"[16] 이라고 평가했다.

그러던 중 영국에서 당대를 주름잡던 위대한 의사 하나가 콜레라의 전염 경로를 추적하기 시작했다. 공중보건과 위생 관념이 수면으로 떠오르면서 의학에 혁신적인 발견이 이루어진 순간이었다. 그 혁신적 순간을 탄생시킨 의사는 존 스노우John Snow였다.

1813년 3월 15일 잉글랜드 북부 요크York에서 태어난 스노우는 1847년 무통수술법 연구에 집중했고, 다양한 실험을 통해(자기 자신을 실험 대상으로 삼기도 했다) 클로로포름이라는 마취제를 발견하는 등, 1854년 콜레라가 유행하기 이전부터 의학계에서 확고한 지위를 굳히고 있었다. 1853년 3월에는 여덟 번째 아이를 출산한 빅토리아 여왕도 스노우에게 클로로포름을 이용해 통증을 없애달라고, 그게 불가능하다면 조금이라도 줄여달라고 부탁했다. 마취술이 아직 초기 단계였던 그 시절로서는 그것만으로도 이미 혁명적 변화였다. 드디어 출산의 고통을 마취로 완화시킬 수 있는 방법을 찾았으니 말이다. 그뿐이 아니다. 그간 종교계에서는 출산의 고통은 모든 '이브Eve'가 겪어야 한다는 성경말씀을 거스르면 안 된다고 강조해왔다. 하지만 스노우가 개발한 마취법을 통해 기독교의 그러한 교조주의적 태도를 어느 정도 극복할 수 있게 되었다.

스노우는 1854년 제3차 콜레라가 영국을 덮쳤을 당시 악취나 나쁜 공기가 전염병의 원인이라는 '장기설miasma theory'에 의심을 품게 되었으며, 연구와 조사를 거듭할수록 콜레라 발병은 식수와 관련이 있을 것이라는 확신을 갖게 되었다. 런던은 주로 램버스 상수도회사와 서더크&복스홀 상수도회사에서 식수를 공급했다. 둘 중 램버스 상수도회사는 제2차 콜레라 발병(1848~1849) 이후 물 공급원을 교체했다. 런던 인근의 템스 강이 아닌 시골 지역의 템스 강 지류에서 물을 끌어오기로 결정한 것이다. 1848~1849년 사이에는 두 회사 중 어느 물을 마시든 콜레라 감염률이 비슷하게 나타난 반면, 1854년에는 서더크&복스홀 사의 물을 마신 환자의 사망률이 식수원을 교체한 램버스 사의 물을 마신 이들의 사망률보다 8~9배나 높게 나왔다. 서더크&복스홀 사의 물을 마시는 지역에 위치한 가구 1만 호당 콜레라로 인한 사망자 수는 315명이었던 반면 램버스 물을 마신 지역에서는 1만 호당 사망자가 37명밖에 되지 않았다.

스노우는 집에서 그리 멀지 않은 소호 지구에 유례없는 속도로 콜레라가 퍼지고 있다는 사실에 주목했다. 소호 지구는 콜레라 전염에 안성맞춤인 조건들을 갖추고 있었다. 브로드 가Braod Street에 위치한 49개 주택에는 총 860명이 콩나물시루처럼 빽빽이 모여 살고 있었고, 브로드 가와 그 반경 250미터 안에서 단 며칠 사이에 700명 이상이 콜레라에 걸려 목숨을 잃었다. 스노우는 브로드 가와 그 인근 지역의 집들을 일일이 방문하여 어디에서 오는 물을 마시고 있는지 조사한 후 지도를 제작했다. 사망자 한 명이 나타날 때마다 지도 위에 까만 점 하나를 찍는 방식이었다. 이로써 인류 최초의 질병 지도disease mapping가 탄생했다. 콜레라의 습격을 받은 지역을 표시한 그 지도의 중심에는 식수를 공급하는 펌프가 하나 있었다. 훗날 '브로드 가의 펌프Broad Street Pump'라는 이름으로 유명해진 그 펌프는 당시 그곳 주민들 사이에서 수질이 꽤 높다는 평판을 듣던 식수원이었다. 스노우는 각종 단서들을 계속 수집했다. 예컨대 엘리Eley 사와 관련된 단서도 그중 하나다. 총알 제조업체인 엘리 사의 소유주인 엘리 형제는 런던의 경계에 위치한 햄스테드Hampstead에 살고 있던 어머니 수잔나에게 1주일에 한 번씩 브로드 가에 가서 펌프질을 해 그 물을 병에 담아와 달라고 부탁했다. 형제의 모친은 9월 2일 콜레라로 사망했다. 소호에서 좀 떨어진 햄스테드 주민이 콜레라로 사망하는 것은 매우 드문 사례였다. 스노우는 소호 지역의 희생자 83명 중 61명이 브로드 가의 펌프에서 길어 올린 물을 마셨다는 사실을 알게 되었다. 조사결과 나머지 희생자들 역시 자신도 모르는 사이에 그 물을 마셨다는 사실이 밝혀졌다. 그 동네에는 '셔벗sherbet'을 파는 커피숍이 있었는데 그 커피숍에서 브로드 가 펌프의 물을 사용했고 나머지 희생자들이 그곳을 이용한 것이다.

스노우의 질병지도 상에는 눈에 띄는 지점이 두 개 있었는데, 콜레라 사망자를 의미하는 검은 점이 거의 찍히지 않은, 새하얀 지점들이었다. 그중 하나는 '워크하우스'라 불리는 건물로, 빈민들이 모여 사는 곳이었다. 콜레라 확산에 매우 이상적인 환경이었음에도 불구하고 그곳에 거주하는 사람들 535명 중 콜레라로 인한 사망자는 5명밖에 되지 않았다. 스노우는 그 이유를 밝히기 위해 건물을 직접 방문했고, 워크하우스에는 자체적으로 이용하는 우물이 있다는 사실을 알게 되었다. 브로드 가 펌프와 가까이 있으면서도 검은 점이 거의 없는 또 다른 건물은 '라이언Lion' 양조장이었다. 그곳의 직원 70명 중 콜레라로 목숨을 잃은 이는 아무도 없었다. 양조장 주인은 직원들이 밖에서 퍼온 물을 마시는 대신 양조장에서 생산된 일반 맥주나 그보다 도수가 훨씬 높은 몰트 맥주를 마셨기 때문에 콜레라를 피해갈 수 있었던 것 같다고 말했다.

이후 스노우는 사라 루이스Sarah Lewis라는 젊은 여성이 8월 24일 아기 기저귀를 빨래한 물을 집에서 몇 미터 떨어진, 펌프물을 퍼올리는 운하에 내다버렸다는 사실을 알게 되었다. 콜레라에 걸려 있었던 루이스의 아기는 그로부터 닷새 뒤 숨졌고, 루이스의 이웃 몇몇도 뒤이어 목숨을 잃었다. 9월 7일, 스노우는 현장 당국에게 펌프 손잡이를 제거하고 당장 사용을 금지해야 한다고 주장했고, 공무원들은 며칠 뒤 그 요청대로 펌프 손잡이를 제거해 사용을 금지했다. 이로써 영국에서만 2만여 명의 목숨을 앗아간 역병이 소호 지역에서 서서히 잦아들었다.

존 스노우는 1858년 뇌졸중으로 숨을 거두었다. 2018년 영국

의학협회는 콜레라 감염의 원인을 밝혀낸 스노우를 기념하기 위한 학회를 몇 차례 개최했다. 한때 브로드 가로 불리다가 지금은 브로드윅 가Broadwick Street가 된 그곳에는 역병이 발생하고 해결된 과정을 기념하기 위해 손잡이가 제거된 펌프가 그대로 보존되어 있다. 존 스노우가 작성한 수많은 문서들을 전시한 '존 스노우'라는 이름의 호프집도 생겨났다. 존 스노우의 업적을 기리는 일종의 기념관이라 할 수 있는데, 아이러니하게도 존 스노우는 평생 술을 입에 대지도 않았다고 한다.[17]

스노우의 조사 결과는 이내 수많은 지역에 알려졌고, 각 지역에서는 역병의 재발을 방지하기 위한 조치들을 취했다. 당시는 시민혁명이 들불처럼 번지던 시기였던 만큼, 당국은 늘 대중들의 불안심리를 자극할까봐 노심초사했다. 역사학자 토마스 니퍼다이는 당시 상황에 대해 다음과 같이 기록했다. "콜레라에 대한 불안감은 거대한 채찍이 되었다. 그 덕분에 많은 도시들이 생활환경을 개선하기 시작했다. 운하를 정비하고, 깨끗한 식수 공급을 위해 노력했으며, 식수와 하수를 철저히 구분한 것이었다. 오래된 하수처리장들도 오염물질이 땅 밑으로 스며드는 것을 방지하기 위해 최소 20년에 한 번씩은 완전히 비우고 청소하도록 했다."[18] 그러한 예방조치들은 당시 의사들이 콜레라균처럼 미세한 균에 대해 아는 바가 거의 없었기 때문에 더더욱 큰 효과를 발휘했다. 각종 실험을 거쳐 다양한 치료법이 제시되었지만, 항생제가 발명되기 전이었기 때문에 당시 의사들이 제안한 치료법들은 대부분 도움이 되지 않았다. 생전 처음 보는 약제와 약물, 약초 혼합물 등이 치료제로 등장하는가 하면, 콜레라균을 물로 씻어내기 위해 냉온욕을 권장하기도 했다. 다량의 차가운 물을 소화기관의 위쪽(입)과 아래쪽(항문)에 주입하는 방법도 시도되었고, 어느 영국 의사는 말도 안 되는 치료법을 제안하기도 했다. 기름칠을 한 코르크로 콜레라 환자의 항문을 막아서, 설사로 인한 배설물이 몸 밖으로 빠져나오지 못하게 하라는 것이었다.[19]

1883년, 콜레라의 정체가 당대 최고 세균학자의 현미경을 통해 드디어 밝혀졌다. 독일과 프랑스는 1870~1871년 식민지를 둘러싼 대혈투를 벌인 이후 처음으로 두 나라가 힘을 합쳐 콜레라 발병지인 이집트의 나일 강 인근 지대로 공동 연구팀을 파견했다. 독일팀의 수장은 로베르트 코흐였다. 그는 1882년에 결핵균Mycobacteruim tuberculosis을 발견해 이름이 널리 알려진 인물이었다. 그런데 의학자들이 도착했을 때 이집트는 이미 콜레라가 잠잠해진 상태였다. 따라서 코흐는 연구팀과 함께 콜레라의 '고향'인 인도로 갔다. 그곳에서 코흐는 고질적 콜레라 발병 지역에 사는 주민들이 환자의 옷가지를 세탁하고, 배설물을 버리는 강의 물을 식수원으로 활용하고 있다는 사실을 확인했다. 콜레라가 수인성 전염병이 아닐 수도 있다는 의심은 완전히 사라졌다. 콜레라 사망자의 시신을 부검하던 중 코흐는 끝부분이 쉼표처럼 약간 구부러진 균을 발견했다. '콤마균'이라 이름 붙은 그 균이 바로 콜레라를 일으키는 원인균이었던 것이다. 이로써 코흐는 프랑스의 파스퇴르와 더불어 성능이 향상된 현미경을 활용해 세균학의 황금시대를 연 상징적 인물로 우뚝 섰다.

콜레라의 감염 방식도 밝혀졌고, 존 스노우 덕분에 콜레라균에 감염된 물을 마시면 안 된다는 사실도 알게 되었으며, 코흐가 콜레라 원인균까지 발견했지만 제5차 콜레라 발발(1880~1990년대)로 산업 강국 독일의 제2도시가 비극에 휩싸이는 것을 방지하지는 못했다. 1892년 8월 15일, 찌는 듯 더웠던 어느 여름날, 함부르크에서 운하 작업을 하던 남성 하나가 콜레라로 사망했다. 나흘 뒤 콜레라 환자의 수는 31명으로 늘어났다. 그해 말까지 콜레라는 한자동맹도시 함부르크를 휩쓸었다. 1831~1832년 독일에서 제1차 콜레라가 발병한 이래 최대의 피해였다. 최종 통계에 따르면 1892년 함부르크에서 콜레라에 걸린 이는 약 1만 7,000명에 달했고, 콜레라로 사망한 사람은 8,605명이었다. 전체 인구의 약 1.3퍼센트가 희생된 것이었다. 다급해진 당국은 코흐를 불러들였다. 현지에 도착한 코흐는 함부르크 시민과 의회가 사태 발발 전 몇 년 동안이나 현대적 정화 장치를 설치하는 데 드는 비용에 대해 합의를 보지 못했다는 사실을 알게 되었고, 도무지 이해할 수 없다는 반응을 보였다. 하지만 그보다 더 놀라운 사실은 콜레라 환자들이 모여 사는 지역의 생활환경이었다. 빈곤층은 주로 '골목지구Gängeviertel'라고 불리는 지역에 모여 살고 있었다. 집들이 빼곡히 들어서 있었으며, 건물과 건물 사이의 골목은 교통수단이 드나들 수 없을 정도로 매우 비좁았다. 주민들은 건물들 사이로 흐르는 좁은 운하에서 오물이 잔뜩 뒤섞인 물을 퍼다가 식수로 활용했다. 전반적으로 불결하고 열악한 환경을 목도하고 끊임없이 풍기는 지린내와 퀴퀴한 쓰레기 냄새를 직접 맡은 코흐는 큰 충격을 받았고, 함부르크 고위 정치가들에게 다음과 같이 말했다. "의원님들, 제가 유럽에 있다는 사실을 잊을 정도입니다!" 함부르크가 세계적으로 앞서가는 도시라 자랑하던 이들에게 일침을 가한 것이었다.

함부르크에서 콜레라가 발생했다는 소식은 전 세계에 대서특필되어 함부르크 지도층의 위상이 곤두박질쳤다. 그러자 유행병이 발발할 때마다 으레 그렇듯 힘 있는 자들은 온갖 수단을 동원해 그 소식이 전파되지 않도록 막았다. 함부르크라는 대도시에서 사람들이 질병에 걸려 떼죽음을 당했다는 소식이 외부에 알려져 거상들의 사업이 치명타를 입는 사태를 방지하고 싶었던 것이다. 그런 노력에도 불구하고 각국의 기자들이 함부르크로 몰려들었고, 그곳의 상황을 자국으로 타전했다. 오스트리아 빈에서 온 기자 카를 바크너 Karl Wagner는 자원해서 환자 이송을 도왔고, 그때의 경험을 기록했다. "활용할 수 있는 이동수단은 마차뿐이었고, 일체의 쿠션이 제거된 상태였다. 따라서 우리는 환자를 담요로 감싼 뒤 수납함 위에 앉혀서 이송해야 했다. 특히 더 이해가 가지 않는 부분은 마차 바닥에 5~7개의 구멍을 뚫어놓은 것이었다. 그러면 환자의 몸에서 분비되는 각종 체액이 길 위로 뿌려질 텐데 말이다! (……) 자원봉사 활동을 하면서 총 132명의 환자를 이송했는데, 그중 절반가량이 이송 도중에 사망했다."[20]

함부르크 콜레라 사태는 중부 유럽 독일어권 국가에서 발발한 최후의 대규모 콜레라였다. 하지만 전염병학자들은 20세기에도 유럽이 아닌 다른 지역에서 제6차, 제7차 콜레라가 발생했다고 주장한다. 20세기에 발생한 콜레라도 수많은 희생자를 양산했다. 1991년 페루에서는 콜레라로 1만 2,000명이 목숨을 잃었다. 콜레라는 전쟁이나 기타 위기를 맞은 나라들에서 흔히 발생한다. 2017년

예멘에서는 약 70만 명이 콜레라에 걸렸고, 그중 2,000명 이상이 사망했다. 독재자의 횡포로 많은 이들이 가난으로 허덕이는 나라들 역시 콜레라에 취약하다. 물러날 때가 지나도 한참 지난 로버트 무가베Robert Mugabe(2017년 쿠데타로 퇴진. 2019년 9월 6일 사망 – 역자 주)가 압제의 칼날을 휘둘렀던 짐바브웨가 대표적이다. 아이티처럼 자연재해의 습격으로 빈곤이 심화된 지역도 역시 콜레라의 주요 타깃이다. 세계보건기구는 2030년까지 콜레라 발병률을 지금보다 훨씬 더 낮추고, 콜레라가 더 이상 시민들의 건강을 위협하는 사태를 발생하지 않게 만들겠다는 목표를 발표했다. 그와 동시에 "기후 변화, 도시화, 인구 증가 같은 요인들이 향후 몇 년 간 콜레라의 발발 위험도를 높일 수 있다"[21] 며 경고하기도 했다. 가까운 시일 내에 세 가지 요인을 근절시킬 수 있기를 바라지만, 안타깝게도 21세기에 그러한 바람이 이루어질 가능성은 거의 없는 것 같다.

탄생하려다가 만 독일의 민주주의

프리드리히 3세

"여러분, 내가 목이 쉬어서 노래 한 곡조도 뽑을 수가 없군요!"라는 농담에 베를린 성城 입구에 모여 있던 독일 제국의회 지도부 소속의 의원들은 의무감 때문인지 진짜로 재미있어서인지는 알 수 없지만, 입가에 미소를 지었다. 어쩌면 나직한 소리로 "위대하신 황제 폐하, 만세!"를 중얼거렸는지도 모를 일이다. 그러나 그 자리에 있던 그 누구도 그 농담이 비극의 시작이라는 것을 예상하지 못했다. 피곤한 듯한 안색에 희미한 미소를 지으면서 농담을 던진 그날의 주인공 또한 자신이 내뱉은 말이 개인적 비극과 정치적 소용돌이의 시작이라는 점을 예감하지 못했을 것이다. 역사적 기록에 따르면 그날은 1887년 3월 8일이었고, 농담의 주인공은 프로이센의 황태자 프리드리히 빌헬름 니콜라우스 카를Friedrich Wilhelm Nikolaus Karl, 즉 프로이센의 국왕이자 독일 제2제국의 초대 황제인 빌헬름 1세의 아들이었다.

독일제국의 황제 프리드리히 3세. 독일 진보계의 희망이었던 황태자 프리드리히 빌헬름은 부황의 장수로 쉰일곱이라는 늦은 나이에 드디어 황제가 되었지만 재위 기간은 99일밖에 되지 않았다. 평소 궐련과 파이프담배를 즐겼던 그는 후두염으로 평생 고생했으며 결국 후두암으로 사망했다.

독일 제2제국(이하 독일제국)은 그로부터 16년 전인 1871년, 프랑스와의 전쟁에서 대승을 거둔 후 베르사유 궁전의 거울의 방에서 건국을 선포하면서 탄생하였다. 프로이센이 연합국들과 손을 잡고 프랑스와의 전쟁에서 승승장구하던 시절이었다. 당시 프로이센은 아닌 밤중에 홍두깨처럼 유럽 정계에 나타난 '신입생'이었고, 열강들은 그런 프로이센을 미심쩍은 눈초리로 바라보았다(그중에서도 특히 복수심에 불타오르던 프랑스에게 있어 프로이센은 그야말로 눈엣가시였다). 어느 날 갑자기 유럽 대륙의 한 가운데에 거대한 괴물이 하나 탄생했으니 그럴 법도 했다. 독일제국은 인구수로 보나 경제력으로 보나 성장을 거듭하고 있었고, 유럽 내 강대국 대열에 합류하기 위한 준비를 하고 있었다. 프로이센 군대 위주로 편성되어 있던 독일제국의 군대가 전쟁에서 매우 효율적으로 싸우면서 세 차례나 연달아 승리를 거둔 덕분에(1864년 덴마크와의 전쟁, 1866년 오스트리아와의 전쟁, 1870~1871년 프랑스와의 전쟁) 무시할 수 없는 위치로 발돋움했다. 하지만 프로이센의 정치 시스템은 민주주의를 표방하는 두 열강, 즉 공화국인 프랑스와 입헌군주국인 영국이 보기에는 부족한 점이 많았다(여기에서 말하는 '민주주의'는 19세기적 민주주의로, 지금 우리가 생각하는 민주주의와는 분명 다르다. 민주주의 발전의 대표적 사례로 손꼽히던 영국조차 당시에는 여성에게 투표권이 주어지지 않았다). 독일제국의 가장 꼭대기에는 프로이센의 호엔촐레른 왕가가 버티고 있었으며, 독일 정치의 향방을 결정하는 실권자는 보수적 성향의 귀족 오토 폰 비스마르크Otto von Bismarck였다. 1862년 재상에 임명된 비스마르크는 1880년대 들어 '제국의 적들'을 강력하게 탄압하는 정책을 취했다.

비스마르크가 보기에 가장 큰 적은 사회민주주의 계열 인사들과 가톨릭교 관련 인사들이었다.

참여정신으로 똘똘 뭉친, 민주주의적 기본권 확대에 힘쓰고자 했던 제국의 시민들에게 있어 1887년 어느 봄날 목이 쉬어서 노래조차 부를 수 없다고 농담을 건네던 황태자는 그야말로 최후의 희망이었다. 오늘날 수많은 역사학자나 전기작가들 역시 프리드리히 빌헬름을 "독일 진보계의 희망"[1]이었다고 평하고 있다. 당시 진보 진영에서는 비스마르크의 시대가 끝나고 프리드리히 빌헬름이 정권을 장악하여 조세 정책을 손보고, 지금까지와는 다른 노선을 추구하며, 각종 규제를 철폐하고, 권위주의를 해체해줄 것이라고 굳게 믿었다. 그러한 기대감을 가장 잘 표현해낸 작품이 바로 안톤 폰 베르너Anton von Werner의 그림 〈궁정 연회에 참가한 프리드리히 황태자Crown Prince Frederick at the Court Ball〉(1878)일 것이다. 이 작품에서 황태자는 진보 진영의 유명 정치인들과 파티장에 모여 대화를 나누고 있다. 말하자면 이제 곧 나라의 미래를 거머쥐게 될 인물들을 묘사한 그림이었던 것이다.

프리드리히 황태자는 영국의 정치 시스템을 신봉하는 것으로 잘 알려져 있었다. 탄탄한 의회를 통한 견제와 균형, 정당을 중심으로 정권의 향배가 결정되는 입헌군주국을 이상적인 정치 형태로 여긴 것이다. 그는 당시 대부분의 독일인들과는 달리 영어를 유창하게 구사할 수 있었는데, 잦은 영국 왕래로 친근감을 느끼고 있었고, 각별한 애정 또한 품고 있었기 때문이었다. 그와 더불어 개인적으로는, 바로 아내 빅토리아가 영국 출신이었기 때문이었다. 빅토리아 공주는 같은 이름의 여왕, 즉 '빅토리아 시대'라는 말이 생겨날 만큼 한 시대를 풍미했던 빅토리아 여왕의 딸이었다. 빅토리아 공주는 여덟 살 때 처음으로 영국을 방문한 프로이센의 왕자 프리드리히 빌헬름을 만났고, 열일곱 살에 그와 백년가약을 맺었다. 빅토리아 공주는 그 시절 유럽 최상류층 가문의 다른 딸들과는 달리 정치에도 관심이 많았다. 공주의 부친인 작센-코부르크-고타 가문의 알베르트 공작은 맏딸인 빅토리아 공주의 인격 수양과 교육에 특별한 공을 들였고, 수많은 대화를 통해 영국 정치의 우수성을 상세히 알려주었다고 한다. 딸이 아홉 살 연상의 남자와의 혼인을 앞둔 시점에 알베르트 공은 빅토리아 공주와 장차 사위가 될 프리드리히 황태자를 앞에 앉히고 영국과 유사한 입헌군주제를 따르고 민주적 기본권을 법으로 보장하고 유지할 때만이 비로소 (아직 프로이센에 의해 통일되기 전인) 독일 정치에 미래가 있다는 점을 강조했다.

빅토리아 공주는 베를린으로 거처를 옮긴 뒤 고국을 몹시 그리워했다. 독일 왕족들 그리고 철저한 보수주의자이자 공주에게 있어 평생의 숙적인 비스마르크 재상은 공주를 냉대하다 못해 적대시하기까지 했다. 독일의 권력자들에게 있어 빅토리아 공주는 어디까지나 '외국인', '영국인'에 불과했다. 심지어 빅토리아 공주의 아들 빌헬름 2세(나중에 황제로 즉위하고 독일제국을 멸망의 길로 빠뜨린 장본인)조차도 찬바람이 쌩쌩 부는 태도로 생모를 대했다고 한다. 그런 빅토리아 공주가 유일하게 의지할 만한 곳은 남편밖에 없었다. 황태자의 아내 사랑은 그야말로 지극했다. 하지만 왕궁을 출입하는 많은 이들은 아내를 빅키Vicky라는 예명으로 부르는 황태자를 그다지 마음에 들어하지 않았다. 비록 앞에서는 예를 갖췄지만 뒤에서는 부인에게 잡혀 사는 샌님이라며 조롱했다. 반면 의학자 루돌프 피르호Rudolf Virchow를 비롯한 의회 내 진보 진영은 황태자가 애국주의자인 아내 빅토리아 공주를 그토록 아끼고 있다는 것을 일종의 희망의 신호로 받아들였다. 의학 발전사의 황금기를 장식한 위대한 인물 중 하나인 피르호 같은 인물이 프리드리히 빌헬름을 둘러싼, 이제 곧 닥칠 비극적 드라마에서 비운의 인물로 등장한다는 것도 주목할 만한 역사의 한 단면이다.

그토록 수많은 기대와 희망을 한 몸에 받고 있던 사내는 세 차례의 전쟁을 연달아 치르면서 영웅이 되었지만 세월이 흐르면서 그 이미지도 희미해지고 있었다. 큰 키에 황금빛 턱수염, 푸른 눈을 지닌 황태자는 독일 국민들에게 있어 한 시대를 주름잡는 통치자의 상징이었다. 많은 이들이 황태자를 지크프리트나 기타 독일 신화 속 영웅들과 비교하기도 했다. 하지만 긴 시간이 흐르는 동안 풍성한 황금빛 수염은 회색으로 변했고, 제국의회 지도부는 황태자의 얼굴에서 피로감을 넘어 절망감까지 느껴진다고 수군거렸다. 그럴 수밖에 없었다. 황태자에게 주어진 유일한 역할은 무한정 기다리는 것밖에 없었기 때문이다. 1887년 봄, 황태자의 나이는 이미 쉰여섯 살이었다. 황태자는 왕가의 기나긴 수명이 왕국의 개혁과 발전에 걸림돌이 된다는 사실을 직접 느끼고 깨달았을 것이다. 장모인 영국의 빅토리아 여왕은 치세 50주년을 앞두고 있었다. 그보다 더 심각한 '문제'는 아버지인 빌헬름 1세가 이제 곧 아흔 살이 된다는 것이었다. 다섯 차례의 암살 시도를 거뜬히 이겨낸 노령의 황제 빌헬름 1세는 모든 생물학적 법칙이 근거 없는 뜬소문이라는 것을 증명이라도 할 것처럼 노익장을 과시 중이었다. 적어도 겉으로 보기에는 큰 질병이 없었다.

그런데 무슨 운명의 장난인지, 오히려 아들의 건강에 적신호가 켜졌다. 몇 개월 전부터 몸 상태가 본격적으로 나빠졌던 것이다. 1년 전인 1886년에도 홍역에 걸렸다. 다행히 병마는 이겨냈지만, 궁정 사람들은 더 이상 황태자에게서 강인했던 옛 모습을 찾아볼 수 없다며 입을 모았다. 1887년 1월에는 잊을 만하면 찾아오는 고질병인 목 질환을 앓았다. 황태자와 주변 사람들은 샤리테Charité 의대의 카를 게르하르트Karl Gerhardt 교수에게 자문을 구했다. 샤리테 의대의 총장이었던 게르하르트 교수는 사실 목 질환 전문가라기보다는 내과 전문의에 가까웠지만, 어쨌든 황태자를 검진한 뒤 "이 질환은 감기에서 출발된 것으로 보이고, 카타르성catarrhal 후두염 초기 증상으로 판단된다"라고 결론내렸다. 하지만 검진 뒤 몇 개월 동안에는 기침이나 여타 카타르성 후두염 증상은 관찰되지 않았고, 후두부가 건조한 탓에 목이 쉬는 증상만 나타났다. 게다가 카타르성 후두염에 효과가 있는 내복약이나 흡입성 치료제로는 병세가 전혀 호전되지 않았다.[2] 황태자는 파이프 담배와 궐련의 열렬한 애호가로 담배에 유해물질과 독성 성분들이 포함되어 있다는 사실은 20세기에 와서야 비로소 알려졌다.

제국의회 지도부의 환영식이 있기 이틀 전인 3월 6일, 게르하르트 교수는 후두경 검사laryngoscopy를 실시했다. 당시로서는 최신식 검사법이었다. 검진 후 게르하르트는 다음과 같은 보고서를 작성했다. "좌측 성대 가장자리, 성대 돌출부와 성대 중간 사이, 그중에서도 특히 돌출부에 가까운 곳에서 혓바닥이나 엽상葉狀 모양의 옅은 융기 부위가 관찰되었다. 길이는 약 4밀리미터, 높이는 2밀리미터에 달했다. 진단 결과, 좌측 성대 부종으로 사료된다."[3] 그 뒤 몇 주 동안 의료진은 와이어슬링wire sling을 이용해 용종으로 추정되는 부위에 접근을 시도했다. 나중에는 와이어슬링 끝부분에 환부를 불로 지질 수 있는 장치를 부착하기도 했다. 의료진은 새로이 등장한 국부마취법도 적용했다. 코카인을 활용한 국부마취법이었는데, 그럼에도 불구하고 환자에게는 치료 과정이 아마 고문처럼 느껴졌을 것이다. 코카인 마취는 안과의사 카를 콜러Carl Koller가 3년 전인 1884년에 발견한 방법이었다. 좀처럼 제거되지 않는 용종 때문에 게르하르트와 동료들은 절망감에 빠지기도 했지만, 그와 동시에 한 줄기 희망의 끈도 발견한 듯했다. "(1887년 3월) 14일 저녁, 처음으로 백금 와이어를 이용해보았다. 16일에는 와이어를 최대한 늘어뜨려서 용종의 중앙부를 집중적으로 소작燒灼했다. 이번에는 통증이 덜한 것 같았다. 18일부터 26일까지는 황제 폐하의 생일 축하연 때문에 치료를 일시 중단해야 했다. 이후 26, 27, 29일에, 그 다음부터 4월 7일까지 매일 소작용 와이어를 이용해 용종 제거 작업을 실시했다. 돌출된 부위 전체는 불로 지져서 제거했고, 7일에는 납작한 소작 도구를 이용해 성대 가장자리를 치료하고 매끄럽게 마무리했다."[4]

프리드리히 황태자는 고통스러운 치료가 끝난 뒤 아내와 함께 평소에 자주 찾던 호엔촐레른 가문의 요양지인 바트 엠스Bad Ems[5]

로 향했고, 그곳에서 신선한 공기를 들이마시며 염증 완화에 힘썼다. 이후 5월 중순경에 제국의 수도로 다시 돌아왔지만, 황태자의 모습은 완치와는 거리가 멀었다. 용종이 재발했을 뿐 아니라 피부 전체가 벌겋게 변해 있었다. 5월 18일, 의료자문단에서 용종의 원인에 대한 분석을 제시했다. 자문단에는 당대 독일 최고의 외과의인 에른스트 폰 베르크만Ernst von Bergmann 교수도 포함되어 있었다. 자문단은 황태자의 증상(열도 나지 않고, 기침도 멈추었고, 림프절 비대 증상도 없었다)에 비추어보건대 결핵이나 매독 등으로 인한 염증이 원인일 가능성은 없다고 단언했다. 그러면서 처음으로 '암'이라는 말이 떠돌기 시작했다.

의사들은 향후 치료법에 관한 소견을 황태자에게 전달했다. 후두를 열어서 용종을 제거하자는, 꽤나 위험한 방법이었다. 그러나 수술을 하면 용종은 완전히 제거할 수 있을지는 모르겠지만, 장차 독일제국의 황제가 될 황태자의 목소리가 제대로 나오지 않을 가능성을 완전히 배제할 수 없었다. 후두부 전체를 들어내야 할지도 모르는데, 성공률도 낮고, 최악의 경우 환자가 목숨을 잃을 수도 있는, 매우 위험한 방법이었다. 베르크만은 만일의 사태에 대비하기 위해 우선 시신을 대상으로 수술 과정 전체를 시험해보았다. 이제 막 대두되고 있던 후두학 분야에서 가장 권위 있는 의사 한 명도 수술에 참가시키자고 건의했다. 황태자비 빅토리아는 그 제안을 무척 마음에 들어했다. 베르크만이 초빙하기로 한 의사가 자신의 고국인 영국 출신의 모렐 매켄지Morell Mackenzie였기 때문이었다. 매켄지는 영국 내에서도 존경받는 인물로 그가 저술한 이비인후과학 교재는 독일에서도 매우 높이 평가받고 있었다. 물론 반대하는 의사들도 있었다. 매켄지는 돈보다는 의사로서의 자부심과 소명의식을 더 강조했던 훌륭한 의사였으며, 의사들이 의료 활동을 통해 너무 큰돈을 벌고 있다며 비판했다. 아마도 그 때문에 매켄지를 중상모략하는 이들이 많았는지도 모르겠다.

1887년 5월 20일, 매켄지는 처음으로 황태자를 검진했고, 환자의 상태가 조금이나마 호전되고 있다는 소견을 발표했다. 그런데 그 소견이 매켄지와 독일 의료진들과의 사이에 벌어진 갈등의 도화선이 되었다. 서로 협력적 관계를 유지하기가 힘들어진 것이다. 협력은커녕, 서로 으르렁대며 외면하고 무시하기 바빴다. 독일 의사들은 용종이 악성이라 굳게 믿었지만 매켄지는 애매한 말투로 양성 용종이라고 주장했다. 이 상황에서 황태자비는 과연 누구의 말을 더 믿었을까? 그리고 아내를 전적으로 신뢰하던 황태자는 어느 편의 주장에 더 귀를 기울였을까? 황태자 부부에게 있어 매켄지는 희망을 의미했다. 특히 황태자비는 베르크만과 게르하르트를 비롯한 독일 의료진을 암울한 미래나 예고하는 죽음의 전령사쯤으로 여겼다. 그 의사들의 말을 믿었다가는 남편이 목소리를 잃거나, 시름시름 앓게 되거나, 최악의 경우 죽음에 이를 것만 같았던 것이다.

이후 매켄지는 오늘날의 진단의학 원칙에 부합되는 행동을 취했다. 오스트리아의 병리학자이자 교수인 롤란트 세디비Roland Sedivy는 최근 다음과 같이 기술한 바 있다. "매켄지는 시대를 매우 앞서간 인물로, 당시 이미 종양진단학 분야에서 매우 현대적인 견해를 지니고 있었다. 종양은 현미경 검사를 통해서 비로소 확진할 수 있기 때문이다. (……)" 5월 21일, 매켄지는 용종의 악성 여부를 확실히 판단하기 위해 후두겸자를 이용해 생체검사를 실시했고, 채취한 조직들을 베를린의 루돌프 피르호에게 전달했다.[6]

그런데 이후 몇 달 동안 보인 피르호의 태도나 분석 결과는 위대한 의학자 피르호의 이력에 오점을 남겼다. 피르호는 세 번에 걸쳐 황태자의 몸에서 채취한 조직을 전달받았지만, 단 한 번도 악성 종양이라는 단서를 찾지 못했다. 황태자가 심한 기침에 시달리고 생을 마감하는 시점에 다가가고 있던 무렵 채취한 네 번째 샘플, 즉 최후로 전달받은 조직을 현미경으로 검사했을 때에도 피르호는 종양의 단서를 발견하지 못했다. 피르호는 오히려 용종보다는 사마귀 모양의 피부 조직에 더 초점을 맞추고 분석결과서를 작성했다. 이후 피르호의 정치적 성향이 의학자로서의 판단력을 흐려버린 것은 아닌지, 황태자비와 마찬가지로 피르호도 진보 진영의 희망인 황태자가 처한 운명을 직시하는 대신 외면하고 싶었던 것은 아닌지 하는 의문이 나돌았다. 피르호는 비스마르크처럼 뛰어난 화술이나 재치, 카리스마를 갖춘 인물은 아니었지만 끈질기게 비스마르크를 비판한 유명 인사 중 한 명이었다. 참고로 생검 시 종양 발발 부위의 조직 샘플에서 악성 세포가 발견되지 않는 경우는 꽤 흔하다. 세디비 교수도 오늘날의 의학 전문가 입장에서 세포병리학의 선구자인 피르호가 당시 저지른 실수를 변호하는 입장을 취한다. "그래도 피르호는 매우 현대적인 방식으로 접근했고, 어쩌면 포함되어 있을지도 모를 오류들을 책임감 있게 지적했다. 나를 포함한 오늘날의 병리학자들은 전형적 종양 세포가 포함되어 있지 않은 샘플에서 그릇된 결론이 도출될 수도 있다는 사실을 잘 알고 있다. 피르호도 '채취된 샘플만으로는 나의 판단이 질환 전체에 대해 적용되는지 여부에 대해서 확신할 수 없다'라고 기록했다."[7]

1887년 6월, 프리드리히 빌헬름 황태자는 장모인 빅토리아 여왕의 집권 50주년을 축하하는 행사에 참석하기 위해 영국으로 건너갔다. 반세기 전 열여덟 살의 나이로 왕좌에 오른 빅토리아 여왕을 칭송하기 위한 대규모 퍼레이드에도 참석했다. 가두행진을 지켜보기 위해 그곳에 모여든 여인들 중에는 준마를 탄 독일 황태자를 보며 원탁의 기사 로엔그린을 떠올린 이도 있겠지만, 무리 속에 섞여 있던 매켄지의 날카로운 눈에는 어두운 그림자가 드리워졌다. "황태자의 얼굴은 너무나도 창백했다. 말 위에 오른 상태에서 몸을 거의 움직이지 않았다. 살아 있는 사람이라기보다는 새하얀 동상에 가까운 모습이었다. 눈도 움푹 꺼져 있었다. 자신을 우러러보는 이들을 향해 자신감 넘치는 눈빛을 보이지도 않았다. 그는 앞으로 다가올 고통스러운 작별을 짐작조차 하지 못하는 듯했다."[8] 영국에 머무르는 그 며칠 동안 매켄지는 두 번이나 와이어슬링으로 용종을 제거했다. 매켄지의 치료에 만족한 황태자는 여왕에게 작위를 수여할 것을 청원하기까지 했다. 황태자가 그 정도로 큰 심리적 안정을 얻을 수 있었던 것은 아마도 매켄지가 이제 병이 완치되었다며 안심시켰기 때문이었을 것이다. 후두학의 개척자인 매켄지는 '경Sir'이라는 작위를 얻게 되었고, 이로써 동료 의사들로부터 보다 큰 미움을 사게 되었다.

영국에서 돌아온 황태자 부부는 몇 개월 일정의 요양길에 올랐다. 티롤과 베네치아를 거쳐 산레모에 도착한 뒤 그곳에 기거하며 안정을 취할 계획이었다. 결과는 기대 이하였다. 11월에 실시한 후두경 검사 결과 그간 수차례에 걸쳐 제거한 종양이 재발했을 뿐 아니라 크기도 지난번보다 더 커져 있었다. 매켄지도 갑자기 지금까지와는 전혀 다른 진단 결과를 내놓았다. "지금은 종양처럼 보인다"라고 진단한 것이었다.[9] 하지만 의료진은 황태자에게 자신들이 알고 있는 사실을 전부 전달하지는 않은 듯하다. 황태자가 11월 11일에 작성한 일기에는 이렇게 적혀 있었다. "의료진을 이끄는 슈뢰터 박사는 (……) 내 아내가 함께 있는 자리에서 현재 상태가 심각하다는 (……) 소견을 밝혔다. 내가 '암에 걸린 것이냐'라고 묻자, 박사는 '대략 그렇게 보면 된다'라고 말했다."[10]

의사들은 모두 다 알고 있었다. 이제 환자를 살릴 수 있는 유일한 방법은 상처 부위를 완전히 열어 수술하는 것뿐이었다. 그러나 환자는 단박에 거부했다. "단 몇 분 만에 황태자께서 서면으로 답변을 보내왔다. 대수술에는 동의하지 않고, 기관지 수술만 허용하겠다는 내용이었다."[11] 이미 종양이 너무 커져서 숨 쉬기조차 힘든 상황이었으므로 기관절개술이라도 하루빨리 실행해야 하는 상황이었다. "황태자의 숨소리는 너무도 거칠어져서 식사 때 탁자 맞은 편 끝에 앉아 있어도 들릴 정도였다."[12] 결국 1888년 2월 9일, 기관절개술이 실시되었다.

이 수술을 통해 황태자는 질식사의 위험은 피했지만 다시는 목소리를 제대로 낼 수 없게 되었다. 펜과 종이 없이는 의사소통이 거의 불가능한 수준이었다. 한편, 당시 의료진들에게 있어 기관절개술은 비교적 쉬운 수술이었다. 19세기 말 의학 분야는 대변혁을 이루었고, 크게 발전했다. 1846년 등장한 전신마취 기술은 인류가 달성한 가장 위대한 업적 중 하나라고 해도 과언이 아니다. 프리드리히 빌헬름 황태자의 고통이 시작되기 얼마 전에는 국부마취 기술도 개발되었고, 로베르트 코흐Robert Koch와 루이 파스퇴르Louis Pasteur는 현미경을 이용해 질병 원인균을 판별하는 기술을 개발했다. 또한 거센 저항에도 불구하고 엄격한 위생 관리 지침이 발표되었고, 스코틀랜드의 외과의사 조지프 리스터Joseph Lister는 끈질긴 노력 끝에 소독법도 개발했다. 하지만 당시 독일과 유럽 사람들은 유럽 내에서 가장 강력한 통치자가 될 수도 있는 독일 황태자의 건강 상태에 대한 소식을 접하면서 불안감에 휩싸였다. 의학이 아무리 발달해도 어느 날 불현듯 대규모 전염병이 발생할 수도 있고, 그로 인해 황태자가 목숨을 잃을지도 모르기 때문이었다. 19세기 들어 과학과 의학이 아무리 발달했다 해도 사람들의 불안은 페스트나 천연두, 매독이 창궐했던 시절과 마찬가지였다. 한 해에 황제가 세 번이나 바뀌었다고 해서 '3황제의 해'로 독일사에 기록된 1888년, 뤼베크Lübeck에는 토마스 만Thomas Mann이라는 13세 소년이 살고 있었다. 훗날 토마스 만은 19세기를 대표하는 두 가지 질병을 위대한 문학작품 두 편에 영원히 아로새겼다. 《마의 산Zauberberg》의 화두는 결핵, 《베네치아에서의 죽음Tod in Venedig》의 화두는 콜레라였다. 이 책에서도 수많은 이들을 죽음으로 내몰거나 엄청난 권력을 쥐고 있는 통치자들의 손에서 왕홀을 앗아간 그 두 전염병이 인류사를 어떻게 바꿔놓았는지 살펴보았다.

자, 황태자 이야기로 다시 돌아가자. 그러던 어느 날, 산레모로 새로운 소식이 날아들었다. 1888년 3월 9일, 백발이 무성한 황태자의 부친인 황제가 서거했다는 소식이었다. 황태자가 그토록 기다린 소식, 어쩌면 너무 늦게 당도한 소식이었다. 쉰일곱 살의 황태자는 이제 곧 프리드리히 3세라는 칭호를 달고 제국 황제에 오를 예정이었다. 독일의 저명한 역사학자이자 저술가인 프란츠 헤레Franz Herre는 그 당시 황태자의 심정을 이렇게 묘사했다. "죽음을 앞둔 황태자는 앞으로 살날이 얼마 남지 않았다는 사실을 예감했다. 그럼에도 불구하고 황태자는 찰나의 권력과 한 줄기 영광을 누릴 날이 허락되었다는 사실에 감사하는 듯했다."[13]

황태자 일행을 태운 특별 열차가 눈보라를 뚫고 베를린으로 향했다. 비스마르크 총리는 예를 갖추고 황태자를 맞이했다. 개인적인 감정은 전혀 드러내지 않았다. 아마도 비스마르크의 머릿속에서는 지나간 세월과 다가올 세월에 대한 시나리오가 주마등처럼 스쳤을 것이다. 자신의 정치 권력을 위해, 나아가 조국을 위해 어떤 시나리오가 더 이익이 될지 고민도 되었을 것이다. 그뿐 아니라 무엇이 더 괴로운지에 대해서도 생각했을 것이다. 그리 길지 않을 프리드리히 3세의 통치 기간을 버티는 것이 더 힘들까? 아니면 29세에 후계자로 지명받은 뒤 그 오랜 세월 동안 떠오르는 태양 역할을 했던 황태자를 묵묵히 지켜볼 수밖에 없었던 자신의 처지가 더 힘들었을까? 이러한 비스마르크의 고뇌와는 상관없이 황태자 부부는 프리드리히 3세와 빅토리아 황후라는 공식 명칭을 달고 샤를로텐부르크 궁전에 입성했다. 날이 화창하고 몸 상태도 나쁘지 않을 때면 황제 부부는 마차를 타고 잠시 궁 밖으로 나갔다. 베를린 시민들은 안타까움과 호기심 그리고 동정심이 뒤섞인 눈빛으로 황제 부부를 바라보곤 했다.

기관지에 삽입된 은빛의 인공 기도氣道는 수염에 가려져 있었기 때문에 대중들은 잘 볼 수 없었다. 하지만 의료진은 외출에서 돌아올 때마다 인공 튜브의 상태가 끔찍하게 변해 있는 것을 발견했고, 그 즉시 악취가 풍기는 튜브를 깨끗이 세척했다. 황제의 수석 의사 베르크만은 절망에 빠졌다. 이미 9개월 전쯤 황제의 상태가 매우 좋지 않다고 보고를 했지만 매켄지와 그의 후원자였던 빅토리아 공주는 그 의견을 부정하고 환자로 하여금 현실을 거부하게 만들었다. 이에 베르크만은 프리드리히 빌헬름이 황제에 등극하기 얼마 전 다음과 같이 밝히기도 했다. "이제 그의 입에서 흘러나오는 물질이 암 때문에 생겨난 농양이라는 사실을 모두가 알 수 있게 되었다!"

프리드리히 3세의 재위 기간은 정확히 99일이었다. 1888년 6월 15일, 황제는 영원한 잠에 빠졌다. 피르호의 지휘 하에 실시된 부검 결과, 많은 이들로부터 존경받던 학자 피르호가 현미경 검사로도 발견하지 못했던, 어쩌면 발견하고 싶지 않았던 바로 그것, 즉 종양을 눈으로 똑똑히 확인할 수 있었다. 종양은 후두부 전체를 뒤덮고 있었다. 부검보고서에 따르면 기도와 폐 조직이 괴사되었으며 농양도 발견되었다고 한다. 한편, 프리드리히 3세의 곁을 지키며 25만 마르크금화라는 천문학적 보수를 챙긴 매켄지는 황제가 서거하던 바로 그해에 일러스트가 포함된 책을 출간했다. 매켄지는 그간의 질병 추이를 기술한 그 책에 《프리드리히 폐하Frederik the Noble》라는 제목을 붙였다. 하지만 매켄지는 프리드리히 3세보다 젊은 나이에 사망했다. 황제가 세상을 떠난 지 4년 뒤인 1892년, 쉰네 살에 심장마비로 세상을 떠난 것이었다.

프리드리히 3세의 죽음과 함께 새로운 독일에 대한 비전도 무덤에 파묻혔다. 만약 프리드리히 3세가 1888년에 사망하지 않았다면 진보 진영의 희망을 실현시켜 주었을까? 아니면 민주주의의 흉내만 내고 사실상 모든 권력이 상층부에 집중된 국가 체제를 유지하려고 했을까? 그것에 대해 어떤 결론이 나오든 모두가 가설에 지나지 않는다. 그 시절에 대해 정통하고 매우 탁월한 역사학자 폴커 울리히Volker Ulrich는 황태자의 일기를 꼼꼼히 살펴본 뒤 프리드리히 3세에게는 진정한 변혁을 완수하고자 하는 능력이나 의지가 없었다고 주장한다. "아내의 진보적 사고방식에 대해 공감하기는 했지만, 황제는 결코, 예컨대 의회주의 도입처럼 완전한 체제 변화를 위해 힘쓰지는 않았을 것이다. 진보적 정치가들과 교분이 깊었던 것은 사실이지만, 프로이센 왕궁의 군국주의적 분위기에 강하게 얽매여 있었기 때문이다."[14]

만약 프리드리히 3세가 즉위 99일 만에 세상을 떠나지 않았더라면 독일은 과연 어떻게 변했을까? 만약 황제의 건강 상태가 보통 정도만 되었더라면 1888년부터 1910년 정도까지 재위했을 것이다. 부친의 장수 유전자까지 물려받았다면 1920년까지 제국을 통치했을 수도 있다. 또, 황후의 입김 때문에라도 비스마르크는 총리직을 한 번 더 수행할 수 없었을 것이다. 그러나 이건 어디까지나 탄생하려다가 만 독일의 민주주의에 대한 가설일 뿐이다. 프리드리히 3세의 아들 빌헬름 2세가 통치한 1888년부터 1918년까지 독일제국이 어떤 모습이었는지는 역사가 말해주고 있다. 빌헬름 2세 치하의 독일제국은 산업이나 지식 면에서는 앞서갔지만, 정치적으로는 늘 불화의 씨앗을 품고 있는 유럽의 화약고였다. 어디로 튈지 알 수 없고 독단적인 성격 때문에 불합리한 결정을 내리곤 하던 황제도 문제였지만, 무능한 총리들이 연달아 취임했던 것도 문제였다. 빌헬름 2세의 독일제국은 늘 칼날이 번득이고 무기가 부딪치던 곳이었다. 영국과 함대 구축을 둘러싼 경쟁이 벌어지는가 하면, 독일 군함이 잠재적 적국인 프랑스 혹은 러시아 진영으로 진로를 이탈하는 바람에 분쟁도 여러 차례 발생했다. 자기주장이 지나치게 강하고 호전적 애국주의에 빠져 있던 빌헬름 2세는 결국 20세기 초반의 대재앙이자 무수한 사상자를 낳은 제1차 세계대전 발발에 결정적 역할을 하게 된다. 주변 환경 때문에 어쩔 수 없이 휘말린 면도 있지만, 제1차 세계대전 발발에 있어 일정 정도의 책임이 있는 것만은 분명하다. 그런 의미에서 볼 때 만약 프리드리히 3세가 좀 더 오래 살았다면 독일제국은 빌헬름 2세 치하의 독일제국과는 다른 모습, 아마도 좀 더 나은 모습이 아니었을까?

불신의 씨앗과 뇌졸중

우드로 윌슨

국민의 감시는 건강한 민주주의를 유지하는 요인 중 하나다. 이른바 '건강한 불신'이 필요한 것이다. 미국에서는 20세기 후반부터 '워싱턴(정치 기관과 정치가들을 가리키는 키워드)'에 대한 불신이 싹트기 시작했다. 2016년, 그 이전까지 단 한 번도 공직을 수행한 적이 없는 비정치인 출신인 도널드 트럼프가 대통령에 당선된 일도 어쩌면 그간 누적된 불신의 결과일지도 모르겠다.

미국의 베트남전 참전과 관련해 케네디와 존슨 대통령이 보여준 정직하지 않은 태도, 사후에야 비로소 대중에게 공개된 케네디의 이중생활, 무엇보다 백악관의 거짓과 은폐 그리고 광기를 집약적으로 보여주었던 워터게이트 사건 등은 정치가들에 대한 미국인들의 환상을 깨기에 충분했다. 이러한 불신이 시작된 것은 그보다 훨씬 더 이전부터였다. 20세기 후반 미국인들은 백악관이 투명하지도 품위가 넘치지도 않는 곳이라는 사실을 깨닫게 되었다. 거짓과 '커버

파리 강화 회의에 참석한 로이드 조지, 비토리오 오를란도, 조르주 클레망소, 우드로 윌슨의 사진(좌에서 우). 파리 강화 회의에 나타난 우드로 윌슨 대통령은 쇠약해진 모습으로 사람들을 깜짝 놀라게 했다. 그의 건강이 좋았다면 회의 결과가 바뀌었을지도 모른다.

업cover up'(사회 지도층의 스캔들이 터질 때마다 사건을 덮기 위해 애쓰는 행위를 가리키는 말로 미국에서는 이제 흔히 사용하는 표현으로 정착됨), 즉 은폐라는 전설의 서막을 올린 것은 높은 도덕성과 윤리의식을 강조하던 대통령과 그 참모들이었다. 햇빛이 부서지던 어느 가을 아침 미국 대통령과 국민들 사이의 신뢰도 부서지기 시작했다.

1919년 9월 26일 이른 아침부터 캔자스 주 위치토Wichita 역 앞에 대규모 인파가 모여들었다. 곧 방문할 대통령을 환영하기 위해서였다. 우드로 윌슨Woodrow Wilson은 국민들과 직접 대면하기 위해 3주째 미국 서부를 순방 중이었다. 윌슨은 국민들에게 정치적 비전을 직접 전달하고, 미국의 국제연맹League of Nations 가입에 대한 적극 지지를 호소하고자 했다. 자신의 정치적 포부가 상원의 반대에 부딪히자 국민들의 지지를 업고 난관을 뚫고자 했던 것이다. 하지만 특별 열차를 타고 장장 8,000마일을 이동하는 일정을 소화하며 국민들과 만나는 동안 만만치 않은 반대의 목소리도 들어야 했다. 왜 수만 명의 미국 청년들이 프랑스에서 목숨을 잃어야 했는지, 왜 그 청년들의 죽음이 무위로 끝나야 했는지, 유럽은 왜 신흥 강대국 미국의 참전을 그토록 요구했는지를 따져 묻는 목소리들이었다. 그 질문들에 윌슨은 "민주주의를 위한 안전한 세계를 만들기 위해서"라고 대답했다.

위치토 역에 모인 사람들도 윌슨 대통령에게 반대의 목소리를 전달하기 위해 기다리고 있었지만 그들은 그곳에 모인 목적을 달성하지 못했다. 군중들은 특별 객차 안에서 어떤 일이 벌어지고 있었는지 짐작조차 하지 못했다. 무리한 일정으로 심신이 극도로 쇠약해진 대통령은 수석 보좌관인 조지프 터멀티Joseph Tumulty, 개인 주치의 캐리 그레이슨Cary Grayson, 아내 에디스Edith로 이루어진 세 명의 최측근 '트로이카'에 둘러싸여 있었다. 세 사람은 열차에서 내려 대중들에게 모습을 드러내고자 하는 윌슨을 한사코 만류했다. 현재 대통령의 상태를 국민들에게는 비밀에 부쳐야 한다는 것이 세 사람의 공통된 생각이었다. 열차가 역에 들어서고 15분이 지나서야 수석 보좌관 터멀티가 군중 앞에 등장해 대통령이 신경쇠약 증상을 보이고 있어 연설을 진행하지는 못하겠지만, 크게 우려할 정도는 아니라고 설명했다. 이후 열차는 다시 출발했고, 모여든 사람들도 흩어졌다. 그리고 그날 이후 우드로 윌슨은 국민들 앞에서 연설할 기회를 다시는 갖지 못했다.

워싱턴으로 돌아온 지 며칠 지나지 않아 윌슨의 건강 상태가 급속도로 악화되었다. 10월 2일 아침 아내 에디스 윌슨은 남편이 백악관 욕실 바닥에 쓰러져 있는 것을 발견했다. 의식이 없는 상태였고, 몸 좌측이 마비되었으며, 얼굴은 피로 뒤덮여 있었다. 서부 지역 순회 때 이미 조짐을 보인 뇌졸중이 드디어 본격적인 증상을 나타냈고, 변기에 부딪쳐 쓰러지면서 머리가 찢어져 피가 흐른 것이었다. 이 같은 윌슨의 개인적 비극은 긴박한 정치극의 시작이기도 했다. 1919년 10월부터 윌슨의 임기 종료 시점인 1921년 3월 사이에 국제 정세는 매우 긴박하게 돌아가고 있었지만, 백악관은 대통령의 부재로 권력 진공 상태였다. 윌슨은 굳게 닫힌 백악관 커튼 뒤에서 사지가 마비된 채 죽을 날만 기다리고 있었고, 때문에 미국의 대외 정책도 마비되어 있었던 것이다. 베르사유 조약이 체결되고 국제 관계가 재정립되던 시기였다는 점을 감안하면, 하필이면 그 결정적 시기에 미국 대통령이 그렇게 몸져누워 있었다는 사실은 안타깝기 그지없다.

윌슨이 어느 날 느닷없이 뇌졸중이라는 날벼락을 맞은 것은 아니었다. 사실 윌슨은 한 나라의 수장이 되기에는 부적절할 정도로 예전부터 건강 상태가 좋지 못했고, 뇌졸중은 그간 누적된 병들이 집약적으로 표출된 결과였다. 1856년 버지니아 주 스탠튼Staunton에서 목사의 아들로 태어난 토머스 우드로 윌슨Thomas Woodrow Wilson은 평생 단 한 번도 건강한 적이 없었다. 육체적으로도 심리적으로도 문제가 많았으며, 때로는 그 둘이 불길한 공생관계를 드러낸 적도 있었다. 아홉 살까지 글을 읽지 못했기 때문에 난독증이 아니었을까 의심하는 전기작가도 더러 있었다. 그러나 윌슨이 강한 의지의 소유자였던 것만큼은 분명하다. 의지와 의욕이 넘치다 못해 광기로 치달을 정도였다. 그는 끊임없이 자신을 다그쳤고, 자신이 세운 목표를 달성하지 못할 때면 커다란 자책감에 빠졌다. 그 결과, 비록 남들보다 조금 늦기는 했지만 결국에는 글을 읽을 수 있게 되었고, 대학도 우수한 성적으로 졸업했으며, 모교인 프린스턴의 총장직까지 맡게 되었다. 그러나 그러한 업적을 달성하기까지 각종 질병이 늘 따라다녔고, 신경과민 증상 역시 성공가도를 달리는 내내 윌슨을 떠나지 않았다.

1896년 5월, 훗날 윌슨의 생사를 결정짓게 될 질병이 마각을 드러냈다. 직장일로 극심한 스트레스에 시달리던 중 뇌졸중이 온 것이었다. 어쩌면 그때가 첫 발병이 아니었을 수도 있다. 5년 전에 이미 꽤 오랫동안 오른손을 사용할 수 없던 시절이 있었기 때문이다. 1896년 발생한 뇌졸중도 몸의 오른쪽 부분에 문제를 일으켰다. 신경긴장증hypertonia을 앓고 있어 심리적으로 불안했고, 머리 혈관이 영구적 손상 위험에 노출되어 있었을 가능성도 높았다. 하지만 윌슨은 증상이 나타날 때마다 자신에게 닥친 불행을 부인하고, 지병으로 인한 장애를 최대한 무시하며, 오히려 더 열심히 일에 몰두하는 '전술'을 구사했다. 윌슨은 죽을 때까지 이 전술과 함께 했다. 윌슨은 강인한 정신력이 병약한 육체를 제압할 수 있다고 믿었고, 신의 은총이 자신에게 내릴 것을 기대했으며, 올바른 마음가짐과 근면한 태도로 질병을 극복할 수 있다고 생각했다. 실제로 그 이후 몇 년 동안 윌슨의 병세는 호전되었고, 오른팔도 다시 쓸 수 있게 되었다.

공적인 영역에서든 사적인 사안에서든 타협을 모르고 논쟁을 즐기던 윌슨은 뉴저지 주에 위치한 미국 최고 대학교 중 한 곳에 부임했고, 이로써 지적 능력을 공식적으로 인정받았다. 하지만 신경긴장증은 잊을 만하면 찾아와서 윌슨을 괴롭혔다. 1904년에는 다시금 혈관 쪽에 이상이 생겨 다가올 불행을 예고했다. 1906년 5월 28일 윌슨은 아침에 눈을 뜨자마자 왼쪽 눈이 보이지 않는다는 사실을 깨달았다. 필라델피아에서 온 의사는 망막 중심동맥에 색전증embolism이 발생했다는 진단을 내렸다. 고혈압을 제대로 치료하지 않은 환자들에게서 흔히 발생하는 합병증이었다. 그 소식을 들은 가족들이 절망에 빠졌던 것에 반해 윌슨의 반응은 너무나도 침착했다. 심지어 즐거워하는 것처럼 보이기도 했다. 질병을 부인하는 태도가 한 단계 더 높이 '진화'한 것이었다. 첫 번째 부인이었던 엘렌은(1914년에 엘렌이 사망한 지 얼마 지나지 않아 윌슨은 이내 에디스 볼링 갈트Edith Bolling Galt와 재혼했다) 그 당시 윌슨이 "에테르를 흡입하고 마취된 사람 같았다"라고 말했다. 남편의 질병과 관련해서는 "끔찍한 일이었다. 점점 죽음을 향해 다가가고 있는데, 치료할 방법이 없었다"라며 절망적인 심경을 밝히기도 했다.

1910년, 윌슨은 프린스턴대학교에서 개혁을 시도했으나 수많은 갈등을 겪은 끝에 대학을 떠나 정치라는 새로운 분야에 도전하게 된다. 윌슨은 끝이 보이지 않을 정도로 높은 사명감을 지니고 있었다. 신앙심 깊은 가정에서 성장했고, 교육계에서도 빛나는 업적을 쌓았기 때문에 신神의 시험대도 무사히 통과했을 것이라는 자부심도 있었을 것이다. 윌슨은 정치계에서도 혜성처럼 빠른 속도로 성장했다. 정계에 입문한 바로 그해에 뉴저지의 주지사로 당선될 정도였다. 그로부터 2년 뒤 민주당은 정치 초심자인 윌슨을 대통령 후보로 내세웠다. 당시 대통령은 공화당 출신의 윌리엄 하워드 태프트William Howard Taft였다. 그런데 진보적 성향의 또 다른 공화당원이자 태프트의 전임자였던 시오도어 루스벨트Theodore Roosevlt가 동시에 출마해서 공화당 지지자의 표를 깎아먹고 있었기 때문에 윌슨의 제28대 대통령 당선은 기정사실에 가까웠다. 건강 상태도 그다지 좋지 않았고, 한쪽 눈이 보이지 않았으며, 그 외에도 자잘한 병을 달고 살았지만 수사학에 능한 달변가인 윌슨은 유권자들(참고로 1912년 당시 여성에게는 투표권이 없었다)에게 그 사실을 솔직히 털어놓지 않았다. 그러나 유세장에서 윌슨이 한 연설들 속에는 건강과 관련된 비유가 다분히 섞여 있었다. 예를 들어 어느 날에는 "이 시계가 벌써 몇 년째 장염을 앓고 있다"라고 말하는 식이었다. 현기증이 심해 연설을 잠시 중단해야 하는 경우도 많았다.

윌슨의 질병이 정치적 결정에 얼마나 많은 영향을 미쳤는지에 대해서는 논란이 분분하다. 어쨌든 1916년 "그는 우리를 전쟁에 휘말리게 하지 않았다!"라는 슬로건 덕분에 재선에 성공한 윌슨은 당선된 지 몇 달 지나지 않아 미국의 제1차 세계대전 참전을 결정했다. 수천 명의 미국 청년들이 유럽 서부전선 참호에서 목숨을 잃었다. 그와 동시에 국내에서는 반전 운동이 시작되었고 사회주의 운동가들이 대거 참여했다. 이전에 볼 수 없을 정도로 과격한 저항이었다. 그러자 당국은 반전 운동에 참여한 사람들을 사상이 의심스럽다며 잡아다가 고문하고 감금했다. 사회주의자들과 반전 운동가들을 향한 신체적 폭력이나 린치lynch도 수없이 자행되었지만, 정부 당국에서는 모른 척했으며, 폭행가담자를 형법에 의거해 처벌하는 경우도 거의 없었다. 그때마다 둘러대는 변명은 빤했다. "국가안보가 우선"이라는 것이었다. 윌슨은 격렬한 저항에도 눈썹 하나 까딱하지 않았고, 대신 전후 국제질서 재편을 위해 그 유명한 '14개 조항'을 발표했다. 패전으로 완전히 무기력해진 독일제국 지도부는 1918년 민족자결주의를 표방한 윌슨의 14개 조항에 어떻게든 기대고 싶어 했고, 독일 국민들 역시 그 조항들이야말로 자신들을 구원해줄 유일한 방도라 믿었다. 1918년 크리스마스, 우드로 윌슨 대통령이 파리 강화회의에 참석하기 위해 프랑스를 방문했다. 윌슨의 모습을 본 이들은 깜짝 놀랐다. 몸이 가지처럼 앙상하게 말라 있었고, 눈꺼풀은 끊임없이 떨렸으며, 전반적으로 행동이 어색했던 것이다. 정신 건강에 이상이 있는 것은 아닌지 의심스러울 정도였다. 어느 날에는 보좌관들을 불러 모은 뒤 현재 묵고 있는 베르사유의 숙소 내 가구 색깔이 마음에 들지 않는다며 큰 소리로 호통을 치기도 했다. 프랑스의 클레망소Clemenceau 총리나 영국의 로이드 조지Lloyd George 총리처럼 산전수전 다 겪은 노련한 정치가들과 협상을 벌이는 중대한 순간에도 윌슨 대통령에게서는 그 어떤 활력이나 의지를 찾아볼 수 없었다. 결국 회의는 화해를 통한 평화가 아닌 복수를 통한 평화 쪽으로 기울었고, 그 과정에서 베르사유 평화조약이 내건 숭고한 이상이 현실과는 전혀 일치하지 않는다는 점이 금세 드러났다.

윌슨의 의료진 중 한 명은 파리에 머물던 시절 대통령의 건강 상태에 대해 다음과 같이 기술했다. "윌슨 대통령이 그날그날 몸 상태에 따라 심지가 흔들렸던 탓에 미합중국과 세계에 엄청난 영향을 미칠 조약이 체결되었다." 윌슨은 그 이후에도 자꾸만 자기 머릿속 이상향으로 도주할 뿐, 냉혹한 현실을 제대로 인식하지 못했다. 베르사유 조약이 자신이 발표한 14개 조항의 실천이라 해석했던 윌슨은 상원에서 해당 조약이 통과되지 못하자 커다란 실망감을 내비쳤다. 고립 정책을 지지하던 중서부 출신 공화당 상원의원들이 베르사유 조약의 비준을 대거 거부한 것이었다. 당시 윌슨의 정적이었던 헨리 캐벗 로지Henry Cabot Lodge를 중심으로 한 야당 의원들은 14개 조항 중 특히 제10조에 문제가 있다며 지적했다. 그 조항 때문에 미국이 국제연맹의 규약에 얽매일 수 있다는 것이었다. 그 조항에 따르면 UN이 규약에 위배될 수 있다며 미국의 파병을 반대할 수 있었다. 그러자 윌슨은 미국의 국제연맹 평화유지업무 참가를 의회가 무

조건 승인해야 한다는 방향으로 노선을 바꾸었다. 그와 동시에 국민들과 직접 만나 자신의 정치적 비전을 설명하기로 결심하고, 열차를 이용한 전국 순방길에 올랐다. 하지만 앞서 언급했듯이 순방길에 뇌졸중 증상이 나타났고, 우드로 윌슨은 정치 활동에 마침표를 찍고 말았다. 그런 가운데 의회나 기타 정치 당국들은 대통령과 관련된 확인되지 않은 정보들을 연달아 발표했는데, 이는 순전히 주치의인 그레이슨 박사 때문이었다. 정기적 공식 발표문에는 '뇌졸중'이라는 표현은 절대 사용할 수 없었다. 정치 모임이나 행사에 일체 모습을 드러내지 않는 대통령과 관련해서는 늘 "피로해서"라는 변명이 뒤따랐다. 대통령의 건강 상태가 좋아지고 있다는 부연 설명도 빠뜨리지 않았다. 훗날 그레이슨 박사는 자신은 어디까지나 영부인의 지시에 따랐을 뿐이라고 말했다.

윌슨의 '트로이카'는 대통령이 진짜로 심각한 상태에 빠졌을 때 헌법에서 규정한 대로 따른다면 어떤 사태가 벌어질지 고민했다. 헌법은 대통령의 사망 시 부통령이 그 자리를 대행한다고 말하고 있었고, 그런 사례는 건국 이래 다섯 차례나 있었다. 그런데 만약 사망한 것이 아니라 직무수행불능 상태라면 어떻게 해야 할 것인가? 수석 보좌관, 주치의 그리고 영부인은 이 질문에 답이 될 만한 선례 하나를 찾아냈다. 1881년 여름, 제임스 가필드James Garfield 대통령이 암살 시도로 중상을 입은 적이 있다. 그로부터 몇 주 동안 가필드는 병석에 누워 있었지만, 대통령으로서의 권한은 조금도 축소되지 않았다. 그런 가운데 당시 부통령이자 후임 대통령에 당선된 체스터 A. 아서Chester A. Arthur는 묵묵히 소임을 다했다. 윌슨 집권 당시 부통령이었던 토머스 마셜Thomas Marshall도 아서와 비슷한 태도를 보였다. 윌슨의 상태에 대해 자세히 듣고 난 뒤에도 마셜은 그와 관련해 한 마디도 입에 올리지 않았다. 한 가지 특이한 점은 트로이카 중 그 누구도 부통령과 의견을 나누어야 한다고 생각했던 사람이 없었다는 점이다. 터멀티와 그레이슨 그리고 에디스는 부통령보다는 평소 가까이 지내던 언론인들을 통해 백악관의 메시지를 공표하는 방법을 선호했다. 윌슨이 사망하기 전에 권력이 부통령 마셜에게 넘어갈 일은 없어 보였다. 어차피 마셜은 권력욕에 사로잡힌 인물도, 국가에 대한 책임감이 대단한 사람도 아니었다. 윌슨이 직무불능 상태라는 사실이 공식적으로 발표되지 않는 이상, 모든 권력은 윌슨에게 있었다. 주치의인 그레이슨이 의학적 관점에서 직무불능 상태임을 선언할 수도 있었지만, 그럴 의지도 없었고, 영부인과 수석 보좌관이 그런 선포를 해서는 안 된다며 그레이슨을 막고 있었다.

위장술은 그 이후로 몇 달 동안 지속되었다. 터멀티, 그레이슨, 에디스는 문병이나 면회를 철저하게 관리하고, 중대한 결정들은 자신들이 내렸다. 원래는 국가 원수가 내려야 할 결정들이었다. 세 사람은 감각을 잃은 채 부들부들 떨리는 환자의 손에 서류를 쥐어주며 억지로 서명하게 했다. 미국 행정부가 아무 문제없이 잘 돌아가고 있다는 것을 보여주기 위해서였다. 백악관에서 작성된 모든 편지는 언제나 "대통령께서 말씀하시길……"이라는 틀에 박힌 문구로 시작되었다. 대부분의 방문객들을 제한했지만 더러는 방문객을 돌려보낼 수 없을 때도 있었다. 그럴 때면 세 사람은 윌슨이 누워 있는 어두침침한 방으로 손님을 안내했다. 얼굴 반쪽이 완전히 일그러져 있다는 사실을 눈치채지 못하게 일부러 조명을 어둡게 한 것이다. 방문객은 세 사람이 지정한 질문만 할 수 있었고, 영부인 에디스는 방문이 이루어지기 몇 시간 전부터 남편의 머릿속에 짧고 간단한 '정답'을 주입시켰다. 방문 시간은 대개 몇 분 정도에 지나지 않았다. 대통령과 정해진 질문과 대답을 주고받은 방문객들은 으레 언론을 향해 대통령의 얼굴이 아주 좋아 보였고, 이제 곧 자리에서 일어나 자신에게 주어진 권한을 완전히 행사할 수 있게 될 것이라고 발표했다.

수석보좌관회의는 열리지 않았고, 각료회의 역시 웃음거리로 전락해버렸다. 트로이카의 말을 믿지 않았던 국무장관 랜싱Lansing은 "누군가 다른 사람이 그(대통령)가 해야 할 일을 대신하고 있고, 그가 해야 할 생각도 대신하고 있다. 그 사실이 밝혀진다면 그것은 아마도 보기 좋은 스캔들이 될 것이다"라는 메모를 수첩에 남겼다. 랜싱은 세 사람을 통해서만 드러나는 대통령의 모습이 "예전 모습을 캐리커처한 듯하다"라고도 적었다. 수석 보좌관, 주치의, 영부인으로 구성된 3인조는 민주주의 국가에서 허용되지 않는 불법적인 방식으로 대통령의 권한을 남용하고 있었지만, 내각 구성원 중 그 누구도 드러내놓고 그것에 대한 불만이나 의심을 제기하지 않았다. 장관들은 그저 묵묵히 '대통령'의 연설문을 수정했을 뿐이다. 1919년 12월 1일에 시작될 의회 본회의에서는 대통령이 연설을 할 예정이었지만 장관들은 그 연설문이 시름시름 앓고 있는 대통령이 아니라 국제질서에 대해 잘 알지도 못하는 영부인이 작성한 문서일 것이라고 짐작하고 있었다. 그 이전인 1919년 11월, 의회에서는 베르사유 조약 비준을 둘러싼 열띤 토론이 벌어졌다. 앞서 언급했듯이 14개 조항 중 제10조에 해당하는 내용이 문제였다. 공화당 강경파들은 미국이 전 세계 모든 전쟁에 무턱대고 참여할 수 없다며 거세게 반발했고, 반대파의 수장 로지 상원의원은 베르사유 조약에 대한 수정안을 제출했다. 그러나 백악관은 로지의 수정안을 받아들이지 않았다. 그런 가운데 상원 내부에서는 대통령에 대한 의심이 커져가고 있었다. 백악관에서 온 문서에는 대통령의 서명도 없었다. 그 대신 보라색 잉크로 '우드로 윌슨'이라는 도장이 찍혀 있을 뿐이었다. 이에 상원은 대통령을 직접 면담해야겠다며 강하게 밀어붙였고, 앨버트 B. 폴Albert B. Fall과 길버트 M. 히치콕Gilbert M. Hitchcock 의원이 마침내 면담 기회를 얻었다. 만남은 1919년 12월 6일에 이루어졌다. 뇌졸중으로 쓰러진 지 두 달이 지난 시점이었고, 병세가 약간 호전되는 듯한 기미가 보일 때였다. 윌슨의 몸 절반은 아직도 마비된 상태였다. 하지만 비록 회복 속도는 더뎠지만 어느 정도 의사를 표현할 수 있게 된 상태였다. 윌슨의 얼굴과 헤어스타일 등은 중병을 앓는 환자처럼 보이지 않기 위해 세심한 관리를 받았다. 그런 다음 침상에 누운 채로 찾아온 손님들을 맞이했다. 방은 여전히 어둑했고, 마비된 팔은 이불로 고이 덮어 가려놓았다. 이후 히치콕 의원은 대통령이 말하는 것을 힘들어하기는 했으나 의사표현은 꽤 뚜렷했다고 말했다. 대학교수 시절 수없이 보여주었던 신랄함과 재치를 발휘하기도 했다. 두 의원 중 윌슨의 극렬한 반대파였던 의원이 "대통령을 위해 기도하겠습니다"라고 말하자 윌슨은 이렇게 말했다. "어떻게 되라고 말이오?"

이후 몇 달 사이 윌슨의 상태는 꽤 좋아졌지만 윌슨이 전 생애를 걸고 달성하려던 외교적 업적은 좌절되었다. 오랜 칩거로 자신이 소속된 민주당 의원에게도 신망을 잃은 지 이미 오래였다. 1920년 3월 19일, 상원은 베르사유 조약 비준과 관련해 로지가 제출한 수정안을 표결에 붙였다. 공화당과 민주당 의원 모두가 참석한 회의였다. 그중 민주당 의원의 절반 가까이가 로지의 수정안에 찬성표를 던졌다. 하지만 윌슨이 제출한 원안 표결 때와 마찬가지로 이번에도 찬성표가 3분의 2에서 조금 모자랐고, 베르사유 조약과 더불어 윌슨이 필생의 업적으로 여기던 미국의 국제연맹 가입도 무산되고 말았다.

그 소식을 들은 윌슨은 체념 상태에 빠졌다. 그로부터 4주 뒤 각료회의를 주재할 정도로 몸 상태가 좋아지기는 했지만(휠체어에 앉은 채로 회의를 주재했고, 각 부서 장관들의 이름을 미리 외워야 하기는 했다), 그 회의에서 윌슨이 얼마나 현실과 괴리된 이상을 품고 있는지만 드러났을 뿐이었다. 윌슨이 얼마나 현실과 동떨어진 꿈의 세계에 살고 있었는지를 여실히 보여주는 사례가 있다. 그것은 바로 3선에 도전하겠다고 천명한 것이었다. 지금까지 그 어떤 전임자도 3선에 성공하지는 못했다. 뇌졸중의 후유증으로 시름시름 앓으면서도 윌슨은 3선에 성공할 것이라고 확신한듯 취임식에서 할 연설문을 미리 준비하기 시작했다(윌슨이 남긴 문건들 중 '3번째 취임사'가 바로 그것이다). 다행히 그 상상은 현실이 되지 않았고, 이로써 위기가 미국과 세계를 비껴갔다.

윌슨의 3선이라는 정치적 대참사가 일어나지 않은 것에는 한 가지 이유가 더 있다. 유권자들(1920년 대선에서 여성도 드디어 투표에 참여할 수 있게 되었다)이 민주당과 그 당 출신 대통령에게 염증을 느꼈던 것이다. 1920년 10월 29대 대통령 선거에서 오하이오의 상원의원이자 공화당 소속인 워런 개메일리얼 하딩Warren Gamaliel Harding이 압도적인 표차로 승리한다. 선거 승리의 원동력은 아마도 미국인들이 가장 갈망하는 내용을 담은 슬로건이었을 것이다. 당시 하딩의 슬로건은 "정상으로 돌아가자"였다.

그런데 과연 윌슨의 직무수행불능 상태나 편집증이 미국에, 혹은 유럽을 포함한 세계 속에서 미국의 위상에 큰 피해를 입혔을까? 이 질문에 선뜻 '그렇다'라는 대답이 나오지 않는 것은 왜일까? 미국은 세계 최고의 신흥 산업 강국이었고, 프랑스나 영국 같은 역사가 긴 강대국들과는 달리 제1차 세계대전으로 피해를 거의 입지 않았다. 패전국 독일이나 내전으로 국가 전체가 뒤흔들린 러시아와는 달리 미국은 윌슨의 병환으로 권력 진공 상태였음에도 불구하고 큰 탈 없이 버텨냈다. 그럼에도 불구하고 미국은 국제연맹에 가입하지 않음으로써 그 당시 국제사회에서 마땅히 져야할 책무를 외면했다. 이후 제2차 세계대전이 터지고 대규모 희생자가 속출한 뒤에야 미국은 세계 최강국으로서의 책무를 이행하기 시작했다.

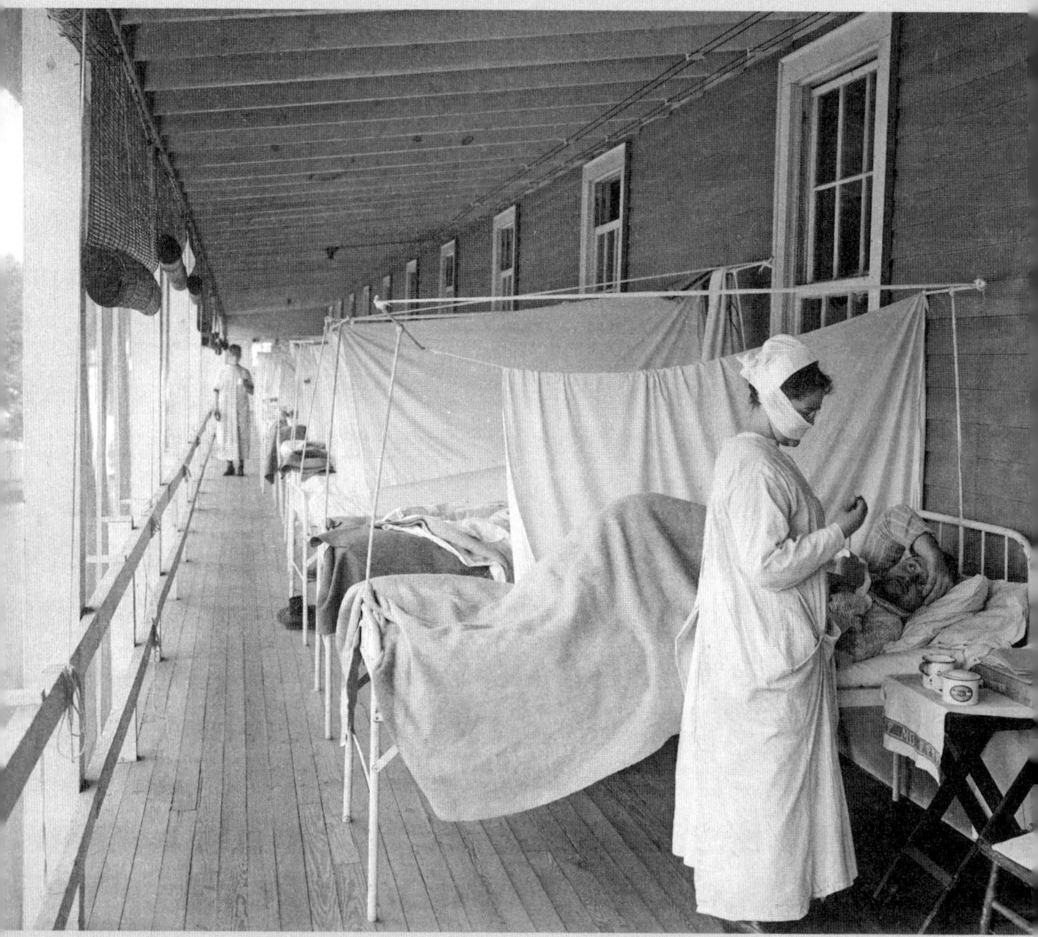

스페인 독감이 유행했던 1918~1919년 미국 육군의료센터의 모습.
당시 전 세계를 강타한 유행성 독감은 미국에서 시작된 것으로 추정된다.
독감에 걸렸거나 감염 가능성이 높은 수많은 미국의 군인들이 제1차
세계대전에 파견되어 유럽에 유행성 독감을 전파시켰다.

죽음의 인플루엔자

독감

1918년 11월 11일 11시, 마침내 총포 소리가 그치고 제1차 세계대전의 종료를 알리는 정전 협정이 체결되었다. 하지만 죽음은 아직 끝나지 않았다. 빗발치는 총소리와는 달리 소리 없는 죽음이 솜Somme 강과 마르네Marne 강 인근에서 널리 퍼지고 있었다. 막바지 전쟁이 한창이던 서부전선에서만 일어난 일은 아니었다(동부전선에서는 1918년 봄쯤 주축국들과 혁명에 휘말린 러시아 사이의 전투가 이미 끝난 상태였다). 죽음의 사자使者는 전 세계를 돌아다녔다. 앞서도 말했듯 전염병 학계에서는 전 세계 곳곳에 확산되는 질병을 '범유행병'이라 부른다. '독감' 혹은 '인플루엔자'로 불리는 그 질병도 1918년 봄부터 1920년까지 전 세계를 강타했다. 당시 독감으로 사망한 사람의 수는 자료마다 차이가 크긴 하지만 2,500만 명에서 1억 명에 달하는 수많은 사람들이 목숨을 잃은 것만은 분명하다. 이는 당시 전 세계 인구의 최대 5퍼센트에 해당하는 수치다.[1] '스페인 독감Spanish flu'으로 사망한 사람이 1914~1918년 인간이 스스로 초래한 대재앙(제1차 세계대전)으로 사망한 사람보다 더 많은 것이다. 당시 유행했던 독감에 '스페인 독감'이라는 별칭이 생긴 것에는 제1차 세계대전의 영향도 어느 정도 있다. 비참전국이었던 스페인은 참전국들보다는 언론 검열이 느슨한 편이어서 마드리드, 바르셀로나, 세비야 등에서 발간되는 신문들은 런던, 파리, 베를린의 신문들보다 독감 소식을 더 자유롭게 보도할 수 있었다. 그 때문에 당시 많은 이들은 '독감' 하면 이베리아 반도에 위치한 스페인부터 떠올리게 되었지만, 스페인은 독감에 대해 보도를 많이 했을 뿐, 실제로 독감이 그곳에서 시작된 것은 아니었다. 20세기에 전 세계를 강타한 유행성 독감pandemic flu은 미국에서 시작된 것으로 추정된다.

기원전 4세기에 히포크라테스가 유행성 독감에 대해 언급한 기록이 있다. 또한 18세기에도 대규모 유행성 독감이 두 차례에 걸쳐 발생했다. '영향influence'을 뜻하는 이탈리아어 '인플루엔자influenza'가 범유행성 독감을 뜻하는 용어로 사용되기 시작한 것도 그때부터다. 당시 사람들은 독감이 별들의 '영향'으로 발생된다고 믿었기 때문이다. 하지만 1918년부터 확산되기 시작한 독감은 히포크라테스 시절이나 18세기에 발발한 독감보다 훨씬 더 큰 영향력을 발휘했다. 독감이 전 세계적으로 퍼져나간 것에는 세계대전이 큰 역할을 했다. 미국의 의사들은 이미 독감에 걸렸거나 감염 가능성이 높은 병사들을 파병하는 것은 너무도 위험한 일이라고 경고했지만, 그러거나 말거나 병사들은 미국 동부 해안에서 유럽으로 향하는 군함에 몸을 실어야 했다. 군함의 내부는 수백 명이 지내기에는 너무 좁았고, 따라서 수백 명이 옹기종기 모여 생활할 수밖에 없었다. 그런 가운데 윌슨 대통령은 10월 8일 최고 군사 자문과 나눈 대화에서 프랑스 전선으로의 파병 결정을 번복하지 않겠다고 밝혔고, 육군 참모총장도 독감으로 사망하는 병사 역시 전선에서 장렬하게 전사하는 병사와 마찬가지로 이 위대한 싸움에서 충성스러운 역할을 수행하는 것이라는 의견을 밝혔다. 지나친 애국심에 경도되어 의학적으로 매우 무책임한 결정을 내린 것이다.[2]

1918년 3월, 미국에서 독감 제1호 환자가 등장했다. 캔자스 주에 위치한 포트 라일리Fort Riley 부대에서 취사병으로 일하는 앨버트 기첼Albert Gitchell이 바로 불운의 주인공이었다. 기첼은 온 몸이 쑤시는 증상과 무기력증, 인후통 등을 앓았다. 같은 날 몇몇 병사가 기첼의 뒤를 따라 부대 내 치료시설로 이송되었다. 5주 만에 1,127명의 병사가 감염되었고, 그중 46명이 사망했다. 그로부터 얼마 뒤 포트 라일리 훈련소를 거친 병사들이 프랑스로 향했다. 기첼이 진정 전 세계를 휩쓴 유행성 독감의 '페이션트 제로patient zero'인지는 확실치 않다('페이션트 제로'는 문란한 성생활을 즐기다가 에이즈 최초 유포자라는 누명을 쓴 한 남자 동성애자 승무원 때문에 생겨난 말이다). 하지만 독감의 상징이 된 것만은 확실하다. 전장으로 간 독감은 아군과 적군을 가리지 않았다. 4월이 되자 참호를 지키던 독일 병사 중 많은 이들이 인플루엔자에 감염되었고, 에리히 폰 루덴도르프Erich von Ludendorff 장군의 통솔 하에 있던 부대 역시 독감의 공격을 받았다. 1918년 봄, 서부전선에서 독일이 펼친 최후의 대공세가 연합군의 승리로 끝난 것에 독감의 영향이 전혀 없었다고는 할 수 없을 것이다.《뉴욕타임스》는 1918년 7월 8일자 1면 기사에 "독일군 포로들에게서 압수한 문서에서 독일군이 독감 때문에 힘들어하고 있다는 사실이 밝혀졌다"[3] 는 내용을 실었다.

1918년 8월에는 제2차 독감이 전 세계로 퍼져나갔다. 당시 독감에 걸린 유명 인물 중에는 유럽에서 출발한 증기선을 타고 미국으로 돌아오던 미국 해군성 차관보 프랭클린 D. 루스벨트도 포함되어 있었다. 배가 뉴욕에 도착했을 때 루스벨트는 매우 심각한 상태였고, 들것에 실린 채 배에서 내려야 했다. 그가 소아마비에 걸리기 5년 전, 미합중국 대통령에 당선되기 14년 전의 일이었다.[4] 제2차 독감은 저 멀리 떨어진 호주와 뉴질랜드까지 덮쳤다. 1918년에서 1919년으로 넘어가던 무렵, 여름을 맞이한 남반구의 호주에서만 1만 2,000명이 독감으로 목숨을 잃었다. 1920년에 독감이 맨 마지막으로 습격한 일본에서도 수많은 이들이 희생되었다.

유행성 독감이 전 세계를 무자비하게 할퀴고 지나간 지 약 100년이 지났다. 그러나 전염병학자들은 지금도 범유행성 독감이 대규모로 발생할 수 있다고 경고한다. 독감 바이러스는 종류가 너무 많고, 돌연변이를 거듭하기 때문에 예방접종만으로는 충분한 대비가 되지 않기 때문이다. 게다가 그 바이러스들은 이제 여객선이나 군함이 아니라 비행기를 타고 이동하고 있다!

굳어버린 혁명가의 뇌

블라디미르 일리치 레닌

노련한 부검의들의 숨을 멎게 만드는 소리가 들렸다. 핀셋이 망자의 뇌동맥을 건드리는 순간, 돌덩이를 긁는 듯한 소리가 난 것이다. 부검대 주변에 모여 있던 의사들은 그 정도로 심각한 동맥경화증은 처음 보았다며 입을 모았다. 환자의 나이는 쉰세 살밖에 되지 않았다. 의사들이 가장 경악한 부분은 경대동맥 단면이었다. 메스로 경대동맥을 가로로 자른 단면을 본 빅토르 오시포프Victor Osipov 교수는 "경동맥 내부 지름이 뻿뻿한 머리카락 하나가 통과할 정도밖에 되지 않았다. 뇌동맥 역시 바늘구멍처럼 좁았다"[1] 라고 기록했다. 다른 혈관들의 상태도 비슷했다. 동맥경화를 유발하는 누적물(석회)이 혈관 내에 침착되어 있었던 것이다. 그중에서도 특히 복대동맥과 심장 관상동맥의 상태가 가장 심각했다.

부검에 참가한 의사들은 러시아의 운명을 극적으로 바꾸어놓았으며, 그로 인해 20세기 세계사를 달리 써내려간 인물의 뇌가 혈

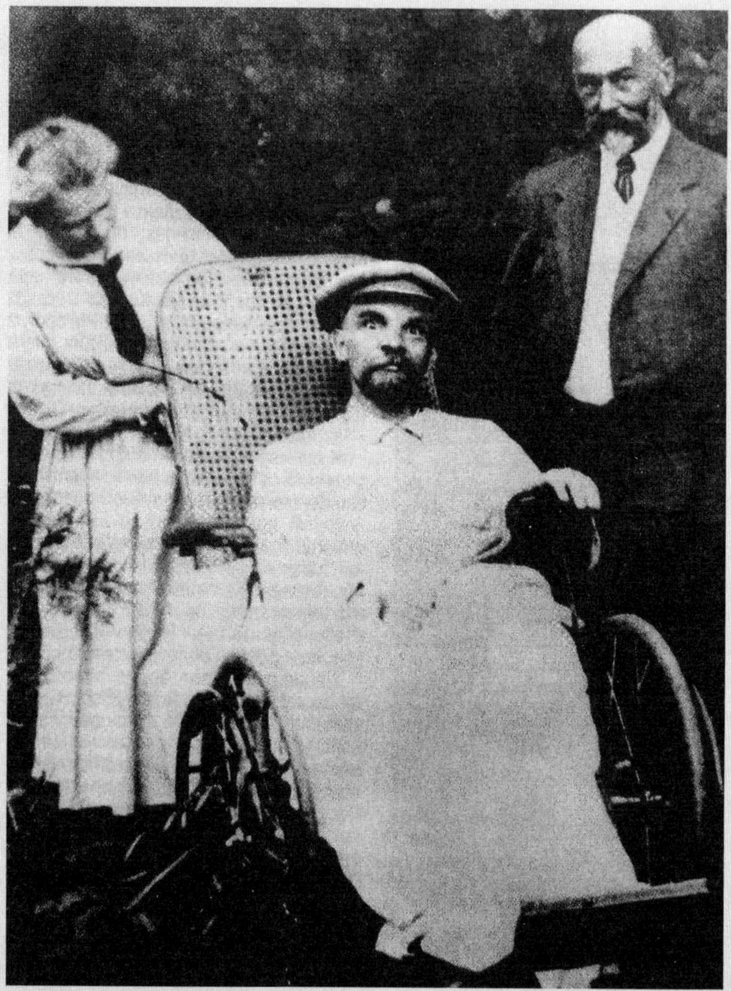

독재자였던 블라디미르 일리치 레닌이 병약한 모습으로
카메라를 응시하고 있다. 몇 차례의 뇌졸중을 겪은 뒤인 1923년의 모습이다.
레닌이 남긴 냉전이라는 유산은 그 후 약 70년 동안 소련과
전 세계에 큰 부담을 안겨주었다.

액순환 장애로 극심히 손상되었고, 그로 인해 너무 이른 나이에 동맥경화증으로 사망했다는 결론을 내렸다. 부검대 위의 망자는 블라디미르 일리치 울리아노프Vladimir Ilyich Ulyanov, '레닌'이라는 이름으로 더 잘 알려진 통치자였다. 소비에트 연방의 창립자인 레닌이 죽기 전 몇 달 동안 몇 차례의 뇌졸중이 일어나 쓰러진 것은 확실했다(그 자리에 있던 부검의 모두가 이에 동의했다). 하지만 레닌의 몸 상태로 보아서는 그 이전에 이미 장기간에 걸쳐 악화되었을 가능성이 높았다. 정치적 성향에 따라 레닌의 몸 상태는 감탄의 대상이 될 수도 있고, 경악의 대상이 될 수도 있다. 한쪽에서는 어떻게 그러한 몸 상태로 그만큼 많은 일을 해냈는지를 보며 감탄을 금치 못할 것이고, 반대쪽에서는 심신이 그토록 쇠약해진 상태에서도 어떻게 자신의 사망 뒤에도 약 70년간 지속될 냉전 체제를 구축했는지 의아해하며 경악을 금치 못할 것이다.

20세기 국제무대에서 미국의 영원한 라이벌로 머무를 것만 같았던 소비에트 연방을 구축한 레닌은 1924년 1월 21일에 세상을 떠났다. 공교롭게도 '제1차 세계대전의 대통령'으로 불리는 미국의 우드로 윌슨이 사망하기 13일 전이었다. 레닌와 윌슨은 둘 다 혈관계통에 문제가 있었고, 그래서 직무수행능력을 때때로 혹은 한동안 잃기도 했다. 또한 두 사람 모두 건강 상태를 비밀에 부쳤다. 그런데 앞서 확인했듯, 윌슨의 병력 은폐는 임기 마지막 1년 무렵에 집중되어 있었던 반면, 레닌은 꽤 오랫동안 병력을 대중에게 공개하지 않았다. 혁명가였던 레닌은 집권하자마자 기회가 될 때마다 자화자찬을 늘어놓았고, 볼셰비키도 그에 호응하듯 레닌을 찬양하고 숭상했다. 1920년 4월, 레닌이 50번째 생일을 맞이하던 날부터 볼셰비키와 정부 기관, 어용 언론과 어용 기관들은 레닌에 대한 찬가를 부르기 시작했다. 레닌의 전기를 쓴 영국의 저널리스트 겸 역사학자 빅터 세베스티엔Victor Sebestyen은 당시 현상을 두고 "규모와 천박함이 도를 지나쳤다"[2] 라고 비평했다. 당시 소련 지도부는 위대한 천재, 세상 모든 노동자들의 아버지, 하늘이 세상에 내려주신 인류의 구원자가 뇌동맥에 피가 잘 돌지 않아 영웅적 업적을 완수할 수 없다는 말을 국민들에게 솔직히 털어놓을 수 없었다. 레닌의 전기작가들 역시 소련이 무너진 이후에야 레닌의 병력에 대해 약간의 정보를 얻을 수 있었다고 한다. 그러나 철통 보안 속에서도 몇몇 자료는 유출되기 마련이고, 그러면서 심각한 동맥경화증이 유일한 병명이 아닐지도 모르며, 혁명가 레닌의 명성에 치명타를 입힐 만한 병명이 반드시 존재할 것이라는 의심이 대두되었다. 세속적 쾌락을 멀리하고 오직 혁명에만 전념한 투사라는 칭송과는 완전히 대립되는, 모두가 손가락질할 만한 병명이 있을 것만 같았다.

나이가 그렇게 많은 것도 아닌데 레닌은 왜 혈관과 대뇌에 문제가 생겼을까? 레닌이 매독에 걸렸을 것이라는 의심은 자주 제기되었다. 매독균이 중추신경계에 침입해 신경매독neurosyphilis에 걸렸을 것이라는 추정도 나왔다. 그러나 이와 관련한 간접 증거들은 꽤 있지만, 결정적인 증거는 하나도 없다. 레닌은 1900년부터 약 17년 동안 유배생활을 했고(1905년 제1차 혁명 이후 잠시 러시아로 돌아온 적은 있다), 뮌헨, 취리히, 제네바, 파리, 런던 등지에서 거주했다. 공산주의자들은 레닌이 그 기나긴 세월을 오직 혁명에 대한 시름과 차르의 멍에로부터 러시아를 해방시킬 방법을 구상하며 보냈다고 주장하지만, 비교적 유복한 가정에서 태어나고 자란 레닌은 금욕주의자가 아니었다. 레닌의 병력전기학자들은 (아마도 파리에서) 윤락녀에게서 매독균이 감염되었을 가능성이 있다고 말한다. 1895년 스물다섯 살의 레닌은 몇 달간 유럽일주를 했는데, 그중 2주일은 두통과 불면을 이유로 스위스의 어느 요양원에 머물렀다. 파리를 떠난 지 몇 주 뒤의 일이었다. 레닌이 사망을 앞둔 시점에 그 곁을 지킨 외국인 의사들 중에는 독일의 신경학자이자 매독 전문의인 막스 논네Max Nonne 교수도 포함되어 있었다. 함부르크-에펜도르프 병원[3]에서 근무하던 논네 교수는 레닌의 건강악화 원인이 무엇이냐는 질문에 "어떤 종류의 뇌 장애 때문에 날 불러들이는지는 모두가 알고 있을 것이다"라는 모호한 답변을 남겼다. 생리학자 이반 파블로프Ivan Pavlov ('조건반사' 실험을 통해 유명해진 인물)도 레닌의 근본적 병인病因이 무엇인지에 대해 전혀 의심하지 않았던 듯하다. "레닌은 전형적인 진행성 마비 증세를 지닌 환자였다"라고 말했기 때문이다. 진행성 마비는 신경매독의 대표적인 증상 중 하나다. 부검에 참가한 두 명의 병리학자들 역시 레닌의 뇌가 전형적인 신경매독증 환자의 뇌처럼 보였다는 의견을 내놓았지만, 이 둘의 서명은 공식 부검서에서 삭제되었다(참고로 최소 2~3개, 최대 8개 종류의 공식 부검서가 작성되었다고 한다). 소련의 비밀 문건들이 공개된 후, 보건인민위원회 위원장 니콜라이 세마쉬코Nikolai Semaschiko가 수석 병리학자인 알렉세이 아브리코소프Alexei Abrikosov에게 보낸 기밀 지시서가 발견되었다. 매독과 관련된 일체의 표현을 배제하라는 내용의 지시들이었다.[4]

레닌의 전기작가들 중에는 위 내용이 사실과 다르다고 믿는 이들도 많다. 사망하기 2년 전 레닌은 혈청을 이용한 매독 검사법인 '바서만 반응Wassermann's reaction'에 응했는데, 결과가 음성이었던 것이다. 말하기 조심스럽지만, 양성이었는데 음성이라 발표했을 가능성도 완전히 배제할 수는 없다. 다시 말해 소련 지도부가 최고 지도자의 문란한 성생활과 그 증거인 매독 감염 사실을 감추거나 위조하려 들지 않았다는 확실한 증거는 없다는 것이다. 레닌이 비교적 이른 나이에 동맥경화에 걸린 이유에 대한 또 다른 주장도 있는데, 제법 설득력이 있다. 레닌의 병이 유전에 의한 것으로, 즉 가족력이 그 원인이었다는 설명이다. 레닌의 부친도 비교적 젊은 나이에 동맥경화 합병증으로 사망했고, 형제자매 중에도 동맥경화로 사망한 이들이 있었다. (동맥경화 환자들 중 매독 감염자가 전혀 없다는 뜻은 아니다.) 한편, 레닌의 형제자매 중 레닌의 삶에 지대한 영향을 미친 이가 있었는데, 네 살 위의 형 알렉산더 일리치 울리아노프가 바로 그 인물이다. 알렉산더는 1887년 스물한 살의 나이로 교수형을 당했다. 차르 알렉산드르 3세 암살 음모에 가담했다는 이유 때문이었다. 동생인 레닌은 그때부터 차르 체제를 증오하며 전제 군주와의 투쟁을 시작했다고 한다. 결과적으로 투쟁은 성공을 거두었다. 알렉산드르 3세의 장남이자 러시아의 마지막 황제인 니콜라이 2세는 1918년 예카테린부르크에서 볼셰비키들에 의해 암살당했다. 황후와 네 명의 공주, 황태자, 세 명의 하인들도 황제와 운명을 같이했다. 오늘날 전기작가들은 레닌의 동의 없이는 결코 그런 일이 벌어질 수 없었을 것이라 말한다.

레닌은 수년간 두통과 불면증에 시달렸지만 굳센 의지와 혁명에 대한 흔들림 없는 확신으로 모든 고통을 극복했다. 레닌은 러시아에서도 혁명이 일어날 것이라고 굳게 믿었고, 자신이 그 정신적 지주가 될 것이라는 사실을 믿어 의심치 않았으며, 이번만큼은 1905년 혁명처럼 될 듯 말듯 하다가 실패로 돌아가서는 안 된다고 다짐했다. 1905년 러시아 혁명의 성과는 러시아도 두마Duma라는 이름의 입법의회를 경험해보았다는 것 정도뿐이었다. 하지만 제 아무리 설득해도 당최 귀를 기울이지 않는 니콜라이 2세와 여당 소속 귀족들은 이내 두마를 해산시켜버렸다. 레닌이 꿈꾼 혁명은 1917년 '2월혁명' 같은 것도 아니었다. 1917년 2월 혁명으로 황제가 물러나고 300년간 지속된 로마노프 왕조도 마감되었지만, 그것은 어디까지나 부르주아 민주주의 혁명이었다. 우드로 윌슨이 러시아의 2월 혁명을 보면서 "위대하고 관대한 러시아 국민들이 이제 자유를 위해 투쟁하는 단체에 가입할 수 있게 되었다"라며 수사학적 표현을 늘어놓자 레닌은 (훗날 자신과 비슷한 운명에 처하게 될) 미국 대통령을 대놓고 조롱하며 이렇게 말했다. "그는 위선자에 말만 번지르르하다!"[5] 레닌이 실현하려는 혁명은 지금까지와는 완전히 다른 혁명이었다. '10월혁명'이라 불리는 그 혁명은 새 시대의 시작을 알리는 혁명이었고, 그 뒤에 나타난 일련의 사건들을 볼 때 유럽사 내에서 프랑스 혁명에 견줄 만한 대혁명이었다.

10월혁명이 끝난 뒤 러시아에서는 혁명을 지지하는 '적색파'와 혁명에 반대하는 '백색파' 사이에서 유혈 내전이 발발했다. 하지만 갈등이 이념을 달리하는 이들 사이에만 있는 것은 아니었다. 사회주의 이념에 기본적으로 동조하는 러시아인들 사이에도 레닌을 싫어하는 이들이 있었는데, 파니 카플란Fanny Kaplan도 그중 하나였다. 1918년 8월 30일 저녁, 스물여덟 살의 카플란은 노동자들이 모인 공장에서 연설을 하고 있던 레닌을 향해 권총 세 발을 쐈다. 블라디미르 로자노프와 블라디미르 민츠라는 두 명의 권위 있는 의사가 즉시 크렘린으로 소환되었다. 총알 한 발은 레닌의 어깨에 박혀 있었고, 또 다른 한 발은 대동맥과 겨우 1센티미터 떨어진 위치에서 폐를 관통한 뒤 쇄골 아래쪽에 박혀 있었다. 의사들은 상처 부위를 세척한 뒤 환자에게 산소를 공급했고, 붕대도 감아주었지만 수술은 하지 않았다. 소련의 지도자가 수술대 위에서 사망할 위험성이 너무 높아서 일부러 피했을 수도 있다. 어깨에 박힌 총알은 4년이 지난 뒤에야 제거되었으며, 나머지 한 발은 죽을 때까지 레닌의 몸속에 남아 있었다. 총알 제거 수술은 독일 외과의사 율리우스 보르하르트Julius Borchardt가 집도했다. 훗날 레닌의 측근들은 두통이 점점 더 심해지는 것이 납 중독 때문일 것이라 추정했다. 한편, 레닌을 혁명의 배신자로 지목하며 총구를 겨냥했던 파니 카플란은 암살 시도 나흘 만에 사망했다. KGB의 전신인 체카Cheka는 재판 없이 카플란을 총살했다. 레닌이 구축한 국가 체제가 법률을 대하는 태도를 명백히 보여주는 사례였다.

레닌은 암살 시도로 인한 후유증에서는 회복했지만, 1921년 초부터 건강 상태가 차츰 악화되었다. 호흡이 가빠졌고, 흉부와 양다리에도 통증이 있었다. 혈액순환이 잘 안 된다는 뜻이었다. 신경계도 최상의 상태는 아니었다. 작은 소음에도 매우 괴로워했으며, 급

기야는 전화기 벨소리도 제거해버렸다. 1922년 5월 26일에는 뇌졸중이 찾아왔다. 이후 몇 주 동안은 단순한 일도 직접 처리하지 못하는 상태에 빠져 있었다. 필체도 도무지 무슨 내용인지 알 수 없을 정도로 엉망이었다. 이번에도 몸 상태는 조금씩 회복되었지만, 마비 증상은 계속 남아 있었다. 그해 말경 레닌은 몇 차례 대중연설을 소화했는데, 당시 건강 상태로 봐서는 매우 힘든 일이었을 것이다. 1922년 12월 13일과 15일에는 이틀 간격으로 두 차례나 뇌졸중으로 쓰러졌다. 두 번이 아니라 세 번이라는 설도 있고, 계산 방식에 따라 최대 일곱 번이라는 설도 있다. 1주일 뒤 레닌은 볼셰비키의 지도자로 당당히 등극한 이오시프 스탈린Iosif Stalin에게 '인도주의적 차원'에서 독극물을 좀 구해주고 후임자가 되어 달라고 요청한다. 스탈린은 동지의 극단적 선택에 조력자가 될 수 없다며 거절했다.

레닌의 상태는 점점 더 두터운 베일에 가려졌다. 자신의 이름으로 개최되는 각료회의에 참가하는 횟수도 점점 줄어들었다. 그러던 중 1923년 3월 10일 다시금 뇌졸중으로 쓰러졌고, 말조차 할 수 없게 되었다. 흡인력 강한 연설로 프롤레타리아들의 열렬한 지지를 받던 레닌에게 있어 그보다 더 비참한 상황은 없었을 것이다. 측근들은 레닌을 (어느 공장주로부터 몰수한) 시골 가옥으로 이동시켰다. 모스크바에서 남쪽으로 30킬로미터쯤 떨어진 고르키Gorki(현재는 '고르키레닌스키예')에 위치한 집이었다. 그 시절 찍은 사진들 중 한 장에는 휠체어에 탄 채 아무 생각도 없는 듯 멍하니 카메라를 응시하고 있는 레닌의 모습이 담겨 있다. 그곳에서 10개월을 보낸 레닌은 잠깐씩 병세가 호전될 때마다 옛 전사의 강인한 의지를 보인 적도 있다.

'나댜'라는 애칭으로 불리던 레닌의 아내는 훗날 "치료가 아예 불가능하지 않을 수도 있다는 희망을 품은 날들도 있었다"[6] 라고 말했다. 하지만 레닌이 그간 겪은 일들을 생각하면 그것은 헛된 희망에 지나지 않았다.

소련에서 순례객들이 많이 찾는 성지가 된 고르키에서 레닌은 최후를 향해 시들어가고 있었다. 《쥐트도이체 차이퉁》의 조냐 체크리Sonja Zekri 기자는 레닌이 요양간호를 받은 최초의 세계혁명가라고 말하기도 했다.[7] 당시 병문안 허용 여부는 주로 스탈린이 결정했다. 1924년 1월 21일 아침 레닌은 야채수프를 먹었고, 그날 오후 4시경에 다시금 뇌졸중으로 쓰러졌다. 그것이 마지막 뇌졸중이었다. 저녁 7시가 되기 조금 전, 세계사에 붉은 글씨로 자신의 이름을 새긴 사내는 영원히 눈을 감았다. 붉은색은 레닌의 상징이다. 혁명 깃발과 공산당의 깃발도 붉은색이었고, 겨우 6년이 조금 넘는 집권 기간 동안 사내의 몸속에 흐르던 뜨거운 피도 붉은색이었다.

레닌의 비교적 이른 죽음이 역사의 방향을 다른 방향으로 꺾어 놓았을까? 비록 동맥경화증을 앓고 있기는 했지만, 1~2년 정도 더 살았더라면 소련이 지금과는 완전히 다른 모습이지 않았을까? 이 가설은 설득력이 그다지 강하지 않다. 레닌이 아주 좋아하지는 않았던 후임자 스탈린 체제 하에서 수많은 이들이 폭력과 테러, 지도층이 불러일으킨 기근으로 목숨을 잃었다. 그럼에도 불구하고 소련은 미국과 힘을 겨루는 강대국이 되었다. 게다가 레닌이 집권했던 짧은 기간 동안 사망한 이도 이미 수백만 명에 달했다. 고문, 감금, 투옥, 대량 살상은 레닌 시절에 이미 흔히 자행되던 일이었고, 레닌은 그 모든 행위들을 묵인했다. 자신의 이념에 반대하는 자들이 불법적 폭력에 시달리든 말든 신경 쓰지 않았고, 폭력은 정치적 목적을 달성하기 위한 수단이라 생각했다. 이로써 레닌은 후임자 스탈린이 그(릇된) 방향으로 계속 나아갈 수 있는 기반을 마련해주었다. 그러므로 레닌이 1~2년 정도 더 살았더라도 역사에 큰 변화는 없었을 것이라고 생각한다.

아주 짧은 기간 독일 민주주의를 이끌었던 바이마르 공화국의 초대 대통령 프리드리히 에베르트(1922년 경). 독일을 민주주의 국가로 만들고자 했던 프리드리히 에베르트가 맹장 수술의 실패로 사망한 이후 나치가 장악한 독일은 다시 민주주의 국가가 되기까지 오랜 시간을 기다려야 했다.

바이마르 공화국의 상징

프리드리히 에베르트

"시신은 아담한 체구에 강인한 뼈대, 영양 상태가 매우 좋은 남자의 것이다. 우측 복부에는 좌측 위에서 우측 아래로 이어지는 12.3센티미터 길이의 수술 상처가 있다. 상처의 중간쯤은 횡으로 3센티미터쯤 개방되어 있고, 그 가장자리는 완벽하게 매끄러운 상태였다. 횡으로 개방된 상처 부위는 서로 강하게 딱 붙여놓은 두 개의 소장 고리들로 채워져 있다. 그 상처 부위에는 천공과 수술 때문에 열려 있는 두 개의 붉은 구멍들이 보이는데, 지름은 1센티미터이고, 가스 기포와 뒤섞인 누런색의 액이 뿜어 나오고 있다. 다른 부위의 피부 표면은 매우 건조하다. 수술 부위의 지방층과 근육에는 검붉은 색 선들이 보이지만, 화농이나 괴사한 피부 조직 때문에 생긴 것은 아닌 것으로 보인다. 그곳을 압박해도 고름은 흘러나오지 않는다."[1] 부검의들의 발표 내용은 매우 냉철하고 사무적이었다. 샤리테 대학병원의 오토 루바르시Otto Lubarsch 교수가 '아담한 체구'라고 말한 것 정도가 그나마 존경심을 보인 표현이었다. 그 '아담한 체구의 시신'은 바이마르 공화국의 초대 대통령 프리드리히 에베르트Friedrich Ebert의 주검이었다.

에베르트는 맹장 수술을 받은 뒤인 1925년 2월 28일에 사망했다. 모든 것이 불리한 상황에서 무거운 정치적 짐을 짊어져야 했던 한 국가의 최고 수장의 삶이 비극적으로 막을 내린 것이다. 그의 죽음은 바이마르 공화국의 운명에 어두운 그림자를 드리웠다. 역사학자들은 독일 최초로 민주주의 체제를 표방했던 바이마르 공화국[2]의 멸망(1933년) 원인을 두고 다음과 같은 다양한 의견들을 쏟아냈다. 우선 1918년 몰락한 빌헬름 황제의 독일제국 출신 엘리트 기득권들은 새로이 도입된 민주주의 체제를 거부했다. 당국과 그 지도층들은 극우주의자들을 선동해 군사적, 폭력적으로 저항했다. 혹은 바이마르 공화국이 베르사유 조약 때문에 너무 큰 압박감에 시달렸고, 1923년 인플레이션이 일어나면서 경제위기에 봉착했으며, 1929년 가을부터는 대공황이 전 세계를 휩쓸면서 경제적 재앙 상태에 빠져버린 것도 멸망의 원인이었을 수 있다. 인적 자원의 부족이 멸망의 원인이었다고 주장하는 학자들도 있다. 바이마르 공화국에는 이제 막 탄생한 독일 민주주의를 대내외적으로 널리 알리고 국민들의 신뢰를 얻을 만큼 강력한 인물이 없었다. 그 시절 이름을 날렸던 두 명의 정치가들은 예기치 않았던 시점에 갑자기 세상을 떠나고 말았다. 그중 프리드리히 에베르트는 조기에 치료만 제대로 받았더라면, 또는 정적들이 에베르트를 건강에 무리가 갈 정도까지 몰아붙이지 않았다면 살릴 수도 있었다는 점에서 더더욱 안타까움을 자아낸다.

프리드리히 에베르트는 1871년 2월 4일 하이델베르크에서 태어났다. 독일제국이 건국된 지 3주 뒤였다. 훗날, 정확히 말해 1918년 11월, 독일제국이 멸망하면서 에베르트는 신생국가인 바이마르 공화국의 초대 대통령 자리까지 초고속으로 나아갔다. 에베르트의 부친은 마구馬具를 제작해서 파는 장인이었다. 아들도 아버지의 뒤를 이어 가업을 이어받을 준비를 했다. 하지만 1889년 도제 수업을 받기 위해 만하임에 머무르면서 사회민주주의 사상을 접하게 되었고, 노동조합과 사민당SPD에 가입했다. 노동조합이나 사민당은 비스마르크가 물러난 이후 이제 막 목소리를 드높이고 있는 중이었다(그 이전까지는 '철혈 재상' 비스마르크가 발표한 사회주의자탄압법 때문에 노동조합이 제 목소리를 내지 못했다). 이후 에베르트는 브레멘으로 가서 가정을 꾸렸다. 아내인 루이제 룸프Louise Rump도 에베르트와 마찬가지로 노동자 출신이었다. 이후 에베르트는 한자동맹도시 브레멘 내 마구제조업자협회의 협회장이 되었고, 그러면서 정치에 대한 관심은 한층 높아졌다. 정치적 식견의 지평을 넓히려는 노력도 게을리하지 않았다. 토론 능력과 달변을 타고난 에베르트는《브레머 뷔르거차이퉁Bremer Bürgerzeitung》(브레머 시민 신문)의 편집장이 되었다. 이 신문은 지방 언론지로 사회주의 및 노동자 친화적 신문이었다.

그러던 중 에베르트는 당시 사회적 변화에 발맞추어 직종을 전환했다. 술집을 운영했던 것이다. 훗날 정적들은 에베르트의 이 경력을 꼬투리 잡아 "술집 주인"이라며 평생을 조롱했다. 그러나 경제적 관점에서 따지자면 당시 에베르트는 현명한 선택을 한 것이었다. 그 시절에는 엄청난 소음과 연기와 이상한 냄새를 풍기며 움직이는

'이국적 괴물', 자동차가 브레멘의 중세식 거리를 때로는 힘겹게, 때로는 빠른 속도로 누비고 있었다. 자동차가 등장하면서 마구제조업은 더 이상 미래를 내다볼 수 없게 되었던 반면 술 소비량은 늘었던 것이다. 20세기로 넘어갈 무렵, 에베르트는 브레멘 시민들의 투표로 사민당의 브레멘지구당 대표에 당선되었다. 1904년에는 사민당이 브레멘에서 전당대회를 열었다. 당연히 에베르트가 대회 진행을 맡았고, 이를 계기로 브레멘을 넘어 더 넓은 지역으로까지 이름을 알리게 되었다. 당시 사민당은 세력을 넓혀가고 있는 중이었다. 각종 비방이 난무했고 빌헬름 제국 선거제도의 대표성은 낮은 편이었지만, 그럼에도 불구하고 사민당의 지지율은 높아져만 갔다. 1905년 에베르트는 사민당 지도부의 비서관으로 지명되면서 베를린에 진출했다. 1912년 1월 12일에 열린 총선에서 사민당은 독일제국 시절 최대의 (그리고 최후의) 압승을 거둔다. 사민당 의원이 110명이나 의회에 입성했는데(참고로 당시 의원들이 입성했던 의사당은 지금도 베를린 심장부에서 독일의 입법기관 역할을 수행하고 있다), 그 다음으로 당선자를 많이 낸 정당보다 거의 3배가 많은 숫자였다. 그때 입성한 사민당 의원 중 한 명이 바로 엘버펠트-바르멘Elberfeld-Barmen에서 출마한 프리드리히 에베르트였다.

1913년 9월 20일 '사민당의 아버지'인 아우구스트 베벨August Bebel이 타계한 후, 에베르트는 후고 하세Hugo Hasse(1919년 11월 정신이상자의 테러로 사망)와 함께 사민당의 새로운 공동대표가 된다. 에베르트는 온건파 사회민주주의자였으며, 서민과 가까운 사회민주주의자였다. 이듬해 제1차 세계대전이 발발하자 에베르트는 전시戰時를 맞아 공채를 발행해 군비를 증강해야 한다는 의견에 찬성표를 던졌다. 이에 반대하는 좌파 사회민주주의자들이 1917년 사민당에서 탈퇴해 독립사민당USPD을 창당했다. 일부 사민당 소속 의원들은 로자 룩셈부르크Rosa Luxemburg 등이 결성한 스파르타쿠스단Spartakusbund으로 당적을 옮기기도 했다. 하지만 에베르트는 현 국가 체제를 수호하는 다수파사회민주당MSPD(좌파 사회민주주의자들의 분리 이후의 기존 사민당을 의미한다)을 탈퇴하는 행위는 상상조차 할 수 없었다. 1918년 1월 대규모 파업 물결이 전국을 뒤흔들고 있을 때 에베르트는 자신이 모든 진영으로부터 협공을 당하고 있으며, 모든 비난의 표적이 되고 있다는 절망감에 휩싸였다. 당시 에베르트는 노조 지도부의 편에 서는 동시에 파업을 끝내기 위한 조치도 단행했다. 그러자 중도 우파들은 국가의 배신자라며 에베르트를 욕했고, 좌파는 노동자들의 이상을 배신한 자라며 손가락질했다.

1918년 11월 9일, 47년 만에 독일제국이 무너졌다. 에베르트는 이후 이틀 동안 정식으로 인정받지 못한 어정쩡한 상태에서 제국의 총리직을 수행할 수밖에 없었다. 11월 10일에는 혁명의 기운이 들끓는 베를린에서 민족대표자회의Rat der Volksbeauftragten가 구성되었고, 에베르트와 하세가 그 모임의 공동대표가 되었다. 직후 국민의회가 바이마르에 소집되었고('바이마르 공화국'이라는 명칭도 이를 계기로 탄생하였다), 의회는 1919년 2월 11일 에베르트를 바이마르 공화국의 초대 대통령으로 지명했다. 이후 합법성을 획득한 대통령선출위원회는 에베르트의 임기를 1925년 6월 23일까지로 연장했지만 불행히도 에베르트는 그 임기를 다 채우지 못했다.

에베르트는 명예를 중시하는 성실한 사람이었고, 이제 막 싹트기 시작한 민주주의에 대한 확신을 지닌 옹호자였으며, 수많은 정적들과 맞서 싸워서라도 민주주의를 수호하려던 정치가였다. 에베르트가 중도 노선을 걷기 위해 얼마나 노력했는지, 급진주의자들과 선을 그으려 얼마나 애썼는지를 보여주는 사례가 있다. 스파르타쿠스단의 시위를 진압 중이던 국방장관 구스타프 노스케Gustav Noske에게 지원을 아끼지 않았던 것이다. 참고로 당시 진압 작전으로 인해 노스케는 독일 좌파들의 공동의 적, 증오의 대상이 되었다. 하지만 노스케는 거기에 굴하지 않고, 오히려 새로운 민주주의 공화국의 '블러드하운드', 즉 사냥개가 되기를 자처했다.

신생 바이마르 공화국 내에 위기가 지속되면서 대통령 에베르트의 건강도 악화되기 시작했다. 1919년 에베르트는 태어나서 처음으로 상복부에 극심한 통증을 느끼는데, 아마도 담석증 때문이었을 것으로 추정된다. 주치의 프로이덴탈Freudenthal 박사는 모르핀 주사와 뜨거운 수건을 사용한 찜질요법, 식이요법 등을 처방했다. 빠른 시일 안에 온천 지대에 가서 요양을 할 것도 권했지만, 에베르트는 1921년이 되어서야 비로소 직무를 잠시 내려놓고 바트 메르겐트하임Bad Mergentheim의 온천으로 요양을 떠날 수 있었다. 에베르트는 베를린으로 복귀한 뒤에도 온천에서 떠온 물을 가장 즐겨 마셨다고 한다. 바이마르 공화국의 불안정한 상황은 에베르트가 요양을 하는 와중에도 계속 이어졌다. 한편, 에베르트는 요양을 하기 위해 슈바르츠발트Schawarzwald 지역의 프로이덴슈타트Freudenstadt에 머무는 동안에도 극심한 담석산통biliary colic을 앓았다. 의료진은 최대한 안정을 취해야 한다고 했지만, 에베르트는 의사의 말을 무시하고 베를린으로 돌아갔다. 그럴 수밖에 없었을 것이다. 극우주의자들에 의해 살해된 외무장관 발터 라테나우Walter Rathenau의 장례식에서 추도연설을 해야 했기 때문이다. 그러기 위해 또 다시 모르핀 주사를 몇 차례 맞았다. 사실 모르핀은 담낭 수술만 했더라면 필요하지 않았던 약물이었다.

다행히 1924년부터 바이마르 공화국은 중대한 국가위기들을 극복하고 중심을 잡아가는 듯했다. 그럼에도 불구하고 대통령 에베르트에게는 한숨을 돌릴 여유가 주어지지 않았다. 어쩌다보니 치욕적인 소송에 휘말리게 되었고, 그해 12월에는 마그데부르크에서 대규모 배심원이 참석한 재판을 받게 되었다. 재판 결과, 에베르트를 모독한 편집자에게 징역 3개월이라는 판결이 내려지기는 했지만, 주심 판사는 에베르트가 1918년 1월 파업 당시 국가배신행위를 저질렀다는 말을 노골적으로 쏟아냈다. 아들 둘을 세계대전에서 잃은 에베르트에게 있어서 그보다 더한 치욕은 없었을 것이다. 에베르트는 명예를 회복하기 위해 백방으로 노력했지만, 모든 게 허사였다. 이듬해인 1925년 2월 18일에는 암 연구 중앙위원회가 개최한 회의에 초청되어 참석했다. 노벨생리의학상 수상자인 오토 바르부르크Otto Warburg를 비롯해 그 자리에 있던 의사들은 대통령의 모습을 보고 아연실색했다. 누가 봐도 중병 환자였던 것이다.

2월 23일 월요일, 프리드리히 에베르트의 위기가 시작되었다. 아침에 에베르트를 찾은 주치의 프로이덴탈 박사는 어젯밤부터 간 부위의 통증이 심하다는 말을 듣게 된다. 주치의는 다음과 같이 말했다. "검진 결과, 혀는 촉촉한 편이고 설태는 그다지 많이 끼어 있지 않았다. 맥박도 분당 70 정도로 정상 수준이다. 쓸개 부위에는 압박 통증이 없다고 하고, 나머지 신체 부위도 압박이 가능한 상태이며, 근육 긴장 증상도 없다. 그 외에도 압박에 대해 민감한 반응을 보이지 않는다." 하지만 저녁이 되면서 통증은 더 심해졌다. 프로이덴탈 박사는 그때서야 환자가 맹장 부위에 압박으로 인한 통증과 근육 긴장 증세를 보인다는 사실을 발견했다. 그 즉시 에베르트는 베를린 서부치료소로 이송되었다. 병원 도착 시각은 밤 11시 40분이었다. 에베르트는 이내 수술실로 옮겨졌고, 그곳에는 권력층과 부유층이 자주 찾던 저명한 외과의사 아우구스트 비어August Bier가 기다리고 있었다.

1861년 발데크Waldeck 인근 코르바흐Korbach에서 태어난 비어는 뛰어난 외과의사이자 국부마취계의 개척자였다. 하지만 보수적인 군주제 옹호론자로 바이마르 공화국 체제에 반대했으며, 1918년 11월 호엔촐레른 왕조의 붕괴를 재앙이라 생각한 인물이었다. 하지만 맹장 수술 분야에서는 그 누구보다 훌륭한 경력을 자랑하는 전문가였다. 심지어 딸의 수술을 직접 집도하기도 했다. 딸이 수술을 받으러 영국으로 건너갈 참이었지만, '불신의 알비온la perfide Albion(영국을 폄하해서 부르던 명칭)' 출신의 의사들에게 딸의 운명을 맡기기 싫었던 것이다. 그렇다고 외과의사로서의 비어가 항상 성공하기만 한 것은 아니다. 명성에 금이 간 적도 있었다. 비어는 1924년 3월 '숨은 황제'라고 불릴 만큼 거대한 경제콘체른을 구축한 후고 스티네스Hugo Stiness의 수술을 담당했다. 루르 지역 내 뮐하임이라는 도시에 본사를 두고 있던 거대 기업을 등에 업고 독일 산업계에서 가장 큰손이 된 스티네스는 나치즘 신봉자였다. 그는 극심한 담석산통을 앓고 있었다. 이에 비어는 즉시 수술에 돌입해 결석을 제거했지만, 담낭은 제거하지 않고 그대로 남겨두었다. 마취에서 깨어난 스티네스는 그 말을 들은 뒤 자신은 너무 바쁜 사람이라 몇 년마다 한 번씩 수술을 받을 시간적 여유가 없다며 불같이 화를 냈다. 비어도 지지 않았다. 자신은 스티네스가 고용한 사람이 아니니 그런 식의 태도는 용납할 수 없다며 맞선 것이었다. 하지만 두 사람에게 말다툼을 할 시간은 많지 않았다. 4월 초에 스티네스는 다시 고열을 동반한 극심한 통증에 시달렸고, 1924년 4월 5일, 독일 재계 최대의 거물은 다시 (그 이듬해 에베르트가 수술을 받게 될) 수술대 위에 눕게 된다. 개복을 집도한 비어는 경악을 금치 못했다. 며칠 전까지만 해도 괜찮았던 담낭이 엄청나게 부어 있었으며, 염증이 쓸개 옆 소장까지 번진 상태였다. 비어는 즉시 담낭 제거에 돌입했지만, 그 와중에 스티네스의 담낭이 터지고 만다. 담낭 내부에 가득했던 고름이 복강으로 흘러들었다. 비어는 그 시기에 구할 수 있는 최고의 소독제들을 적절히 활용하며 복강을 세척하고 살균했다(항생제는 그로부터 20년 뒤에야 개발되었다). 수술 바로 다음 날, 비어는 스티네스의 열이 떨어지는 것을 보며 희망을 품었지만 1주일 뒤 다시금 통증이 찾아오고 위에 구멍이 뚫리는 심각한 합병증까지 발생했다. 결국 스티네스는 1924년 4월 10일에 사망했다. 저명한 외과의사인 비어로서는 얼굴을 들 수 없을 만큼 큰 망신이었다. 게다가 돈을 둘러싼 스캔들까지 터지면서 비어는 사면초가에 빠졌다. 방금 남편을 잃은 미망인 클레어 스티네스에게 병원비 15만 제국마르크를 얼른 지급하라고 독촉했고, 미망인에게서 그 돈을 결국 받아낸 것이었다.

비어는 에베르트의 목숨을 구하기 위해 진정 최선을 다했다. 적어도 그 사실에는 의심의 여지가 없다. 자신의 손길을 필요로 하는 환자 앞에서 정치적 지향성 따위는 중요치 않았다. 비어는 에베르트의 상태를 살피기 위해 꼬박 닷새를 병원에서 지냈다. 수술은 만만치 않았다. 비어가 남긴 기록을 봐도 그 사실을 알 수 있다. "개복을 하자 고름 때문에 흐릿한 색을 띠는, 무취의 삼출물이 꽤 많이 흘러나왔으며, 복부에는 가스가 가득 차 있었다. 맹장과 충수는 복강 안쪽으로 깊이 파묻혀 있어 잘 보이지 않았다. 그러다가 드디어 넓은 부위에 걸쳐 천공이 일어난 충수돌기[3]에 접근할 수 있었고, 소장간막에서 충수돌기를 절개한 뒤 절개 부위를 봉합했다. 소장 위쪽으로 상처 부위를 느슨하게 꿰맸다. 원인 불명의 복통이 시작되어 수술에 들어간 지 이미 20시간이 지났고, 충수돌기 쪽에 증상이 나타난 뒤로도 이미 7시간이 지났기 때문에 그렇게 처치할 수밖에 없었다."[4]

수술 다음날 밤 에베르트는 편안한 밤을 보냈다. 그 다음날에도 맥박은 100, 체온은 36.8도였다. 비어는 환자가 외부의 방해 없이 최대한 안정을 취할 수 있도록 모든 부분을 세심하게 배려했지만 에베르트의 상태는 다시 악화되었다. 1925년 2월 26일, 비어는 치명적인 장부전마비enteroparesis 증상이 발생했다고 진단한 뒤 글리세린 관장제를 처방했다. 다음날 에베르트는 더욱 심각한 상태에 빠졌다. "오후 2시경, 상처 부위에 튀어나온 소장 고리들에 주사바

늘을 찔러 고름과 가스를 빼냈다. 오후에 뇌하수체 처방 주사를 세 번이나 놓았지만 아무런 소용이 없었다. 관장약 덕분인지 저녁 7시 30분경에는 뱃속에 가득 차 있던 가스는 제거되었다. 밤 10시에는 환자가 편히 쉴 수 있도록 다시금 위세척을 실시했다."[5] 그 덕분에 에베르트는 생애 최후의 밤을 비교적 편안하게 보낼 수 있었다. 하지만 새벽 4시 반부터 다시금 구토와 불안정한 상태가 재개되었다. 비어는 최후의 방법으로 간단한 수술을 진행했지만 아무 소용이 없었다. 1925년 2월 28일 밤 10시가 조금 지난 시각에 바이마르 공화국의 대통령 프리드리히 에베르트는 영원히 눈을 감았다.

중도를 표방하는 정치가들의 대대적인 추모연설이 이어졌다. 좌파나 우파의 비방이나 조롱도 추모 열기 앞에서는 힘을 잃었다. 에베르트의 업적을 기리기 위해 등장한 연사들 중에는 바이마르 공화국의 외무장관 구스타프 슈트레제만Gustav Stresemann 도 포함되어 있었다. 이듬해 프랑스 대통령 아리스티드 브리앙Aristide Briand 과 함께 노벨평화상을 공동 수상한 슈트레제만은 난관에 빠진 독일의 대외 정세 속에서 신생 독일식 민주주의를 안정시킨 상징적 인물이었다. 바이마르 공화국의 짧은 역사를 감안할 때 꽤 오랫동안 공무를 수행한 인물이기도 했다(1923년에 외무장관에 임명). 하지만 슈트레제만 역시 만성 신경증과 갑상선 질환이라는 질병을 앓고 있었고, 1929년 10월 3일에는 결국 뇌졸중으로 쓰러져 사망한다. 슈트레제만이 서민들의 사랑을 얼마나 많이 받은 정치가인지는 당시 프랑스 파리에 거주하던 작가 겸 외교관 해리 그라프 케슬러Harry Graf Kessler 가 남긴 글에서도 알 수 있다. "파리 시내의 모든 조간신문들이 슈트레제만의 서거 소식을 대대적으로 다루고 있다. 마치 프랑스 대통령이 사망한 듯한 착각이 들 정도다. 모두가 그의 죽음을 진정으로 애도하고 있다. 마치 유럽이라는 공동의 조국이 있는 것 같았다. 프랑스인들은 슈트레제만을 유럽의 비스마르크로 여기고 있는 듯했다."

1929년 10월 바이마르 공화국은 몰락의 길에 접어들고 있었다. 아직 그 누구도 바이마르 공화국이 막을 내리고 있다는 사실을 감지하지 못하고 있을 때였다. 10월 25일 월스트리트에서 이른바 '검은 금요일' 사태가 벌어졌다. (뉴욕 증권가 기준으로 보자면 '검은 목요일'이 더 정확한 표현이겠지만, 시차 때문에 유럽에서는 '검은 금요일'로 더 널리 알려져 있다.) 그 여파는 전 세계로 확산되었고 바이마르 공화국에도 영향을 미쳤다. 수많은 실업자들이 발생했고, 경제가 휘청거리자 나치당으로 대표되는 극우파들의 세력이 확장되었다. 이 모든 사태의 수혜를 가장 많이 입은 이는 아돌프 히틀러였다.

에베르트를 수술한 외과의사 아우구스트 비어의 의사로서의 경력도 바이마르 공화국과 함께 막을 내렸다. 비어는 베를린에서만 5만 건의 수술을 집도했으나 1932년 은퇴를 결심했다. 공화국의 폐막까지는 몇 개월밖에 남지 않은 시점이었다. 까무잡잡한 피부의 독재자 히틀러에 대한 비어의 견해가 어떠했는지에 대해서는 함부로 단정지을 수 없다. 비어가 정치적 성향을 전혀 띠지 않은 중립적 전문의였다는 사실을 입증하려는 시도는 그간 여러 차례 있었지만, 비어가 남긴 말이나 글들 중에는 나치 정권의 논리에 동조했다는 단서들을 적지 않게 발견할 수 있다. 1941년 출간된 비어의 책《영혼

Die Seele》도 그중 하나다. 1937년에는 히틀러가 직접 수여하는 '독일예술지식상'(나치 정권이 독일 학자들에게 노벨평화상 수상을 금지한 뒤 그 대안으로 신설한 상)을 수상하기도 했다. 1944년 7월 20일 비어의 아내가 독일 비밀경찰 게슈타포에게 체포당해 잠시 구금된 적이 있고, 그 이후에 독일을 지배한 점령국 소련도 비어가 사상적으로 아무런 문제가 없다고 판단했지만, 그것만으로는 예전의 명성이 회복되지 않았다. 비어는 1949년 자택에서 사망했다. 참고로 1949년은 프리드리히 에베르트가 그토록 염원했던 민주주의 국가, 독일민주주의공화국이 건국되던 해였다.

노르웨이의 화가 에드바르 뭉크의 〈아픈 아이〉.
결핵을 앓는 소녀와 슬픔에 잠긴 어머니를 그린 그림으로 당시 아름다운 질병으로 묘사되던 결핵이 당사자나 가족들에게는 결코 아름답지 않다는 것을 보여준다.

'아름다운' 질병

결핵

넬슨 만델라는 심각한 기침 증세를 보였고, 입 밖으로 튀어나오는 분비물도 꽤 많았다. 몸은 점점 쇠약해졌고, 매일 피트니스센터에서 하는 운동도 더 이상 할 수 없을 정도였다. 삼엄한 경비가 지속되는 가운데 만델라는 감옥에서 티저버그 병원Tygerberg Hospital으로 이송되었다. 티저버그 병원은 남아프리카공화국의 스텔렌보스대학교Stellenbosch 부속병원이었다. 병원 측은 만델라의 위상을 감안해 입원해 있던 환자 모두를 다른 곳으로 이동시키고 병원 전체를 비웠다. 남아공 인권운동의 대명사인 만델라는 마취주사를 맞았고, 의사들은 만델라의 폐에서 다량의 갈색 액체를 뽑아냈다. 미생물을 이용한 진단 결과는 명백했다. 폐결핵이었다.

만델라는 1988년 폐결핵 진단을 받았으나 다행히도 폐결핵균 퇴치용으로 특별히 개발된 항생제를 맞을 수 있었다. 이는 만델라 본인에게 있어서나 남아공에게 있어서나 큰 행운이었다. 당시 만델라를 지지하던 정당은 피터르 빌럼 보타Pieter Willem Botha 정권과 협상에 성공했고, 이로써 아파르트헤이트(인종차별) 정권에 종지부를 찍었다. 만델라도 폐결핵이 만연하던 로벤 섬Robben Island에 더 이상 수감되어 지낼 필요가 없었다. 티저버그 병원을 거쳐 부유층 전용 병원인 콘스탄티아버그 클리닉Constantiaberg Clinic에 입원할 수 있게 된 것이다. 흑인이 그 클리닉에 입원한 것은 사상 처음 있는 일이었다. 만델라는 석방된 이후인 1990년, 프레데리크 빌렘 데 클레르크Frederik Willem de Klerk와 함께 국가 재건과 인종차별 정책의 최종적 철폐를 도모했다. 1993년 두 사람은 노벨평화상을 공동 수상했다.

1990년대 후반 들어 결핵균을 치료하는 항생제에 대해 내성을 지니는 폐결핵이 등장했다. 로벤 섬의 재소자들 가운데 해당 질병에 걸린 환자들이 많았는데, 만델라로서는 이미 출소한 뒤였으니 그것도 어찌 보면 불행 중 다행이었다. 하지만 내성을 지닌 폐결핵이 새롭게 대두됨으로써 이미 어느 정도 진압되었다고 믿었던 폐결핵이 다시 위기로 다가왔다.[1] 폐결핵은 역사시대뿐 아니라 그 몇천 년 전인 선사시대부터 인류의 조상이라 불리던 호미니드hominid와 동물을 공격했고,[2] 잘 알려진 고대 문명 발상지에서도 수많은 이들을 죽음으로 내몰았다. 고대의 의사들도 폐결핵에 대해 알고 있었다. 히포크라테스도 18~35세 사이의 젊은 층들이 폐결핵에 취약하다는 사실을 확인한 바 있다. 19세기 들어서는 의사들뿐 아니라 문필가나 예술가들도 '폐병phthisis'이라 불리던 폐결핵에 대해 연구하기 시작했다. 심한 기침과 피를 토하는 증상이 있으면 폐결핵에 걸렸을 확률이 높다는 분석도 나왔다. 그러나 폐결핵은 당시 사람들이 생각하는 것보다 더 위력적이었다. 결핵균의 감염에 의한 작고 둥근 결절tubercle은 소화기를 공격할 수도 있었고, 이집트나 콜럼버스 도착 이전에 만들어진 페루의 미라들에게서 확인했듯 뼈 골절이나 기형을 유발할 수도 있었다. 나아가 눈도 공격할 수 있었다.[3]

안타깝게도 중세 초기에는 의학적 기록을 남겨야만 한다는 의식이 별로 없었기 때문에 폐결핵에 대해 작성된 문건 중 남아 있는 자료는 많지 않다. 당시 폐결핵으로 인한 희생자는 1,226명으로 집계되었는데, 그중 유명한 이는 많지 않았다. 아시시의 성 프란체스코St. Francis of Assisi가 개중 꽤 유명한 폐결핵 희생자였지 않을까 싶다. 그런 와중에 '획기적인 치료법(?)' 하나가 등장했다. 한센병이나 기타 중증 질환에 걸린 이들과 더불어 폐결핵 환자들에게도 희망의 빛 한 줄기가 내려온 듯했다. 프랑크 왕국의 왕 클로비스Clovis가 496년 '왕의 안수按手'라는 이름으로 제시한 치료법이었다. 영어권에서는 '로열 터치royal touch'라고도 불리는데, 신으로부터 기름 부음(축복)을 받은 왕이나 여왕이 환자의 몸을 잠깐 스치기만 해도 병세가 호전되거나 완전히 치유된다는 믿음에서 비롯되었다. 이러한 믿음은 중세에서 근세 초기로 넘어가던 무렵까지 이어졌고, 수천 명이 그 영험한 치료를 받기 위해 왕궁 앞에 줄을 섰다. 환자들은 줄지어 주님으로부터 축복받은 통치자의 곁을 스쳐 지났고, 왕은 아주 잠깐씩 그 환자들의 몸을 손으로 건드렸다. 치료가 될 리 없었지만 기적적으로 그중 몇 명의 병세가 진짜로 호전되기도 했다. 그러자 왕실은 자신들의 위엄을 선전하기 위해 그 사실을 적극 활용했다. 현재의 국왕과 왕실이 나라에 얼마나 필요한 존재인지를 만천하에 과시했던 것이다. 그러나 안수를 받고도 치료되지 않은 폐결핵 환자나 기타 환자들에 대해서는 침묵으로 일관했다. 영국이 내전 이후 왕정복고 시대를 맞이한 뒤 1660년부터 1685년까지 국가를 통치했던 찰스 2세는 재위 기간 동안 총 92,102명의 환자들에게 안수를 해주었다는 기록이 있다. 하지만 하루 기준으로 이 분야 최고 기록의 보유자는 찰스 2세가 아니라 프랑스의 루이 16세였다. 1775년 6월 14일에만 무려 2,400여 명의 환자들에게 안수를 해준 것이었다.[4] 그중 몇몇은 그로부터 18년 뒤 루이 16세가 단두대를 향해 계단을 오를 때 군중 속에 섞여 환호성을 질렀다고 한다.

그런데 빅토리아 시대(1837~1901)에 접어들면서 폐결핵은 매독이나 페스트 그리고 무엇보다 콜레라와는 달리 '아름다운' 질병으로 여겨지기 시작했다. 비단 영국에서만 일어난 현상은 아니었다. 일단, 폐결핵 희생자들 중 많은 이들이 젊은 층이었다는 것이 한 가지 이유였을 것이다. 게다가 폐결핵에 걸린 환자들의 외모는 시간이 흐를수록 창백해졌는데, 새하얀 피부를 선호하던 당시의 미인상과 일치하는 부분이 있었다. 게다가 다가올 최후를 감지한 덕분인지, 폐결핵 환자들 중에는 폭발적인 창의력을 발휘한 이들도 많았다. 대표적으로는 위대한 문필가 집안인 브론테 가문을 들 수 있다. 지방 교구의 사제였던 패트릭 브론테Patrick Brontë의 자녀들은 모두 폐결핵에 걸렸다. 그중 특히 유명한 자녀들은《와일드펠 홀의 소작인The Tenant of Wildfell Hall》의 앤 브론테,《폭풍의 언덕Wuthering Heights》의 에밀리 브론테,《제인 에어Jane Eyre》를 쓴 샬럿 브론테가 있다. 폐결핵에 걸리면 그 자체로 사망할 수도 있고, 합병증으로 인해 사망할 수도 있었다. 패트릭의 아들 브랜웰 브론테 역시 마흔 살이 되기 전에 알코올 중독과 대마 흡연, 폐결핵으로 사망했고, 뛰어난 문학적 재능을 지녔던 세 자매 역시 마흔 살이 되기 전에 세상을 떠났다. 영국 시인 존 키츠John Keats는 심지어 그보다 더 젊은 스물다섯 살에 폐결핵으로 요절했다.

폐결핵에 걸린 젊은이의 아름다운 외모를 가장 잘 체현한 이는 보티첼리의 대표작 〈비너스의 탄생The Birth of Venus〉의 모델 시모네타 베스푸치Simonetta Vespucci일 것이다. 이름을 들어본 사람은 많지 않을지 몰라도, 누구나 한번쯤은 작품을 통해 베스푸치의 얼굴을 보았을 것이다. 1453년 귀족 가문에서 태어난 시모네타는 피렌체를 대표하는 미인으로 통했다. 붉은빛을 띤 금발에 백옥처럼 새하얀 피부, 붉게 물든 뺨은 1476년 4월 시모네타가 겨우 스물세 살의 나이로 사망할 때까지 늘 그녀와 함께했다. 그로부터 400년이 지난 뒤에도 에드바르 뭉크Edvard Munch가 보호본능을 자극하는 폐결핵 환자의 모습을 화폭에 담았고, 〈아픈 아이Det Syke Barn〉는 불멸의 작품으로 거듭났다. 뭉크의 그림 속 소녀는 극한의 병약한 아름다움을 지닌 여린 모습이었다. 에드바르 뭉크의 모델은 폐결핵에 걸려 죽음을 코앞에 둔 열다섯 살의 여동생 요하네스 소피Johannes Sophie였다. 뭉크의 〈아픈 아이〉는 소녀의 고통을 정확히 묘사하고 있다. 상반신을 일으키고 등을 기댄 채 힘겹게 숨 쉬며, 결핵에 걸려 액체로 가득 찬 폐에 어떻게든 공기를 불어넣으려는 모습이 그림 속에 고스란히 드러나는 것이다. 그 옆에는 소피와 에드바르의 어머니로 보이는 나이든 여인이 고개를 푹 숙인 채 슬픔에 잠겨 있다. 뭉크의 작품을 통해 우리는 폐결핵이 당사자나 가족들에게는 결코 '아름답지 않다'라는 사실을 엿볼 수 있다.

버지니아 엘리자 클렘Virginia Eliza Clemm은 폐결핵으로 요절한 이들의 상징적 인물이라고 할 수 있다. 버지니아의 남편인 미국 작가 에드거 앨런 포Edgar Allan Poe는 아내를 잃은 슬픔을 작품으로 남겼으며, 그 작품들은 영어권에서 아직까지도 위대한 작품으로 손꼽히고 있다. 버지니아는 열세 살에 당시 스물일곱 살이었던 사촌 에드거 앨런 포와 혼인서약을 맺었다(혼인증명서에는 버지니아의 나이가 스물한 살로 표기되어 있다). 두 사람은 서로 아끼고 사랑했으며, 부부로서의 삶도 순탄했다(결혼 초기부터 두 사람이 육체적 사랑을 나누었는지에 대해서는 전기작가들 사이에서 의견이 갈린다). 사실 포는 늘 우울하고 음침한 성격이었으며, 경제적으로 곤란을 겪고 있었다. 게다가 폐결핵 환자이기도 했다. 하지만 포는 언제나 따뜻하고 정성을 다해 주는 버지니아와 버지니아의 어머니 마리아에게서 안정감을 느꼈고, 특히 창백한 얼굴에 여린 성격인 버지니아를 보며 천사가 있다면 바로 그녀가 아닐까 생각했다. 그런 만큼 1842년 1월의 어느 날, (당시 열아홉 살이었던) 버지니아가 피아노를 치다가 느닷없이 객혈하는 모습을 본 포는 깊은 충격에 빠졌다. 그 후 2주 동안 버지니아는 생사를 오갔고, 포는 더더욱 깊은 수렁으로 빠져들어갔다. 전기작가들의 진술에 따르면 버지니아와의 결혼생활이 포에게 정서적 안정을 주었고, 술도 멀리하게 했으며, 예술적 창의성을 최대한 발현할 수 있게 해주었다고 한다. 어느 날 버지니아의 병문안을 간 지인이 포에게 최후의 순간을 대비해야 하지 않겠느냐고 묻자 포는 "완전히 이성을 잃어버렸다"[5] 고 한다. 하지만 다행스럽게도 버지니아는 포와 5년을 더 함께하고 1847년 1월 30일 눈을 감았다. 병상에 누워 죽음을 기다리는 젊은 여인의 모습을 그린 스케치가 아마도 버지니아 포의 가장 유명한 초상화일 것이다. 이후 포는 세상을 떠난 아내를 그리워하는 작품들을 다수 남겼다. 《애너벨리Annabel Lee》와 《레노어Lenore》라는 시가 대표적이다. 그중 《레노어》에서 포는 "젊디젊은 나이에 가장 여왕답게 간 그녀를 위한 성가를"이라고 노래했다. 버지니아가 사망하기 2년 전에 쓴 《갈가마귀The Raven》에서도 다시는 영원히 아내를 만나지 못할 것을 직감한 듯한 기운이 감돈다. 그 시에서 시인은 어느 날 밤 집을 찾아온 갈가마귀와의 대화를 읊조린다. 떠나간 이를 그리워하는 시인의 질문에 갈가마귀는 일관되게 "이젠 끝이야Nevermore!"라고만 대답한다. 포는 버지니아가 세상을 떠나고 2년 뒤 사망했다.

폐결핵을 화두로 한 문학작품 중 가장 유명한 작품은 1924년 토마스 만이 발표한 장편소설 《마의 산》일 것이다. 소설의 공간적 배경은 어느 요양원이다. 19세기 후반 들어 요양원들이 여기저기에 설립되기 시작했다. 특히 스위스에서는 요양원이 주요 수입원이자 경제 번영의 한 축을 담당했다. 토마스 만은 1912년 폐렴 증세로 다보스 요양원에서 치료 중이던 아내를 문병하러 들렀다가 결핵 환자들의 참상을 접하고 소설을 집필했다. 그로부터 약 100년 뒤, 어느 신문 기사에 다음과 같은 내용이 실렸다. "인구수 1만 1,000명에 총 2만 명의 투숙객을 수용할 수 있을 만큼의 침상을 갖춘 요양 도시 다보스는 현재 유럽에서 가장 번성하는 도시 중 하나로 성장했다. 만약 20세기 초반, 유럽에서 7명 중 1명이 폐결핵으로 사망하는 사태가 벌어지지 않았다면 결코 그만큼 성장하지 못했을 것이다. 그 시절 다보스는 폐결핵을 치유할 수 있는 유일한 도시였다. 어느 러시아 출신의 여성 환자는 '다보스는 새 희망의 요람이자 죽음의 계곡이며, 부활의 계곡이다'라는 글을 남기기도 했다. 토마스 만의 아내 카티아Katia도 폐첨부에 결핵성 병변이 발생되는 폐첨염catarrh of apex of lung 진단을 받고 다보스 요양원에서 치료를 받았다."[6]

X선이 발견되기 전, 과거의 의사들로서는 초기 단계는 물론이고, 병이 어느 정도 진행된 후에도 환자가 완전히 탈진하고 기력이 쇠진되기 전까지는 환자가 폐결핵에 걸렸다는 사실을 알 길이 없었다. X선은 1895년에 와서야 빌헬름 콘라트 뢴트겐Wilhelm Conrad Röntgen에 의해 발견되었다. X선 촬영을 활용한 진단법이 결핵피부반응검사tuberculin skin test와 더불어 발전한 것도 20세기에 접어든 이후의 일이었다. 그러면서 폐결핵 진단에 대한 신뢰도가 높아졌고, 관련 약제들이 등장하면서 조기 치료도 가능해졌다. 손상된 폐를 직접 들여다볼 수는 없었지만, 폐에서 나는 소리를 듣고 의학적 진단의 신뢰도를 높일 수 있는 방법도 개발되었다. 1819년에 개발된, 의사라는 직업을 상징하는 의료기구인 청진기가 바로 그것이다.

젊은 의사 르네 테오필 시아신트 라에네크René-Théophile-Hyacinthe Laennec는 의대 재학 시절 이미 폐결핵 진단의 중요성을 깨달았다. 라에네크에게 많은 영향을 미친 스승은 그자비에 비샤Xavier Bichat와 장 니콜라 코르비자르Jean-Nicholas Corvisart였다. 특히 비샤는 조직학histology의 창시자였지만, 아쉽게도 라에네크가 대학 2학년 때 폐결핵에 걸려 서른 살에 요절했다. 코르비자르는 심장에서 나는 소리를 듣는 것뿐 아니라(그 당시에는 환자의 흉부에 의사가 귀를 대고 직접 듣는 방법이 주를 이뤘다) 오스트리아의 의사 요한 레오폴트 아우엔브루거Johann Leopold Auenbrugger가 도입한 타진법, 즉 환자의 흉부를 의사가 손가락으로 두드리는 방법 등을 활용해 보다 적극적으로 진단에 임해야 한다는 것에 찬성했던 인물이었다. 노련한 의사라면 타진을 통해 환자의 폐엽 어느 부위에 물이 찼는지를 판단할 수 있다고 본 것이었다. 스승들의 지도를 받은 라에네크는 보다 진일보한 방법을 개발했다. 참고로 청진기 개발과 관련된 이 이야기는 그저 전해 내려오는 설에 불과할 수도 있다. 1816년 어느 날 라에네크는 루브르 박물관 근처에서 나뭇가지를 가지고 놀던 아이들을 보게 되었다. 아이들은 나뭇가지를 서로의 귀에 대고 이야기를 나누며 놀고 있었고, 그 모습에서 영감을 얻은 라에네크는 진찰을 할 때도 직접 환자의 가슴에 귀를 대고 듣는 것보다 도구를 사용하는 것이 훨씬 더 효과적일지도 모른다는 생각을 하게 되었다. 그로부터 얼마 뒤, 라에네크는 그날의 영감을 실전에 적용했다. 당시 라에네크는 과체중에 심장 질환을 앓고 있는 젊은 여성을 진찰 중이었다. 과하다 싶을 정도로 환자의 가슴에 귀를 가까이 대고 몸 안에서 나는 소리를 들어보려 노력했지만 별 효과가 없었다. 과체중 환자의 두터운 지방층을 뚫고 소리를 듣는다는 것이 애초에 무리였을 수도 있다. 극도로 비대한 흉부가 직접적 청진을 물리적으로 방해했던 것이다. 라에네크는 아이들의 장난을 떠올렸다. "종이 한 장을 원통 모양으로 길게 돌돌 말았고, 그 한쪽 끝을 환자의 흉부에, 다른 쪽 끝을 내

귀에 갖다 댔다. 결과는 실로 놀라웠다. 직접 귀를 대고 들을 때보다 환자의 심장박동을 보다 또렷이, 확실하게 들을 수 있었다. 그리고 그 순간, 심박뿐 아니라 흉부 속 기관들이 움직이며 내는 특정한 소리들을 듣고 판단을 내릴 수 있겠다는 생각이 들었다." 그때부터 라에네크는 다양한 재질로 실험을 했고, 결국 길이 25센티미터에 지름 3센티미터의 나무 원통을 만들어 활용하기로 결정했다. 조립식으로 제작한 덕분에 왕진을 다닐 때 휴대하기도 편했다. 참고로 의사의 귀에 꽂히는 부분은 금속 재질로 만들었다. 1818년 라에네크는 자신이 직접 제작한 '청진기stethoscope'를 파리학술학회에서 소개했고, 이듬해에는 2권으로 된《간접 청진, 폐 및 심장 질환 치료법에 관한 논문》을 발표했다. 라에네크가 개발한 최신 의료기구는 주로 폐결핵 환자들의 청진 목적으로 사용되었다.[7]

결핵균은 1882년 세균학자 로베르트 코흐에 의해 발견되었다. 코흐는 미생물학의 황금기였던 19세기 후반에 발견한 최대의 걸작일지도 모를 성과를 1882년 3월 24일 베를린에서 개최된 의학학회에서 발표했다. 이후 3월 24일은 '세계 결핵의 날(결핵 예방의 날)'로 지정되어 매년 폐결핵에 대한 경각심을 일깨우고 있다. 여전히 전 세계 많은 지역에서 유행성 전염병인 결핵과 맞서 싸우고 있다. 해당 분야 전문가들은 전 세계 인구의 3분의 1가량이 결핵균에 감염되었을 것이라고 추정한다. 감염된 환자들 체내의 결핵균이 모두 다 활동성이 아니라는 사실은 불행 중 다행이다. 즉 결핵균에 감염되었다 하더라도 당장 증상이 발현되거나 전파자가 되지는 않는다는 뜻이다. 그러나 1980년대 들어 에이즈 환자의 수가 늘어나면서 결핵 환자의 수도 늘어났다. 스트렙토마이신처럼 결핵 치료에 효과가 있는 약제가 에이즈 환자들에게서는 내성 반응을 보이는 경우가 늘어났기 때문이다.

결핵은 결코 아름다운 질병이 아니다. 과거에도 그랬고 지금도 결핵은 끔찍하기 짝이 없는 질병이다. 낭만파 시인 바이런Byron은 이런 말을 남겼다. "간절히 바라건대 나는 결핵으로 죽고 싶다. 그렇다면 귀부인들은 아마도 이렇게 말하겠지. '불쌍한 바이런을 좀 보세요. 얼마나 아름답게 죽어가는지.'"[8] 하지만 이는 어디까지나 19세기에 결핵에 대한 오해가 얼마나 깊었는지를, 나아가 시인의 상상력이 얼마나 풍부했는지를 입증하는 증거에 불과하다.

제2차 세계대전을 일으키고 수많은 유대인을 학살한 아돌프 히틀러.
건강염려증이 있었던 히틀러는 자신이 병에 걸려 생을 일찍 마감할 것이라고 생각했다. 그러나 사실 히틀러의 건강 상태는 죽기 얼마 전까지 지극히 양호했다고 한다.

건강염려증 환자

아돌프 히틀러

1930년대에 포어포메른Vorpommern 지역 파제발크Pasewalk에 위치한 옛 야전병원에 기념관 하나가 문을 열었다. 중앙전시장에 들어서면 돌기둥 위에 흉상이 설치되어 있었다. 모두가 너무나 잘 알고 있는 인물의 흉상이었다. 그 뒤쪽 벽에는 다음과 같은 문장이 새겨져 있었다. "그러나 나는 정치가가 되기로 결심했다ICH ABER BESCHLOSS POLITIKER ZU WERDEN."

1924년, 아돌프 히틀러는 성장 과정과 이념투쟁 과정을 서술한 《나의 투쟁Mein Kampf》이라는 책을 발표했다(출간 당시 나이는 서른다섯 살이었다). 그 책에 따르면 상병이었던 히틀러는 제1차 세계대전 마지막 1주일 동안 파제발크 야전병원에 머무르며 '정치적 각성'을 체험했다고 한다. 참전 경험에 대해서는 다음과 같이 상세히 서술하기도 했다. "10월 13일 저녁, 우리는 아직도 베르빅Wervik 남쪽의 어느 구릉에서 대기 중이었다. 그런데 그때 집중적인 독가스 공격에 노출되었다. 그 이후에도 적들은 강도를 조절해가며 때로는 강하게, 때로는 약하게 독가스 공격을 퍼부었다. 자정쯤에는 우리 중 일부가 대열을 벗어났다. 몇몇 전우들은 그 길로 영원한 잠에 빠졌다. 날이 밝자 나 역시 15분마다 극심한 통증을 느꼈고, 오전 7시경에는 쓰라린 눈으로 비틀거리며 진지로 돌아와 간신히 최후의 보고를 마쳤다. 몇 시간 뒤 내 눈은 불타는 석탄처럼 변해버렸다. 눈앞에 아무것도 보이지 않았다. 결국 포어포메른 파제발크의 야전병원으로 이송되었고, 그곳에 머무르며 세기적 야만 행위를 목도해야만 했다."[1]

히틀러가 말한 '세기적 야만 행위'란 호엔촐레른 왕가의 몰락과 바이마르 공화국의 건국이었다. 히틀러는 바이마르 공화국을 진심으로 경멸했다. 히틀러는 본디 화가를 꿈꾸었지만 경멸하는 바이마르 공화국을 무너뜨리기 위해 정치가가 되기로 결심한다. 앞서 나온 "그러나 나는 정치가가 되기로 결심했다"라는 비장한 문구도 그때 탄생된 것이다. 화가에서 정치가로서의 변신은 바이마르 공화국을 붕괴시키고야 말겠다는 결심을 실천에 옮기기 위한 첫 발걸음이었다. 결국 히틀러는 1933년 바이마르 공화국을 무너뜨렸다.

히틀러의 전기작가들은 어쩌면 전무후무할 독재자의 삶의 족적을 다각도로 분석했고, 그 과정에서 논란도 분분했다. 제1차 세계대전 막바지 1주일 동안 일시적으로 시력을 상실했다는 부분에 대해서도 마찬가지였다. 히틀러의 성격을 감안할 때 '히스테리성 실명'일 가능성이 더 높다는 쪽으로 의견이 기울었다. 물론 확실한 증거는 없었다. 그러나 튀빙겐의 안과의사 옌스 마르틴 로르바흐Jens Martin Rohrbach(친나치 성향)는 독가스에 노출될 경우 안구 표면이 손상될 수 있다며 다음과 같은 소견서를 발표했다. "결론적으로 제1차 세계대전 당시 히틀러가 히스테리성 실명이었다는 주장은 안과학적으로 볼 때 유효하지 않다. 지금까지 그 어떤 작가도 히스테리성 실명이었음을 뒷받침하는 충분한 증거를 제시하지 못했다. 1918년 10월 14일 이후 히틀러는 최소 며칠 동안 실제로 실명 상태에 빠졌다. 원인은 겨자가스 노출로 생긴 결막염으로 시야가 급속도로 흐려지고 안검 경련까지 겪었기 때문인 것으로 추정된다."[2]

파제발크 야전병원에서 지내는 동안 히틀러의 눈 상태는 차츰 좋아졌다. 하지만 히틀러는 자신이 원래의 시력을 영원히 회복하지 못할 것이라고 생각했다. "치료를 받은 뒤 야전병원을 떠날 무렵, 최소한 커다랗게 적힌 신문기사의 제목 정도는 볼 수 있을 정도로 시력이 회복되었다. 그러나 다시 신문기사를 읽거나 평소처럼 글을 읽을 수 있으리라고는 기대할 수 없었다. 최상의 시력을 요구하는 내 직업(이 글을 쓸 때까지는 화가였음)을 감안하면 당시 나는 생계도 이어갈 수 없는 상황이었다."[3] 그런 가운데 호엔촐레른 왕가가 무너지는 것을 보며 히틀러는 불편한 기분을 감출 수 없었다. 어쩌면 건강 상태가 좋지 못해 주변에서 일어나는 일에 대해서도 부정적으로 느끼는 등 판단력이 흐려졌기 때문일 수도 있지만, 당시 일어난 정치적 변화를 바라보는 히틀러의 시각은 분명 부정적이었다. 히틀러는 건축가나 화가가 아니라 선동가로서의 자질을 십분 발휘하기로 결심했다. 그 분야에 발을 들인 지 얼마 지나지 않아 히틀러는 이내 뮌헨 우익 국수주의자들 사이에서 유명한 연설가로 발돋움했다. 자신의 상황을 극적으로 과장하기는 했지만, 불완전한 시력 때문에 화가의 길을 접고 정치계로 발을 들인 것만큼은 분명했다. 로르바흐 박사는 추후 유럽과 전 세계에 치명적인 영향을 미친 히틀러의 대전환점에 대해 다음과 같이 말했다. "히틀러의 나치즘은 분명 진실을 추구했다. 겉으로 보기에는 기회주의로 보일 수도 있겠지만, 그럼에도 불구하고 히틀러의 말을 한번 믿어보자. 그러면 비단 안과의사들뿐 아니라 모두에게 흥미로운 질문이 하나 떠오를 것이다. 만약 히틀러가 제1차 세계대전 당시 시력에 손상을 입지 않았다면 히틀러라는 인물이 독일 현대사에 등장할 수 있었을까? 제1차 세계대전에 참전한 독일군 상병의 시력 손상은 아무것도 아닌 것처럼 보였지만, 그것이 결국 세계사에 엄청난 영향을 미쳤을 가능성도 완전히 배제할 수는 없는 것이다."[4]

일시적 시력 상실은 히틀러가 젊은 시절 유일하게 겪은 (공식적인) 질환이었다. 솔직히 말해 역사의 흐름을 좌지우지했다고 말하기에는 질병의 강도가 너무 약했다. 그렇다면 역사상 가장 부정적인 인물 중 하나로 꼽히는 히틀러를 그렇게 몰아간 원동력은 대체 무엇이었을까? 이 질문에 대해 많은 전기작가들, 역사학자들, 심리학자, 심리분석가들이 깊이 연구해왔다. 하지만 히틀러의 끔찍한 만행을 설명할 수 있는 육체적 질병 혹은 정신적 질환은 쉽게 찾을 수 없었다. 대량학살을 자행할 만큼의 인종혐오나 광신도적 이데올로기를 설명할 만한 의학적 근거도, 그 외의 다른 어떤 해석도 나오지 않았다. 도대체 어떤 신체적, 정신적 질병이 히틀러로 하여금 홀로코스트 대학살과 제1차 세계대전을 일으키게 했는지 알 수 없었던 것이다.

역사학자인 헨리크 에베를레Henrik Eberle와 의사인 한스 요아힘 노이만Hans-Joachim Neumann이 히틀러의 주치의였던 테오도어 모렐Theodor Morell을 비롯한 여러 목격자들의 진술과 그 시절에 기록된 자료들을 바탕으로 히틀러의 병력전기문을 출간했다.[5] 그 책에서도 히틀러의 건강은 보통 수준이었다고 한다. 한나 아렌트Hannah Arendt는 나치 전범 아돌프 아이히만Adolf Eichmann의 재판 과정을 지켜본 뒤 '악의 평범성'이라는 개념을 언급했다. 악행을 저지르는 자들이 특별한 자들이 아니라 나와 너, 우리 주변 사람들과 똑같은 사람이라는 뜻이었다. 극단적 만행은 심신의 심각한 질병이 없는, 의학적으로 건강 상태가 매우 정상적인 사람에 의해서도 자행될 수 있다는 것이다.

히틀러는 자화자찬이 잦고 자신이 하고 있는 투쟁에 대한 찬사를 서슴없이 늘어놓던 인물이었다. 하지만 이상하게도 가족에 대해서만큼은 말을 아꼈다. 그 때문에 히틀러의 부친이 사생아라든가, 또는 히틀러의 조부가 유대인 사업가였다든가 하는 소문까지 돌았다. 물론 이것은 소문일 뿐이다. 한 가지 확실한 것은 히틀러의 고향, 즉 오스트리아 삼림 지대에 위치한 소도시 브라우나우와 그 주변 지역에서는 친족 간의 혼인이나 근친상간이 꽤 널리 퍼져 있었다는 것이다. 히틀러가 평생 달고 살았던 피부병의 일종인 습진이 유전적 요인 때문이었다는 것도 검증되었다. 단, 근친상간으로 태어난 자녀들에게서 흔히 발견되는 정신적 장애 같은 특징은 히틀러에게서 발견되지 않았다. 히틀러는 평생 독신으로 살았다. 히틀러 자신은 부모를 비롯한 조상에 대한 거부감 때문이 아니라 선견지명 때문에 독신으로 남기로 결심했다고 굳게 믿었다. 어느 날 히틀러는 왜 결혼을 해서 가정을 꾸리지 않느냐는 질문에 다음과 같이 답했다. "천재의 자녀들은 대개 힘들게 살아간다. (……) 심지어 백치인 경우도 많다."[6]

히틀러는 아홉 살 때 성홍열scarlet fever에 걸렸지만, 그 외에는 어린 시절 딱히 이렇다 할 큰 병을 앓지는 않았다. 하지만 가족 내에는 죽음의 기운이 가득했다. 히틀러의 어머니에게는 아홉 명의 형제자매가 있었는데, 그중 일곱 명이 어린 나이에 사망했다. 히틀러의 형제자매도 이른 나이에 세상을 떠났다. 두 형은 태어난 지 몇 달 만에 사망했고, 세 살 아래 동생은 태어난 지 사흘 만에 목숨을 잃었다. 히틀러로서는 아직 죽음이 무엇인지도 모를 나이였다. 하지만 동생 에트문트가 여섯 살에 사망하자, 당시 열한 살이었던 아돌프는 한동안 슬픔에 잠겨 있었다. 히틀러의 유일한 여동생 파울라는 비교적 오래 살았다. 파울라는 1960년, 한때 오빠 히틀러가 기거했던 오버잘츠베르크Obersalzberg 근처의 베르히테스가덴Berchtesgaden에서 생을 마감했다. 1903년에는 부친이 사망했다. 가족을 아끼는 마음이나 자상함 따위는 전혀 없고 다혈질인 아버지였기 때문에 크게 슬퍼하지는 않았을 것으로 추정된다. 그러나 1907년 어머니가 유방암으로 사망하자 히틀러는 큰 충격을 받았고 심각한 트라우마에 빠진다. 또한 어린 시절부터 자신과 가까운 이들이 줄줄이 사망하는 것을 보고 자란 탓에 결국 자신도 오래 살지는 못할 것이라는 확신도 갖게 된다. 히틀러가 1939년에 굳이 전쟁을 시작하려고 고집을 피웠던 것도 어쩌면 그 때문이 아닐까 싶다. 1939년은 히틀러가 50번째 생일을 맞이했고, 성대한 축하연을 개최한 해였다. 어쩌면 그 분위기 속에서 히틀러는 오히려 자신이 불멸의 존재가 아니라는 사실을 역설적으로 깨달았을 수도 있다. 1939년, 독일군은 전쟁을 치르기에는 아직 취약한 상태였다. 참모들도 조금 더 기다려야 한다고 주장했고, 1943~1945년 정도는 되어야 준비가 될 것이라고 히틀러를 설득했다. 하지만 죽음에 대한 두려움이 너무 컸던 탓인지, 선공에 대한 욕심이 너무 컸던 탓인지, 히틀러는 1939년에 전쟁을 선언했다.

본인의 진술에 따르면 히틀러는 성장기에 심각한 폐 질환을 앓았다고 한다. 어린 시절부터 히틀러의 친구였던 아우구스트 쿠비체크August Kubizek도 다음과 같이 말했다. "당시 건강이 매우 안 좋았다. 린츠Linz의 겨울은 안개가 짙고 매우 습하기 때문에 더더욱 조심해야 했다. 그는 기침이 잦았고, 폐가 약했다."[7] 정확히 어떤 종류의 폐 질환이었는지는 지금까지도 알려지지 않았지만, 1914년 초 신체검사 후 오스트리아 군의관들은 히틀러에게 입대 불가 판정을 내렸다. 그러나 몇 달 뒤, 세계대전이 발발하자 히틀러는 바이에른 군대에 자원했고, 결국 입대 허가를 받아냈다.

히틀러는 서부전선에 배치되었다. 그 기간 동안 히틀러의 성생활에 대해서는 여러 가지 가설이 분분하다. 동성애자였다는 말도 있고, 무성애자라는 소문도 있었으며(유곽에 가더라도 동료 병사들과는 달리 성관계를 맺지 않았다고 한다), 심지어 그와는 정반대의 소문, 즉 매춘 여성과 관계를 맺다가 매독에 걸렸다는 소문도 있었다. 희대의 독재자 히틀러의 성생활에 대한 진실은 대중의 호기심을 자극하지만 그 어떤 소문도 증거가 없거나 있더라도 확신할 수 없는 것들뿐이었다. 입증된 것이라고는 서부전선을 지키는 동안 히틀러가 각종 감염에 대해 극심한 공포증을 지니게 되었다는 사실뿐이다. 그 시절에 생긴 공포증 때문에 히틀러는 감기에 걸린 사람과는 절대 면담을 하지 않았고, 자기를 만나고 싶어하는 사람에게는 먼저 손을 '미친 듯이' 씻을 것을 요구했다.

정계에서 승승장구하던 히틀러의 최고의 무기는 목소리였다. 정치에 갓 뛰어들어 뮌헨에서 선동가로 활약하던 시절에 히틀러는 자신의 말재주가 매우 훌륭하며, 연설가로서 발군의 재능이 있음을 깨달았다. 그는 폭발적 목소리와 극적인 등장으로 대중과 지지자들의 호기심을 자극했고, 선거전이 진행되는 내내 히틀러의 연설을 직접 듣고자 하는 이들이 호프집과 광장에 모여들었다. 특히 1928년과 1932년의 연설들은 국가사회주의독일노동자당NSDAP(나치당)이 제국의회 내에서 다수당을 차지하는 데 크게 기여했다. 1932년 이후에도 몇 차례의 선거가 치러졌다(두 차례의 총선과 두 차례의 대선). 당시 히틀러는 소형 수송기 Ju-52를 타고 도시와 도시를 이동하면서, 때로는 하루에 10차례의 연설을 소화했다. 제국총리 겸 영도자가 된 이후 뉘른베르크에서 개최된 전당대회에서도 전설적인 연설을 남겼다. 따라서 목에 조금만 이상이 생겨도 민감해지는 것이 당연했다. 1935년 초 히틀러의 목이 심각하게 잠겨버린 적이 있었다. 후두 질환에 걸려 개혁을 이루지 못하고 최후를 맞이한 프리드리히 3세에 대해 잘 알고 있던 히틀러에게 있어 그보다 더 큰 충격은 없었다. 하지만 히틀러에게는 비장의 카드가 있었다. 바로 베를린 샤리테 병원 소속의 이비인후과 전문의 카를 오토 폰 아이켄Carl Otto von Eicken이었다. 폰 아이켄은 1936년에 '베를린 국제이비인후과학회'를 주최하기도 한 국제적으로도 유명한 의사였다. 폰 아이켄은 히틀러의 우측 성대에서 결절polyp을 발견했고, 1935년 5월 23일 히틀러의 사택에서 결절 제거 수술을 진행했다. 수술을 보조한 간호사는 단 한 명이었다. 수술은 성공적이었고, 합병증도 나타나지 않았다. 양성 결절으로 판명되었고, 회복 가능성도 '99일짜리 황제(프리드리히 3세)'보다는 훨씬 더 높았다. 이후 히틀러는 폰 아이켄의 충고에 따라 한동안 목을 아꼈고, 늦여름쯤에야 다시 나치 전당대회 연설대에 올라서서 예의 그 사자후를 토했다.

9년 뒤 폰 아이켄 박사는 다시금 히틀러를 만났다. 1944년 가을 폰 아이켄은 동프로이센에 위치한 '늑대소굴Wolfsschanze', 즉 독일 육군 작전지휘본부를 찾았다. 그해 7월 20일 일어난 암살 시도로 히틀러는 두 고막이 모두 파열되고 수많은 외상도 입었지만, 생명에는 지장이 없는 상태였다. 폰 아이켄은 부비동염paranasal sinusitis 치료를 하던 중 성대에 2밀리미터 정도의 대형 결절 하나를 발견했고, 11월 22일에 베를린 총리실에서 이를 제거하는 수술을 집도했다(히틀러는 그 직전인 11월 20일, 소련의 붉은 군대가 접근해옴에 따라 늑대소굴에서 이미 철수한 상태였다). 1944년 12월 30일 이비인후과 전문의 폰 아이켄 박사는 마지막으로 히틀러와 대면했다. 이번에는 독일 중부 타우누스Taunus 산지에 위치한 지휘본부였다. 히틀러가 최후의 발악이라 할 수 있는 '아르덴 대공세Ardennes Offensive'를 지휘한 곳이었다. 그런데 당시 폰 아이켄이 독재자 히틀러의 건강 상태에 대해 내린 종합적 평가가 매우 흥미롭다. "환자의 상태는 매우 좋았고, 강인하고 확신에 차 있다는 느낌마저 들었다."[8] 뭇 역사학자들은 전쟁이 지속되는 동안 히틀러의 심신이 너무 약해져서 판단력이 흐려지고 한 나라를 통치할 능력도 상실했다고 주장한다. 그러나 폰 아이켄 박사의 소견에 따르면 역사학자들의 주장은 사실이 아니었다. 1944년 말 전쟁이 어떤 양상으로 흘러갔는지는 우리 모두가 잘 알고 있다. 독일은 폐허가 되었고, 제3제국의 영도자인 히틀러는 (그때 당시로서는 누구도 짐작할 수 없었겠지만) 4개월 뒤 자살할 운명이었다. 사실 그때 히틀러는 이미 파킨슨병을 앓고 있었던 것으로 추정되며, 주치의인 모렐 박사는 히틀러에게 강장제, 비타민 등 각종 약물 주사를 주기적으로 놓아주었다고 한다. 폰 아이켄처럼 노련한 의사가 그러한 사실들을 몰랐을 리 만무하다. 하지만 어떤 이유에서인지 폰 아이켄은 그 부분에 대해서는 입을 열지 않았다. 히틀러의 몸 상태가 결론적으로 나쁘지 않다는 소견만 남겼을 뿐이다. 미국의 히스토리채널이 〈하이 히틀러HIGH Hitler('환각에 빠진 독재자')〉라는 다큐멘터리를 방영한 적이 있다. 그러나 히틀러가 약물에 도취된high 상태에서 폭력적이고 끔찍한 명령들을 내렸다는 증거는 어디에도 없다. 전쟁이 끝나고 히틀러가 사망한 뒤, 거짓말을 할 이유가 하나도 없었던 주치의 모렐 박사도 다음과 같이 말했다. "기본적으로 히틀러는 큰 질병을 앓은 적이 한 번도 없다."[9]

그러나 독일군 기갑부대 사령관이었던 하인츠 구데리안Heinz Guderian은 히틀러의 주치의 모렐을 "입맛 떨어지게 만드는 뚱보 돌팔이"라고 불렀다. 그 뚱보 돌팔이는 히틀러가 과민성대장증상과 파킨슨병을 앓고 있다는 사실을 미처 발견하지 못했다. 히틀러는 대중 앞에 나설 때마다 오른손으로 왼팔을 꽉 잡아야 할 정도로 왼팔을 심하게 떨었다. 지속적 스트레스로 인한 고혈압도 있었고, 그로 인한 관상동맥경화증도 앓고 있었다(히틀러의 정치적 숙적인 이오시프 스탈린과 프랭클린 D. 루스벨트도 그와 비슷한 운명을 겪었다). 모렐과 폰 아이켄은 히틀러가 매우 건강하다고 주장했지만, 몇 년 간 지속된 전쟁은 분명 히틀러의 건강에 겉으로 드러날 정도의 손상을 입혔다. 히틀러를 꽤 자주 진찰한 외과의사 한스카를 폰 하셀바흐Hanskarl von Hasselbach도 종전 이후 다음과 같은 말을 남겼다. "1940년 이전까지는 히틀러의 외모가 실제 나이보다 젊어 보였다. 하지만 그 이후 노화가 급속도로 진행되었다. 그래도 1943년까지는 자기 나이처럼 보였다. 하지만 그 이후부터는 신체 기능이 급속도로 쇠퇴하고 있다는 사실이 눈에 뚜렷이 보일 정도였다."[10]

1945년 3월 22일 히틀러가 '히틀러유겐트Hitlerjugend'(나치청년단) 소속 회원들을 포상하고 뺨을 두드려 주는 장면이 영상에 포착되었다. 히틀러 생전 마지막 동영상이라고도 할 수 있는데, 그 영상에서 히틀러의 건강이 얼마나 악화되었는지를 확인할 수 있다. 히틀러는 등을 굽히고 있고, 이전보다 확연히 늙은 모습이었으며, 떨리는 왼손은 등 뒤에 감추고 있었다. 하지만 히틀러의 모습보다 더 인상적인 것은 나치 선전용 프로그램의 인터뷰 요청에 응한 소년들의 모습이었다. 소련군의 탱크와 맞서 싸웠던 아직 수염도 나지 않은 뽀얀 얼굴의 소년들은 독재자의 파괴 행위를 보여주는 역설적 상징이었다. 그 독재자는 그날 행사가 끝난 뒤 지하 벙커로 돌아갔고, 그

때부터 칩거에 들어갔다. 자신을 그토록 따르는 소년들의 운명은 더 이상 그의 관심 대상이 아니었다. 수많은 이들이 죽음의 수용소에 갇혀 있다가, 혹은 전선을 지키다가 유명을 달리했지만, 그것에 어떠한 책임도 지지 않은 채 히틀러는 극단적 선택을 해버렸다. 그 어떤 확실한 증거를 발견할 수는 없었지만 히틀러의 몸 상태, 정신 상태에 어쩌면 큰 문제가 있었을 수도 있다. 하지만 설사 그랬다 하더라도 그런 이유로 역사의 심판을 피할 수는 없다. 에베를레와 노이만은 히틀러 병력전기문에서 독재자의 건강 상태에 대해 다음과 같은 최종적 판단을 내렸다. "히틀러에게 질환이 있었느냐에 대한 질문에 대한 답변은 다음과 같다. 나치당의 대표이자 독일제국의 총리, 독일군의 수장이었던 히틀러의 건강에는 아무런 문제가 없었고 사리분별도 가능한 상태였다."[11]

얄타 회담과 병약한 대통령

프랭클린 D. 루스벨트

역사가 비교적 긴 미국 민주주의의 진정한 가치는 위기에 더 두각을 드러냈다. 국가가 위기 상태에 빠졌을 때에도 선거를 미루거나 건너뛰는 일은 없었기 때문이다. 서구 민주주의의 어머니로 불리는 영국과 비교해보면 차이가 더 뚜렷해진다. 영국은 제2차 세계대전 기간인 1939년부터 1945년까지 유권자들을 투표함 앞으로 불러들이는 대신 토리당-노동당 연정에서 많은 사안들을 자체적으로 결정했다. 전쟁이 끝나고 나치가 항복을 선언한 뒤인 1945년 5월에야 비로소 하원의원을 뽑는 선거가 치러졌다. 그런데 당시 유권자들은 전쟁 당시 총리였던 처칠을 재신임하는 대신 처칠의 정적인 노동당 출신 후보에게 더 많은 표를 주었다.

미국에서는 1864년 가을, 내전으로 국가 전체가 위기에 내몰렸을 때에도 총선과 대통령선거(이하 대선)가 주기에 맞춰 치러졌다. 적어도 '연방Union'이라 불리던 북부 주들에서는 주기에 맞게 선거가

얄타 회담에 참가한 윈스턴 처칠과 프랭클린 D. 루스벨트, 이오시프 스탈린의 사진(좌에서 우). 쇠약한 몸에도 불구하고 가까스로 힘든 일정을 견뎌낸 루즈벨트는 사진에서는 환하게 웃는 모습을 보였지만, 결국 병마를 이겨내지 못하고 회담 후 2개월이 지나 사망하고 말았다.

치러졌다. 반면 노예제 유지를 주장하던 남부 '연합Confereracy'에 속하는 주들은 유권자들의 의견을 들으려 하지 않았다. 많은 역사학자들은 그해 가을 에이브러햄 링컨Abraham Lincoln을 재선시킨 대선이 미국 역사상 최고의 대선이었다고 평가한다. 하지만 아쉽게도 링컨은 재임된 지 몇 주 만인 1865년 4월 14일, 암살자의 흉탄에 쓰러지며 목숨을 잃고 말았다.

미국은 1941년 12월 7일 일본의 진주만 습격을 받은 뒤 제2차 세계대전에 참전했고, 그로부터 나흘 뒤 히틀러는 미국에 선전포고를 했다. 국제 정세가 한치 앞을 볼 수 없을 정도로 불투명한 상태에서 미국의 다음 대선은 1944년 11월로 잡혀 있었다. 당시 대선은 매우 흥미진진했다. 미국 역사상 최초로 4선에 도전하는 대통령이 출마했기 때문이다. 4선 도전에 대한 국민들의 거부감이나 분노는 거의 없었다. 참고로 초대 대통령인 조지 워싱턴 이후 미국 대통령들은 4년 임기로 두 번만 대통령직을 수행하는 것이 암묵적으로 지켜온 전통이었다. 하지만 프랭클린 델러노 루스벨트Franklin Delano Roosevelt 대통령은 1940년 11월 3선에 당선되며 이미 그 전통을 깨부수었다.[1] 하지만 1944년의 네 번째 대선 출마가 세 번째 출마와 결정적으로 다른 점이 하나 있었다. 루스벨트의 건강 상태가 그간 너무나 악화되었다는 점이다. 1944년에 루스벨트는 전쟁의 중압감으로 심신이 극도로 쇠약해진 상태였다. 다시 한 번 대통령이라는 중책을 수행할 몸 상태가 아니었던 것이다. 미국인들이 좋아하는, 그래서 'FDR'이라는 약칭으로도 즐겨 부르는 대통령의 건강은 사실 처음부터 좋지 않았다. 의학적 관점에서 볼 때 미국 대통령 중 '독보적'일 정도로 건강이 나빴다. 프랭클린 루스벨트는 소아마비에 걸려 중증 장애인이 되었고, 장애 정도도 서구 민주주의 국가의 거물 정치가들 중 유례가 없을 정도로 심각했다.[2]

1882년 뉴욕 허드슨 밸리의 부유한 가정에서 외아들로 태어난 루스벨트는 정계에 입문한 후 민주당 내에서 떠오르는 별이 되었다. 우드로 윌슨 대통령은 루스벨트를 해군차관에 임명했고, 1920년에는 비교적 젊은 서른여덟 살의 나이로 민주당 부통령 후보에 지명되었다. 선거에 승리하지는 못했다. 대다수 국민들이 종전 이후 제1차 세계대전의 환상에서 깨어났고, 중병에 걸린 사실을 은폐하려던 윌슨의 선거전략 때문에 결국 민주당 후보 워런 하딩이 당선된 것이다. 그럼에도 불구하고 프랭클린 루스벨트는 여전히 정계의 다크호스였다.

그러던 어느날 루스벨트는 마른하늘에 날벼락을 맞고 만다. 수십 년 전 예방접종을 의무화하면서 이제 대부분의 선진국에서는 거의 볼 수 없는 질병인 소아마비에 걸린 것이었다. 1921년 8월 루스벨트는 뉴욕에 위치한 보이스카우트의 여름캠프장을 찾았다. 당시 찍은 사진들은 루스벨트의 건강한 모습을 보여주는 마지막 자료가 되고 말았다. 캠프장을 방문하고 며칠 뒤 루스벨트는 여름마다 찾던 캄포벨로Campobello 섬(캐나다 국경 바로 너머에 위치한 섬)으로 휴가를 떠나 해수욕을 즐겼다. 유독 물이 더 차갑게 느껴진 어느 날 저녁, 해수욕을 마친 루스벨트는 지친 상태로 침대에 누웠다. 아내 엘리너Eleanor와 아이들은 곤히 잠든 루스벨트를 깨우지 않고 자기들끼리 오붓한 저녁식사 시간을 가졌다. 다음 날 아침 루스벨트는 처음에는 왼쪽, 나중에는 오른쪽 다리까지 움직이지 않는다는 사실을 깨달았다. 우연히 그 인근에서 휴가를 즐기고 있던 외과의사 토마스 킨Thomas Keen 박사가 연락을 받고 한달음에 달려왔다. 킨 박사는 척추관에 혈액이 응고되어 있다는 진단을 내렸고, 마비된 다리를 주무르기 시작했다. 킨 박사의 치료법은 루스벨트에게 엄청난 고통을 안겨주었다. 이후 상태는 더 나빠졌고, 고열에 시달렸으며, 방광과 장 조절 기능도 마비되면서 배설물들이 쏟아졌다. 보스턴의 소아마비 전문가 로버트 W. 러벳Robert W. Lovett은 루스벨트가 소아마비에 걸린 것이 확실하다고 진단했다. 창창한 미래를 앞두고 있던 루스벨트와 가족들에게는 청천벽력 같은 선고였다. 정치적으로 승승장구하여 권력의 상층부에 있었던 인물이 졸지에 평생 누군가의 간호를 받으며 살아가야 하는 운명에 빠지는 순간이었다.

기자들의 눈에 띄지 않기 위해 철통 방어막을 친 채 루스벨트가 뉴욕으로 이송되었고, 그곳에서 몇 달 동안 치료를 받았다. 몇몇 증상들은 사라졌지만, 마비된 다리는 풀리지 않았다. 당시 루스벨트의 내면에 어떤 변화가 일었는지는 알 수 없지만, 아마도 보통 사람이라면 정치생명이 끝장났다고 생각했을 것이다. 미국뿐 아니라 그 어떤 나라에서도 휠체어에 탄 사람이 대통령직을 수행한 적이 없었기 때문에 더더욱 그렇다. 하지만 루스벨트는 근육 상실로 뼈만 남은 가느다란 다리에 50킬로그램에 가까운 금속 보호대를 차고 열심히 보행 연습을 했다. 멀쩡한 양팔로는 간호사나 아들의 어깨를 짚고 최선을 다했다. 루스벨트 특유의 도전정신이 되살아난 것이었다.

얼마 지나지 않아 루스벨트는 정치활동을 재개하고, 1928년에는 고향인 뉴욕 주의 주지사가 되었다. '광란의 1920년대roaring twenties' 중 마지막으로 평온하고 즐거운 1년이었다. 1928년만 해도 미국은 모든 것이 성장할 것처럼 보였고, 미국식 라이프스타일이 꽃을 피웠으며, 소비가 삶의 질을 드높이는 잣대였고, 모두가 차고에 자동차 한 대쯤은 주차해두고 있었다. 재즈 음악과 더불어 엔터테인먼트 산업도 붐을 일으켰다. 하지만 1929년 가을 '월스트리트 대폭락Wall Street Crash' 사태가 벌어졌다. 이른바 '검은 목요일Black Thursday'이 뉴욕 증권가를 덮친 것이었다. 자본주의의 심장부에서 터진 위기는 전 세계적 위기를 의미했다. 대공황이 시작되었다. 공화당 소속의 허버트 후버Herbert Hoover 대통령과 정부는 국민들의 아우성에도 특별한 대책을 내놓지 못했고, 위기에 빠진 나라를 다시 일으켜 세울 능력도 없어 보였다. 그러자 표심이 움직였다. 1932년 11월, 유권자들의 마음은 본인이 처한 위기를 용감히 극복해낸 루스벨트에게로 향했다. 루스벨트는 자기와 같은 처지에 놓인 소아마비 환자들과 수차례 접촉하면서(특히 자신이 설립한 조지아 주 웜스프링스의 스파요양원에서 잦은 만남을 가졌다) 지금까지 느끼지 못했던 새로운 감정을 느꼈고, 서민들의 고충과 사회복지의 의미를 뼛속 깊이 깨달았다. 부유층 자제로 태어난 루스벨트가 소아마비라는 중증 질환을 앓지 않았다면 평생 가지지 못했을지도 모를 서민들을 향한 따스한 시선을 갖게 된 것이었다.

선거전이 시작되자 루스벨트는 낙천적 성격을 드러내며 신뢰를 얻었다. 그리고 그것은 대공황을 맞아 위기에 처해 있던 국민들에게 용기를 심어주기에 충분했다. 루스벨트가 대중들 앞에 등장할 때면 〈희망의 날이 다시 열린다Happy days are here again〉라는 상징적인 제목의 노래가 울려 퍼졌다. 지금은 희망적인 뉴스가 하나 나왔다 하더라도 이내 그 내용을 반박하는 기사들이 속속 올라온다. 폭로와 비방, 자극적인 내용을 좋아하는 저널리즘은 약점을 잡으면 놓지 않고, 블로그와 소셜미디어까지 가세하면 무엇이 적나라한 진실인지 금세 밝혀지게 마련이다. 하지만 신기하게도 당시 언론들은 루스벨트의 약점에 대해 입을 다물었다. 지팡이를 짚는 것으로도 부족해 이마에 땀이 송골송골 맺힌 채 아들이나 다른 사람들의 도움을 받으며 루스벨트가 유세장 연단을 향해 계단을 오를 때 카메라들은 플래시를 터뜨리지 않았다. 루스벨트는 사실상 '절름발이'였지만 미국인들은 루스벨트가 제32대 대통령에 당선되던 그해, 나아가 그로부터 약 12년 동안 대통령으로 재직했던 루스벨트의 거동이 얼마나 불편한지 제대로 알지 못했다.

국민들의 열망과 기대 속에 당선된 루스벨트는 대공황을 타개하기 위해 역사에 '뉴딜New Deal 정책'이라고 기록된 광범위한 경기부양책과 고용창출책을 제시했다. 그중 몇 가지 시도는 성공했고, 몇 개는 큰 성과를 거두지 못했다. 미국에서 완전고용이 다시 실현된 시점은 10년이 지난 제2차 세계대전 발발 후였다. 하지만 루스벨트에게는 대중의 마음을 움직이는 힘이 있었다. 초선에 성공한 뒤 1933년 3월 4일 거행한 취임식[3]에서 루스벨트는 "우리가 두려워해야 할 것은 두려움 그 자체다"라는 말로 많은 이들에게 깊은 울림을 주었다.

1940년 봄, 대선을 앞두고 민주당은 매우 전략적인 선거 캠페인을 벌였다. 친민주당 성향의 미디어들도 거기에 합세하며 루스벨트에게 제2차 세계대전에 휘말린 유럽의 상황을 감안해서라도 다시 한 번 대통령에 출마해달라고 간청했다. 하지만 루스벨트는 정치인들이 으레 그렇듯 우선은 고사하겠다는 의사를 표명했다. 미안하지만 3선 출마 요청은 받아들이기 힘들 것이며, 이제 권력과 이별할 때라는 식의 제스처를 취한 것이었다. 그러나 그해 7월 시카고에서 개최된 민주당 전당대회 참가자들은 현직 대통령 루스벨트의 (의례적이고 형식적인) 고사 선언을 번복시켰다. 7월 16일 대선 출마후보 지명을 위해 시카고에서 개최된 민주당 전당대회는 미국 전당대회 역사에 길이 남을 만큼 작위적으로 연출된 행사였다. 루스벨트의 성향을 조금이라도 간파했던 이라면 그날의 쇼를 보며 독재자들이 전당대회에 등장하는 장면을 떠올렸을 것이다. 그만큼 수많은 군중들이 교묘한 선동에 휘말린 채 광기를 드러내고 있었다. 시카고 전당대회에 참가한 대중들은 누가 부추기지도 않았는데 자신들의 지지자로 단 한 사람을 지목했다. 민주당원들이 원하는 후보가 누구인지는 애초부터 정해져 있었던 것 같았다. 그런데 어느 순간, 시카고 하수도 관리소장이던 톰 게리Tom Garry가 마이크에 대고 구호를 외쳤다. "우리는 루스벨트를 원한다! 우리 당은 루스벨트를 원한다! 세계가 루스벨트를 필요로 한다!" 그 후 45분 동안(53분이었다고 말하는 이도 있다) 민주당원들은 "루스벨트! 루스벨트! 루스벨트!"를 외치며, 발로 땅을 구르고 행진도 했다. 1932년 선거전 당시의 로고송이었던 〈희망의 날이 다시 열린다〉가 배경음악으로 연주되었다. 훗날 약 40년 동안 소련의 외교계를 주름잡았던 소련의 젊은 외교관 안

드레이 그로미코Andrei Gromyko는 당시의 기억을 다음과 같이 회고했다. "그 모든 고함소리는 민주당을 향한 환호소리인 것 같았다. 하지만 소리가 너무 웅웅거려서 정확히 무슨 소리인지 분간하는 것은 불가능했다. 환호성은 마치 지진을 앞둔 울림처럼 거세지고 있었다. (……) 하지만 그 혼란스러운 상황 속에서도 '루스벨트'라는 이름이 들릴 때마다 높아지는 환호성이 열광의 울림이라는 것은 확실히 느낄 수 있었다."[4]

야당인 공화당은 "세 번이나 해도 좋은 사람은 아무도 없다"라는 구호로 맹렬히 맞섰지만, '폭우 속에서(비록 미국이 아직 참전하지는 않았지만 유럽 대륙에서 세계대전이 벌어지고 있는 시점이었다) 말을 갈아타면 안 된다'라는 속담을 믿었던 미국인들의 표심을 사로잡기에는 역부족이었다. 1940년 11월 4일 루스벨트는 역대 최초로 3선에 성공한 미국 대통령이 되었고, 그로부터 4년 뒤에도 미국 여론과 대중들은 루스벨트가 자신에게 주어진 소임을 다할 것을 믿어 의심치 않았다. 1944년 여름 미국과 연합군은 승기를 잡고 있었다. 한때 공포심을 자극하던 일본군도 함대를 대부분 잃고 이미 태평양 저편으로 퇴각한 상태였고, 유럽에서는 6월 6일 '디데이' 작전이 개시되었다. 연합군은 노르망디 해안에 상륙해 서유럽을 점령 중이던 나치군을 몰아내기 시작했다. 동부전선에서도 소련의 붉은 군대가 나치 독일군을 밀어붙이고 있었다. 상황은 긍정적이었지만 정작 문제는 루스벨트가 더 이상 제2차 세계대전이 시작되던 그 시점의 루스벨트가 아니라는 것이었다.

1944년 7월 31일자 미국의 사진 잡지 《라이프Life》에 실린 한

장의 사진을 본 수많은 독자들은 충격에 빠졌다. 정확한 위치는 알려지지 않은 어느 군사 기지에서 찍은 것으로 루스벨트 대통령이 탁자와 마이크 앞에 앉아 있는 모습이 담긴 사진이었다. 그 사진 속의 루스벨트는 평소 많은 이들이 알던, 얼굴에는 환한 미소를 띠고 입에는 파이프를 문 채로 강인해 보이는 턱을 약간 앞으로 내밀고 있는 모습이 아니었다. 잡지에 실린 사진에서는 카리스마 넘치던 루스벨트의 흔적을 찾아볼 수 없었다. 고개도 힘없이 앞으로 처져 있고, 무엇보다 나이가 너무 들어 보였다. 입은 반쯤 열려 있었고, 시선은 멍하니 허공을 향해 있었다. 앙상한 몸에 맞지 않는 밝은 빛깔의 재킷은 너무나도 헐거워 보였고, 바짓가랑이 속은 아예 텅 비어 있는 듯했다. 사진 몇 장만 보아도 소아마비로 다리 근육이 상실되었다는 사실을 뚜렷이 알 수 있을 정도였다. 축 처진 어깨를 비롯하여 전반적인 모습은 금방이라도 스러질 듯했다. 육신이 쇠락해가고 있다는 증거였다. 침울한 분위기로 가득한 그 사진의 오른편에는 대통령의 가족들이 앉아 있었다. 대령복을 입고 있는 아들 제임스와 제임스의 아내 그리고 또 다른 아들 존의 아내가 앉아 있었는데, 모두들 장례식장에 온 것마냥 침울한 표정이었다.

《라이프》 소속 사진작가 조지 스캐딩George Skadding이 찍은 사진 덕분에 백악관에는 붉은색 경고등이 켜졌다. 10년 넘게 늘 기쁜 소식만 전달해온 대변인 스티브 얼리Steve Early는 대통령의 개인비서 그레이스 털리Grace Tully에게 불같은 분노를 퍼부었다(이후 《라이프》 편집장에게도 전화를 걸어 포효했을 것으로 추정된다). "실망이 이만저만이 아니군. 출마 수락연설 이후로 이렇게 끔찍한 사진을 다시 보게 될 줄이야. 스캐딩이나 스캐딩의 카메라 혹은 스캐딩의 피사체 중 뭐가 문제인지 정확히 모르겠지만, 분명 뭔가 잘못된 거야. '괴담 공작소'에서 야근까지 하면서 대통령의 건강 상태에 대한 각종 소문과 거짓말들을 유포하고 있는 거라고!"[5]

당연하게도 스캐딩에게는 아무런 문제가 없었고, 카메라도 멀쩡했다. 문제는 얼리 대변인을 비롯한 루스벨트의 최측근 참모들이 현실감각을 상실했으며, 대통령의 상태를 감추기 위해 솔직하지 못했던 것에 있다. 또 다른 문제가 하나 더 있다면 아마도 스캐딩의 피사체, 즉 루스벨트가 진짜 환자라는 사실이었다. 백악관은 지금까지늘 대통령의 관련된 정보를 철저히 차단하고, 행여 들키더라도 부인하는 정책으로 일관해왔다. 차단과 부인 전략이 먹히지 않은 것은 이번이 처음이었다. 그런데《라이프》는 문제의 그 사진과 함께 대통령의 주치의인 로스 매킨타이어Ross McIntire의 사진과 설명도 실었다. 해군 제독인 매킨타이어는 몹시 아파 보이는 루스벨트의 사진과는 정반대의 말을 했다. 가끔 과로로 지칠 때도 있고, 나이가 들어 각종 질환 증세를 보이기는 하지만, 대통령은 현재 부비강 쪽만 빼면 아무 문제가 없다는 내용이었다. 그 아래쪽에는 매킨타이어가 꽤 유능한 이비인후과 의사이고, 62세인 대통령의 건강을 최상으로 돌보고 있다는 기자의 의견까지 달려 있었다. 해당 기사는 대통령이 3선 임기가 끝나기에 앞서 몇 달 간 중책을 떠맡아야 하지만, 그 도전들에 무리 없이 맞설 수 있도록 매킨타이어가 대통령을 잘 보살필 것이라는 내용으로 마무리되었다.

그런데 대통령을 바로 옆에서 지키는 매킨타이어의 임무와 소견을 소개하는 그 글은 문제의 해결책을 제시하기는커녕, 오히려 문제의 원인이 무엇인지를 적나라하게 드러냈다. 몇 년 간 전쟁에 휘말린 대통령의 심신을 살피느라 매킨타이어도 지칠 대로 지쳐 있었던 것이다. 세계사의 흐름이 좌지우지되는 결정적 순간에 주치의가 대통령이 중환자라는 사실이 빤히 보이는 상황에서도 진실을 감추기에만 급급했다. 다시 말해 대국민 사기극이 주특기인 의사의 손에 대통령의 건강 상태가 달려 있었던 것이다. 이는 이미 예견된 사태라 할 수 있다. 루스벨트가 뉴욕 주지사를 역임하던 시절에 가까이 지내던 의사가 있었는데, 앞서 우드로 윌슨이 1919년 10월 심각한 뇌졸중으로 쓰러졌을 때 영부인, 개인비서와 함께 트로이카를 형성하여 대통령이 이미 오래 전부터 직무수행불능 상태라는 사실을 은폐했던 캐리 그레이슨이었다.

바로 그 그레이슨 박사가 1933년 3월 대통령에 취임한 루스벨트에게 매킨타이어를 주치의로 추천했다. 매킨타이어는 주치의가 된 뒤에도 사실 할 일이 별로 없었다. 이른 아침에 한 번, 저녁에 한 번, 대통령을 찾아가 몸 상태를 체크하면 끝이었다. 진료 과정도 꽤 간단했다. 이 당시 매킨타이어가 작성한 보고서를 한 번 살펴보자. "8시 반에 백악관에 차를 대고 대통령의 건강 상태를 살펴보기 위해 침실로 갔다. 체온계도 청진기도 없었다. 맥박을 재달라는 요구도, 혀를 살펴봐달라는 요구도 없었다. 아주 가끔 몇 가지 질문만 했다. 나는 대통령이 아침식사를 하고 신문을 읽는 동안 편안한 소파에 앉아 기다리고 있기만 하면 됐다."[6] 매킨타이어는 대통령의 순방길에 늘 동행했지만, 대부분 자신의 전문 분야인 이비인후과적인 문제가 있을 때만 진료했다. 더욱이 루스벨트도 어디가 특별히 아프다고 호소하는 적이 거의 없었으니, 전신에 걸쳐 건강검진을 할 필요가 거의 없었고, 전문의를 소환해 따로 대통령의 몸 상태를 전반적으로 체크하라고 요구하지도 않았다. 건강에 치명적인 습관, 즉 대통령이 '골초'라는 사실에 대해서도 매킨타이어는 별다른 이의를 제기하기 않았다.

대통령의 측근들은《라이프》에 사진이 실리기 오래 전부터 루스벨트의 진짜 몸 상태에 대해 알고 있었다. 매킨타이어가 주치의로서의 임무에서 조금씩 물러나면서 다른 유능한 의사들이 루스벨트를 진료하기 시작했는데, 그 때문에라도 비밀이 새어나갈 수밖에 없었을 것이다. 1944년 3월쯤에는 대통령의 몸 상태가 심각하다는 사실이 이미 명백해졌다. 건강 상태에 대해 이러쿵저러쿵 이야기하는 것을 싫어했던 루스벨트도 어느 날 "몸이 좀 어떠냐?"는 질문에 "최악이다!"라고 대답했다고 한다. 이후 루스벨트는 베데스다 Bethesda 해군병원에서 검진을 받는데, 젊은 심장전문의 하워드 브루언Howard Bruenn은 X선 촬영 뒤 환자의 심장, 그중에서도 특히 좌심실이 심하게 부어 있다는 사실을 지적했다. 심각한 심부전의 전형적 증상 중 하나였다. 당시 루스벨트의 체중은 85킬로그램으로 과체중이었다. 소아마비로 인한 다리 근육 위축을 감안하면 다리 부위를 제외한 부분이 특히 비대하다는 뜻이었다. 브루언은 대통령의 혈압에도 문제가 많다고 판단했다. 혈압 변동이 너무 심하고, 특히 최고 혈압이 생명에 위협이 있을 정도로 높아질 때가 잦았다. 브루언은 디기탈리스를 처방하고(당시로서는 심부전에 그보다 효과적인 약은 없었다), 생활습관을 완전히 바꿀 것을 권했다. 우선 체중을 줄이고, 하루 10시간은 수면을 취하라고 했지만, 대통령 자리에 있으면서 그렇게 긴 수면을 취하는 것은 불가능에 가까웠다. 담배도 하루 5개비로 줄이라 했고(지금까지는 하루 평균 30개비를 흡연), 저녁식사 전 마티니도 한 잔으로 제한했다. 한편, 브루언은 기밀 유지와 관련해 엄격한 지침을 하달받았다. "불필요한 정보가 유포되면 안 되기 때문에 입을 다물라는 경고를 받았던 것"[7] 이다.

루스벨트는 예상했던 대로 전당대회에서 다시금 대선 후보로 추대되었다. 4선 도전자가 된 것이었다. 그런데 기력이 쇠약해져서인지 루스벨트는 대선 출마자로 지명된 이가 가장 먼저 처리해야 하는 러닝메이트 지명을 하지 않고, 부통령 후보 지명을 민주당에게 일임했다. 시카고 전당대회에 모인 대의원단은 미주리 주 상원의원 해리 트루먼Harry Truman을 부통령 후보로 지목했다. 트루먼은 기본이 탄탄한 정치가로 미국의 서민을 대표한다는 이미지를 가지고 있었다. 훗날 33대 미국 대통령이 된 그는 20세기 미국 대통령들 중 유일하게 대학을 졸업하지 않았고, 청년 시절부터 각종 고된 일을 경험한 인물이었다. 여러 경험을 쌓고 1934년 상원의원에 당선된 후 트루먼은 '월스트리트'와 '큰손들'에 비판적인 태도를 취했다. 증권가와 대기업들이 미국 정치에 지나치게 큰 영향을 미치는 현실이 부당하다고 생각했던 것이다. 트루먼은 대의원들의 제안을 수락하며 부통령 후보가 되었지만, 루스벨트와는 11월 선거가 있기 전까지 단 몇 차례 정도만 대면할 수 있었다. 그러던 어느 날 트루먼은 루스벨트의 손이 매우 떨리고, 커피를 쏟지 않고는 한 모금도 마실 수 없다는 사실을 목격했다. 그러나 루스벨트는 장차 자신과 미국을 이끌어갈 '부하'에게 자신의 건강을 포함한 어떤 기밀도 의논한 마음이 없었던 것 같다. 트루먼에게 미국 정부가 비밀리에 추진 중이던(세계 질서를 완전히 뒤바꾸어 놓을 수도 있는) 원자폭탄 개발 프로젝트인 '맨해튼 프로젝트'에 대해서도 함구했다고 한다.

루스벨트는 4선에 성공했고, 1945년 1월 20일에 취임 선서를 했다. 폭우 속에 간단하게 진행된, 아마도 가장 음울한 취임식이었을 것이다. 며칠 뒤 루스벨트는 자신이 감당하기 힘든 업무를 수행해야 했다. 전후 유럽과 세계 질서를 재정비하기 위해 3대 거물이 만나는 자리인 얄타로 향해야 했던 것이다. 얄타까지 가는 여정은 젊고 건강한 청년도 소화하기 벅찰 정도로 험난했다. 크루즈를 타고 몰타Malta 섬으로 이동한 뒤 그곳에서 처칠과 합류한 후 다시 비행기를 타고 흑해로 갔다. 크림 반도에 착륙한 뒤에는 영하의 추위를 뚫고 지프를 타고 약 6시간을 달려 회의 장소인 얄타로 향했다. 얄타는 러시아 차르의 요양지였지만, 루스벨트가 도착했을 당시에는 전쟁의 상흔으로 흉측하게 변해 있었다. 이후 마라톤회담이 시작되었다. 1945년 2월 4일에 시작된 회담은 11일까지 계속 이어졌다. 당시 찍힌 사진은 우리에게 많은 것을 시사한다. 사진 속 스탈린은 자신감이 넘치는 당당한 모습이다. 처칠은 활기는 넘쳐 보이지만 영국이 지닌 한계에 대해 분명히 인식하고 있는 모습이다. 반면 루스벨트는 지치고 쇠약한 모습이다.

루스벨트의 육신이 쇠약해져 있다는 사실은 누가 봐도 알 수 있었다. 처칠은 루스벨트가 몰타에 도착하는 모습만 보고도 금세 알아차렸을 것이다. 게다가 처칠의 주치의인 모런 경Lord Moran도 필시 노련한 의사였을 것이고, 그런 만큼 루스벨트가 회담 내내 아무리 숨기려 애써도 진짜 건강 상태에 대해 어느 정도는 눈치챘을 것이다. 이와 관련해 모런 경은 "그(루스벨트)는 중병에 걸렸다. 뇌동맥경화와 관련된 모든 증상들을 보이고 있고, 이에 따라 살날이 몇 개월밖에 남지 않은 것으로 추정된다"[8] 라고 말했다. 그러나 그렇다고 해서 루스벨트가 정신적으로도 쇠약해진 상태라는 증거는 어디에서도 찾아볼 수 없었다. 얄타 회담 당시 루스벨트의 정신적 건강 상태가 어땠는지는 알 수 없지만, 확실한 것은 미국으로 돌아온 뒤 솔직하고 담담하면서도 현실적으로 회담의 성과에 대해 이야기할 만큼은 정신이 온전했다는 사실이다. 루스벨트는 "회담의 결과가 좋았다고 말하지 않겠다. 그러나 그것은 내가 할 수 있는 최선이었다" 라고 말했다. 하지만 얼마 뒤 절망적인 말투로 다음과 같이 말하기도 했다. "스탈린과는 함께 할 수 없다. 스탈린은 얄타에서 약속한 것들을 하나도 지키지 않았다."[9] 결국 당시 세계를 주무르던 3대 거물의 전설적이자 최후의 만남을 한 마디로 요약하자면 "얄타 회담에서 맺은 협정이 문제가 아니다. 문제는 스탈린이 그 협정을 무시했다는 것"이다. 얄타 회담은 소련의 확장 정책을 막지 못한 서구 세계의 무능함, 유럽 전역을 독재로부터 완전히 해방시키지 못한 무능함의 상징이 되고 말았다. 폴란드의 운명은 특히 더 비극적이었다. 1939년 자유를 쟁취하기 위해 히틀러에 맞서 싸웠고, 영국과 프랑스가 나치 독일에게 선전포고를 하게 만들었던 폴란드는 1945년에도 해방되지 못했고, 자국의 운명을 스스로 결정할 수 없었다. 나치에서는 벗어났지만 소련의 위성국가가 되어 스탈린과 소련 공산당 정치국의 통제 하에 놓이게 되었다. 하지만 폴란드는 1980년경부터 연대자유노조Solidarnosc를 결성하고 파업 등을 통해 자유 쟁취를 위한 투쟁을 맹렬히 펼쳤다. 폴란드뿐 아니라 헝가리, 발트 해 인근 국가들, 체코, 나아가 유럽 최대 인구를 자랑하는 러시아 등 동구권은 고르바초프, 레이건, 대처 그리고 폴란드 출신의 교황 요한 바오로 2세 같은 인물들이 역동적 세계사를 써내려간 1980년대가 다 가기 전에 얄타의 상처를 극복하고 자유를 쟁취했다.

루스벨트 대통령은 제2차 세계대전의 종전을 직접 보지 못했다. 자신이 제안한 국제연합UN이 창설되는 것도 못 봤다. 루스벨트는 1945년 봄날의 며칠을 웜스프링스에서 아내 엘리너의 비서이자 옛 연인이었던 루시와 행복한 날들을 보낸 것으로 추정된다. (차가운 성격의 영부인 엘리너는 남자 복장을 한 여자친구들과 시간을 보내는 것을 더 좋아했다고 한다.) 웜스프링스에 머무르던 어느 날 루시는 엘리자베스 샤우마토프Elizabeth Shoumatoff라는 화가를 초대해 루스벨트의 초상화를 그려달라고 부탁했다. 4월 12일, 루스벨트는 꽤 긴 시간을 침착하게 앉아서 모델 역할을 얌전히 수행했다. 샤우마토프는 늘 창백했던 대통령의 얼굴이 그날따라 홍조를 띠고 있다는 사실을 알아차렸다. 하지만 그것이 위험할 정도로 치솟은 혈압 때문이라는 사실은 알지 못했다. 오후 1시가 조금 지난 뒤 루스벨트는 왼손으로 뒷머리를 짚으며 "뒷골에 끔찍한 통증이 느껴진다"라고 말한 후 이내 의식을 잃었다. 그것이 그가 마지막으로 남긴 말이었다. 주치의 브루언이 곧장 달려와 숨을 헐떡이는 대통령을 '리틀 화이트 하우스Little

White House'의 침실로 옮기고 이런저런 주사를 놓았다. 하지만 브루언은 이내 무슨 일이 벌어졌는지 알아차렸다. 고혈압으로 뇌대동맥이 파열된 것이었다. 뇌 속에 대량 출혈이 일어나면 사망할 확률도 높아질 수밖에 없었다. 미합중국 제32대 대통령 루스벨트는 그렇게 오후 3시 55분 고요히 누운 상태에서 전쟁의 시대를 뒤로 하고 역사 속으로 사라졌다. 자신이 진심으로 좋아하는, 자신을 진심으로 걱정해주는 사람들이 임종을 지켰다는 것이 루스벨트가 생애 마지막으로 누린 행운이라면 행운이었다.

루스벨트의 죽음은 미국뿐만 아니라 전후 유럽에도 영향을 미쳤다. 어쩌면 유럽과 독일 입장에서는 '축복'이었을지도 모른다. 루스벨트의 지인이던 재무장관 헨리 모겐소Henry Morgenthau는 제2차 세계대전에서 패한 독일 및 유럽 내 산업 강국들을 비공업화하고 비군사화하여 다시금 농업국가로 회귀시키겠다는 '모겐소 계획'으로도 유명한 인물이었다. (모겐소는 그로 인해 수많은 사람들이 비참한 지경에 빠지고 사망하더라도 어쩔 수 없다고 생각했을 것이다). 만약 루스벨트가 네 번째 임기를 다 소화할 수 있었다면 모겐소 계획에 동의했을까? 알 수 없는 일이지만 루스벨트 전기문을 쓴 작가들은 루스벨트의 가치관과 모겐소 계획은 들어맞지 않는 면이 많다고 말한다. 루스벨트는 우선 나치 독일을 처벌해야 하지만, 장기적으로 볼 때 독일을 다시 국제사회의 일원으로 편입시켜야 한다는 입장을 넌지시 표명한 바 있다. 그러나 실제로 그가 좀 더 살아 있었다면 어떤 노선을 선택했을지는 알 수 없다. 루스벨트는 늘 자신이 들고 있는 패를 절대 노출하지 않는 스핑크스 같은 정치가라고 말했기 때문에 지금

와서 그의 행보를 예측하기란 더더욱 불가능하다. 하지만 현실에 대해서는 말할 수 있다. 후임자인 해리 트루먼은 대학살에 가까운 복수 시나리오에 일말의 공감도 보이지 않았다. 독일을 비롯해 경제가 완전히 파탄지경에 이른 유럽 국가들 앞에 미국을 대변하기 위해 나타난 인물은 다행히 모겐소가 아니라 트루먼 내각의 국무장관이자 그 유명한 '마셜 플랜'의 주창자인 조지 C. 마셜George C. Marshall이었다. 모겐소는 루스벨트가 사망한 이후 1945년 7월 22일에 재무장관직에서 물러난 상태였다.

프랭클린 루스벨트의 기나긴 재임 기간과 건강하지 못한 몸 상태를 숨기기 위해 벌인 대국민 사기극은 미국 헌법에도 영향을 미쳤다. 루스벨트 사망 후 2년이 채 가기도 전인 1947년 3월, 미 의회는 대통령의 최대 임기를 8년으로 제한한다는 내용의 수정헌법 제22조를 상정했다. 이 안건에 대해 루스벨트의 소속 정당인 민주당 의원들도 대거 찬성표를 던졌고, 수정헌법 제22조는 1951년에 발효되었다.

1924년부터 1953년까지 소련을 통치한 대량학살자 이오시프 스탈린이다.
천연두 자국은 인위적으로 지운 상태다.(사진 좌)
리처드 밀하우스 닉슨은 수많은 정적들에게 둘러싸여 있었다.
1974년 8월 사퇴 성명을 발표한 닉슨은 미국 대통령 중 유일하게 임기 중
사퇴한 대통령이다.(사진 우)

크렘린과 백악관의 편집증

스탈린과 닉슨

역사를 소재로 한 코미디 영화들은 사실을 있는 그대로 보여주는 동시에 희극적 요소도 가미해야 한다. 2017년 영국과 프랑스 등의 합작으로 제작된 정치풍자극 〈스탈린이 죽었다The Death of Stalin !〉는 그 두 가지 조건을 훌륭하게 채운 작품이다. 물론 역사적 사실을 지나치게 희화한 면이 있긴 하다. 20세기 최악의 폭군 중 하나였던 스탈린의 최후의 순간을 표현한 장면들이 특히 더 그랬다.

1953년 2월 28일, 30년 가까이 소련을 지배해온 스탈린은 늘 그랬듯 '4인조'와 함께 저녁 시간을 보낸다. 여기에서 말하는 4인조란 소련공산당 서기장 게오르기 말렌코프Georgii Malenkov, 비밀경찰국장 라브렌티 베리야Lavrentii Beriya, 국방장관 니콜라이 불가닌Nikolai Bulganin, 모스크바 당위원회 제1서기인 니키타 흐루쇼프Nikita Khrushchyov다. 이 네 사람은 마치 행성들이 태양 주변을 공전하듯 스탈린 주변을 맴돌았다. 여느 날과 다름없이 그날도 늦게까지 먹고 마시는 동안 소련의 최고위 권력자 네 명은 감정기복이 심한 상관의 기분을 맞추기 위해 쉴 새 없이 아첨을 했다. 스탈린은 몸집이 비대한 흐루쇼프에게 우크라이나 전통춤으로 흥을 돋우라고 요구했다. 네 명 중 그 누구도 감히 토를 달지 못했다. 공산당 간부인 레프 카메네프Lev Kamenev나 소비에트연방의 공동 건국자인 그리고리 지노비에프Grigory Zinoviev 같은 고위급 정치가들조차도 형식적인 재판 절차만 거친 뒤 처형된 것을 잘 알고 있기 때문이다. 멕시코에서 망명 생활을 하던 레프 트로츠키Lev Trotzkii도 스탈린의 지령에 따라 피살되었다. 그런 까닭에 측근들이라 해도 최고 지도자와 함께 여자들을 끼고 술을 마시며 흥청망청 보내는 나날들이 즐겁지만은 않았을 것이다. 오히려 언제든지 목숨을 잃을지 모르니 살얼음판 같았을 것이다. 4인조 역시 일흔네 살의 영도자 스탈린이 얼마나 끔찍한 광기에 사로잡혀 있는지를 확인한 바 있다. 유대인 의사들을 대거 체포해 투옥한 사건이 바로 그것이다. 당시 스탈린은 그 의사들이 자신을 암살할 음모를 획책하고 있다고 주장했다.

스탈린의 건강은 그다지 좋지 않은 상태였다. 고혈압이 심했고, 평생에 걸친 과음으로 간도 많이 손상되었으며, 기억력도 감퇴하고 있었다. 모스크바 교외의 쿤체보Kuntsevo에 마련된 '다차dacha'(여름 별장)에서 휴식을 취하는 일이 잦아졌다. 그곳에서 스탈린은 자신의 말을 한 마디도 놓치지 않기 위해 귀를 쫑긋 세우고 있는 4인조 멤버들과 날이 밝을 때까지 즐거운(4인조도 즐거웠는지는 알 수 없지만) 시간을 보내곤 했다. 스탈린은 기본적으로 야행성 인간이었고, 오후가 되어서야 잠에서 깰 때가 많았다. 숙적 아돌프 히틀러와 비슷한 생활리듬이었다. 히틀러 역시 자정까지 수행단들에게 자신의 '훈화 말씀'에 귀 기울일 것을 요구할 때가 많았다. 단, 스탈린과 달리 히틀러는 온전한 정신 상태였다.

1953년 3월 1일, 그러니까 토요일에서 일요일로 넘어가던 날에는 새벽 3시경 술자리가 끝났다. 스탈린은 경호원들에게 아침에는 경호원이 필요 없으니 자신이 부르면 그때 오라고 지시했다. 그런데 일요일 정오가 지나 오후가 되도록, 심지어 날이 다 저물고 밤이 되도록 아무런 소식이 없었다. 그러나 경호원이나 별장 직원들 중 그 누구도 자발적으로 스탈린의 침실에 들어갈 엄두를 내지 못했다. 밤 10시가 되자 별장 부관리인이 용기란 용기는 다 끌어모아 스탈린의 침실에 들어가기로 결심했다. 배달된 소포를 전달하러 왔다는 핑계까지 만들어둔 뒤였다. 조심스럽게 문을 열었을 때 스탈린은 소변으로 흥건하게 젖은 카펫 위에 누워 있었다. 별장 직원들은 스탈린을 소파에 뉘인 뒤 4인조에게 급히 와줄 것을 요청했다. 스탈린의 모습을 본 네 사람은 공포감에 사로잡혀 사지가 마비되는 것 같았다. 혹시 자신들 중 하나가 지도자를 독살하려고 했다는 의혹을 받지는 않을지 두려웠던 그들은 매우 당황했다. 마침내 베리야가 입을 열었다. "스탈린 동지는 그저 깊은 잠을 자고 있는 것이니 일단 진정해야 한다." 실제로 그 시점에 스탈린은 살아 있었다. 심한 뇌졸중 때문에 쓰러졌지만 의식은 아직 남아 있는 상태였다. 어쩌면 최측근 중 그 누구도 감히 자신의 몸에 손을 대지 못하고 있다는 사실까지 인지했을 수도 있다.

3월 2일 월요일, 겁에 질린 4인조(이제 곧 권력을 둘러싼 다툼을 벌이게 될 4인조)는 드디어 의사를 부르기로 결정한다. 하지만 소련 최고의 의사들은 유대인이라는 이유로 숙청을 당해 감옥에 갇혀 있었다. 그중 한 명이 소환되어 심문을 받았다. 그 죄수에게 반역 음모에 대해 따져 묻겠다며 소환했지만, 심문은 이내 뇌졸중으로 쓰러졌을 경우 어떤 조치를 취해야 하느냐는 의학적 질문으로 변질되었다. 스탈린 주변을 지키던 '충견' 무리 중 가장 슬퍼한 이는 베리야였다. 베리야는 스탈린의 손에 입을 맞추고 또 맞추었고, 큰 소리로 오열했다. 어쩌면 이 피도 눈물도 없는 대량학살자 베리야가(베리야는 수천 명의 폴란드군 장교들을 카틴Katyn 숲에서 총살한 장본인으로 지목되고 있다) 자신에게 다가올 운명, 즉 동지들이 스탈린의 사망 과정을 정리하는 차원에서 화살을 자신에게 겨눌 것을 예감하고 있었던 것은 아닐까? 결국 베리야는 1953년을 넘기지 못하고 총살형에 처해졌다. 베리야 이야기는 이쯤에서 접고 다시 본론으로 돌아가보자. 3월 5일이 되었다. 스탈린의 생명이 얼마 남지 않은 시점이었다. 스탈린의 딸 스베틀라나는 당시 일을 이렇게 회고한다. "마지막으로 눈을 뜬 뒤 방 안을 둘러보는 것 같았다. 무시무시한 눈빛, 광기에 사로잡힌 눈빛, 어쩌면 분노에 가득 찬 눈빛, 또는 죽음을 앞두고 완전히 겁에 질린 눈빛이었다. 그러더니 돌연 왼손을 들어올렸다. 위쪽을 가리키며 저주를 퍼부으려는 것 같았다. 정확히 무슨 뜻이었는지는 알 수 없지만, 매우 위협적이었다."[1]

1912년 지하투쟁 당시 '강철 인간', 즉 '스탈린'이라는 예명을 얻은 이오시프 비사리오노비치 주가시빌리Iosif Vissarionovich Dzhugashvili는 1953년 3월 5일 밤 10시가 되기 전 영원한 잠에 빠졌다. 그런데 스탈린은 죽은 이후에도 더 많은 피를 보고 싶었던 것일까? 3월 9일 붉은 광장에서 거행된 스탈린의 장례식에서 참사가 벌어졌다. 사람들이 구름떼처럼 몰려들었고 광장은 아수라장이 되었다. 흐루쇼프(꽤 긴 권력다툼 끝에 흐루쇼프는 서기장이 되었고, 이후 1964년까지 소련을 통치한다)의 진술에 따르면 109명이, 또 다른 자료들에 따르면 약 500명이 인파에 떠밀려 압사하거나 질식사했다고 한다.

스탈린의 삶은 폭력으로 점철되어 있었다. 어린 시절 폭력을 일삼는 아버지로부터 툭하면 심한 손찌검과 매질을 당한 소년은 결국 사상 최악의 독재자로 세계사에 기록되었다. 신체적 조건은 오히려 불리한 편이었다. 혁명가로 활동하던 청년 시절, 은행을 습격해 공산당 투쟁에 필요한 자원을 조달하던 스탈린의 왼팔은 오른팔보다 약간 짧았고, 기능 또한 완전히 정상적인 상태는 아니었다. 어린 시절에 걸린 천연두는 얼굴에 수많은 곰보 자국을 남겼다. 물론 소련의 언론들은 세심한 편집으로 그 흉터들을 지웠다. 스탈린은 뚜렷한 목표의식과 계획 하에 최고 권력을 향해 차근차근 다가갔고, 레닌이 수차례에 걸친 뇌졸중으로 쓰러진 뒤 서기장에 선출되었다. 레닌은 스탈린의 멘토이기는 했지만, 죽음을 몇 달 앞둔 시점에는 오히려 측근들에게 스탈린을 조심하라고 경고하기도 했다. 어쨌든 스탈린도 30년 뒤 레닌처럼 극심한 동맥경화를 앓았다. 1945년 무렵에는 심근경색이 왔다. 비교적 가벼운 뇌졸중을 여러 차례 겪은 것일 수도 있다. 1945년은 소련이 대승리를 자축하던 해였다. 1941년 6월, 나치 이데올로기에서 말하는 '열등 민족Untermensch'인 슬라브족을 말살하기 위해 소련을 쳐들어갔던 히틀러는 결국 전쟁에서 패했고, 베를린에 입성한 붉은 군대는 소각되어 새까맣게 탄 히틀러 시신의 잔해를 찾아냈다. 스탈린의 완벽한 승리였다. 포츠담 회담 당시 스탈린은 누가 봐도 전승국의 당당한 지도자였다. 미국 대통령 해리 트루먼은 취임한 지 얼마 되지 않은 시점이었고, 영국 총리 윈스턴 처칠은 회담이 진행되는 도중에 총선에 패배하며 후임자에게 전권을 넘겨야 했다. 이제 유럽의 절반은 스탈린의 손아귀에 놓여 있는 듯했다. 서방 세계는 '낫과 망치가 그려진 붉은 깃발'이 유럽 대륙 전체에 휘날리지 않게 만들려면 재빨리 서로 연합하여 커다란 결단력을 보여주어야 한다는 사실을 깨달았다.

많은 독재자들이 그랬듯 스탈린도 후임자를 지명하지 않았다. 후임자 지명보다는 권력 유지에 더 관심이 많았고, 그 때문에 심신이 쇠약해져가고 있다는 사실조차 무시했다. 스탈린이 지배하는 동안 소련에서는 약 2천만 명이 희생되었다. 스탈린이 남긴 유산과 독재자의 기억은 그가 사망한 뒤에도 한동안 사라지지 않고 어두운 그늘을 드리웠다.

스탈린을 설명할 때 '편집증paranoia'이라는 말이 자주 등장하곤 한다. 실제로 스탈린은 피해망상증을 보였다. 편집증은 광기, 집착과 관련된 정신질환이다. 정계의 거물들 중에는 편집증을 앓은 이들이 적지 않다. 기본적 성향에 따른 개인차는 있겠지만, 권력자들은 정적들의 음모나 술수, 기타 위협에 대해 본능적으로 불안감을 느끼게 마련이다. 편집증에 걸린 국가 수장들은 그 누구도 신뢰하지 않는다. 최측근조차도 의심의 대상이고, 자신이 정적들에 둘러싸인 외로운 존재라고 생각한다. 과거로 거슬러 올라가도 이러한 사례를 쉽게 찾아볼 수 있다. 로마의 황제, 러시아의 차르, 오스만 제국의 술탄, 기타 강력한 전제 군주들 중 정적이라고 의심되는 자들을 무참히 살해한 이들이 적지 않다. 실제 정적이었을 수도 있고, 정적이라 착각한 경우도 있었다. 그 모든 것이 결국 권력자의 피해망상증과 관련되어 있다. 민주주의 국가의 수반이라 해서 그러한 피해망상증으로부터 자유로운 것은 아니다. 민주국가의 수장들 중에도 정적이 언제든지 자신을 칠 수 있다고 굳게 믿으며, 그 사태를 방지하기 위해 각종 불법 행위를 자행한 이들이 많다. 예컨대 불법 도청, 정적들의 집이나 사무실에 스파이 잠입시키기, 자신에게 맞서는 이들이 자주 찾는 심리상담소 수색하기, 자신이 저지른 불법 행위 무마하기 같은 것들이다. 측근들만 모여 있는 자리에서 정적들을 헐뜯거나 술로 불안감을 달래기도 한다.

"절대 잊지 말아야 합니다. 언론은 적입니다, 언론은 적이라고요. 관료들도 적이고, 교수들도 적입니다. 교수들도 전부 적입니다. 이걸 100번이라도 적어 놓으십시오."[2] 이 말은 백악관의 대통령 집무실Oval Office에서 나온 말로, 그로부터 수년 뒤 공개된 녹취록을 통해 세상에 알려졌다. 미국 제37대 대통령 리처드 밀하우스 닉슨Richard Milhous Nixon이 1972년 12월 14일 국가안보보좌관 헨리 키신저Henry Kissinger와 국가안보회의 소속 알렉산더 헤이그Alexander Haig에게 한 말이다(키신저와 헤이그는 이후 미국 국무장관을 지내게 된다). 그런데 닉슨이 이러한 경고를 한 시점이 눈길을 끈다. 5주 전인 1972년 11월 7일, 닉슨은 대선에서 압승을 거두며 연임에 성공했다. 절대다수 득표로 라이벌인 민주당 소속 조지 맥거번George McGovern 후보를 물리친 것은 지금까지도 미국 대선 사상 최대의 승리로 기록될 정도다. 당시 닉슨은 선거인단 투표에서 520표를 얻었고, 맥거번은 단 17표밖에 획득하지 못했다(민주당은 매사추세츠 주와 수도 워싱턴 DC에서만 과반을 달성했다).[3] 그 정도 압승을 한 당선자는 으레 무한대의 자신감을 보이며 두 번째 임기를 시작하기 마련이다. 게다가 닉슨은 외교 분야에서도 커다란 성과를 거두었기 때문에 더더욱 큰 자신감을 지닐 이유가 충분했다. 1972년 닉슨은 중국을 방문했고, 지구상에서 인구가 가장 많은 나라를 어느 정도는 자기편으로 끌어들이는 데 성공했다. 같은 해 모스크바도 방문했다. 미국 대통령으로서는 최초로 이룬 성과였다. 또한 '제1차 미소 전략무기제한협정SALT, Strategic Arms Limitation Talks'을 이끌어내며 동서화합의 물꼬를 트기도 했다.

하지만 닉슨은 본디 여유롭고, 느긋하고, 자신감이 넘치는 인물이 아니었다. 닉슨은 제2차 세계대전 종전 직후인 1946년에 의회에 진출했다. 공화당원들은 닉슨을 장래가 촉망한 정치가로 평가했다. 1952년, 서른아홉 살이 되던 해에는 전쟁 영웅 드와이트 D. 아이젠하워Dwight D. Eisenhower의 러닝메이트로 낙점되었다. 하지만 선거전을 치르는 내내 언론은 닉슨을 향해 칼끝을 겨누었다. 그 후 무려 30년간 기자들은 마치 당연하다는 듯 닉슨에 대해 극도로 부정적인 기사들만 쏟아냈다. 닉슨이 선거 비용을 사적으로 유용했다는 의혹이 제기되기도 했다. 닉슨은 그 유명한 '체커스 연설The Checkers Speech'로 맞섰다. '체커스'는 닉슨 가족이 선물받은 강아지의 이름이었다. 닉슨은 선거 비용을 개인적으로 사용하지 않았으며, 개인적으로 이득을 본 것은 지지자로부터 강아지를 한 마리 선물받은 것이 전부라고 주장했다. 그 연설에서 닉슨은 많은 말을 쏟아냈지만, 결국 청중들의 뇌리에 남은 것은 단 한 문장밖에 없었다. 수많은 이들의 눈시울을 적신 "그 누가 무슨 말을 하든지 간에, 이 강아지는 반드시 키우고야 말겠다"는 말이었다.

언론의 십자포화는 닉슨에게 열등감과 편집증을 안겨주었다. 캘리포니아의 평범한 가정에서 태어난 닉슨은 상위 계층이 주를 이루는 정치인들 속에서 자신이 늘 아웃사이더라고 생각했다. 또한 당시 미국에는 엄청난 부를 거머쥐고 있는 이들이 많았는데 그 사람들이 자신을 이제 겨우 헤엄을 치기 시작한 피라미 정도로밖에 여기지 않으며 무시하고 있다고 여겼다. 한편, 닉슨의 이러한 피해의식을 부추긴 인물이 있었는데, 바로 존 F. 케네디였다. 닉슨은 존 F. 케네디가 최상위층의 욕망과 허영심을 잘 대변하는 사람이라고 생각했다. 1960년 닉슨과 같이 대선에 출마할 당시 케네디는 매사추세츠 주의 상원의원이었다. 닉슨은 케네디를 가리켜 금수저를 입에 물고 태어난 사람이라고 말하기도 했다. 예상했던 대로 민심은 별로 호감이 가지 않는 음울한 분위기의 닉슨보다 매력적이고 잘생긴 케네디를 선택했다. 그해 미국 대선 사상 처음으로 수많은 관객을 초대한 가운데 대선후보 TV 토론이 개최되었다. '대토론Great Debates'이라고도 불리는 대선 사상 첫 후보간 TV 토론은 미디어가 표심의 향방을 얼마나 좌우할 수 있는지를 여실히 입증했다. 높은 시청률을 기록하는 가운데 몇 차례 토론이 진행되었고, 많은 이들이 닉슨보다 케네디를 더 좋아한다는 사실이 드러났다. 젊은 상원의원 케네디의 뛰어난 패션 감각과 살짝 검게 그을린 피부 그리고 승자의 환한 미소가 많은 유권자들의 마음을 사로잡았던 것이다. 반면 닉슨은 어두운 표정을 짓고 있었고, 스튜디오의 뜨거운 조명들 때문에 땀까지 뻘뻘 흘렸다. 그런데 신기하게도 당시 토론을 TV가 아닌 라디오로 청취한 미국인들은 닉슨이 논리 면에서 케네디보다 우세했다는 의견을 내놓았다고 한다.

그러나 라디오는 TV의 힘을 이기지 못했고, 케네디는 근소한 표차로 승리했다. 최소 2개 주에서 부정투표나 대리투표 의혹이 있기는 했지만, 닉슨은 선거 결과에 깨끗이 승복했다. 국가를 혼란스러운 상황으로 몰아가고 싶지 않은 마음도 있었을 것이다. 1968년 다시 재기한 닉슨은 대선에서 대통령으로 당선되어 '세기의 컴백'을 이루어냈다. 문제는 이제 막 취임한 대통령에게서 자신감이라고는 찾아볼 수 없다는 것이었다. 닉슨은 늘 혼자만의 상념과 고민에 빠져 있었다. 때로 술을 입에 대기도 했다. 많이 마시지는 않았다. 스탈린과 달리 닉슨은 '말술'이 아니었고, 조금만 마셔도 이내 취하는 타입이었다. 베트남전에 반대하는 시위도 닉슨에게는 부담으로 작용했을 것이다. 시위가 절정에 달할 무렵인 1970년 5월 4일, 오하이오주의 켄트주립대학교Kent State University 학생 네 명이 연방주 방위군이 쏜 총탄에 사망하고 아홉 명이 부상당하는 사건이 벌어졌다. 그 소식은 닉슨의 가슴과 머리에도 큰 상처와 충격을 남겼다. 훗날 닉슨은 회고록에서 이렇게 고백했다. "그 사진들을 지울 수가 없었다. 자식의 사망 소식을 접한 가족들의 고통이 끊임없이 머릿속을 맴돌았다. 난 내 딸들이 걸음마를 배우던 시절, 말하는 법을 터득하던 시절, 그 아이들의 첫 번째 생일, 함께 간 여행지들, 함께 야구장이나 서커스장을 찾았던 기억, 그 아이들이 어떻게 십대 시절을 보냈는지, 이후 대학 시절은 또 어떻게 보냈는지를 떠올렸고, 그 아이들이 갑자기 사라진다면 어떤 마음일지를 떠올렸다."[4] 이 비통한 심정과 공감대를 사건이 일어난 당시에 공식적으로 표현했더라면 얼마나 좋았을까 하는 아쉬움이 남는다.

이후 닉슨은 최측근 참모들과 수많은 밤을 지새웠다. 자신을 공격할 정적들의 명단을 작성하고, 국세청이나 J. 에드거 후버J. Edgar Hoover의 휘하에 있는 FBI를 움직여 잠재적 정적들의 입을 다물게 할 전략을 짠 것이다. 당시 세운 전략들에는 불법적인 수단들이 포함되어 있었는데 그중 하이라이트는 1972년 6월 17일 워싱턴 시내 워터게이트 빌딩에 소재한 민주당 전국위원회 사무실에 잠입하여 도청기를 설치하려는 계획이었다. 어리석기 짝이 없는 계획이었다. 왜냐하면 지나치게 편향된 공약들을 내세우는 민주당이 선거에서 패배할 것이 뻔한 상황이었기 때문이다. 게다가 민주당이 부통령 후보로 낙점한 상원의원 톰 이글턴Tom Eagleton은 정신과 치료를 자주 받고 있었다. 다시 말해 이글턴이 민주당을 아예 '확인사살'할 수도 있었던 상황이었다(이후 이글턴은 부통령 후보직을 사퇴했고, 케네디가 출신의 정치가 사전트 슈라이버Sargent Shriver가 그 자리를 대체했다). 하지만 어쨌든 워터게이트 사건은 벌어졌고, 닉슨은 그 사건이 공개되는 것을 막기 위해 온갖 수단을 동원했다. 그리고 다시금 대통령이 되었다. 하지만 취임 후 얼마 되지 않아 워터게이트 사건이 수면 위로 떠올랐다. 미국 전체가 그 이야기만 하고 있었다. 게다가 닉슨은 백악관에서 수많은 말들을 남겼고, 그중 많은 부분들이 녹취되었다. 녹취록 일부가 공개되자 국민들은 충격에 휩싸였고, 저렇게 품격 없는 자가 미합중국의 대통령직을 수행해서는 안 된다는 여론이 조성되었다. 이쯤 되면 녹취록 내용이 궁금하지 않을 수 없다. 녹취록 테이프에서 닉슨은 상원 사법위원회 간사들을 "늙은 방귀쟁이", "노망난 늙은 놈", "애국심도 없는 자", "징글징글한 남부 X끼"라고 불렀다. 그냥 간단하게 "늙다리 X끼"라 부르기도 했다. 이제 닉슨의 측근들이 나서서 언론을 협박할 차례였다. 법무장관 존 미첼John Mitchell은 《워싱턴포스트》의 발행인 중 한 명인 캐서린 그레이엄Katherine Graham과 접촉해 "가슴을 착즙기에 집어넣어 쥐어짜버리겠다"[5] 고 협박했다. 하지만 《워싱턴포스트》 기자 칼 번스틴Carl Bernstein과 밥 우드워드Bob Woodward는 굴복하지 않고 워터게이트 사건을 파헤쳤다. 특히 우드워드는 그로부터 45년이 더 지난 시점에도 미국 대통령과 백악관에 대한 일반의 궁금증을 해소하기 위해 각종 자료를 탐색하며 노력을 기울인 바 있다.[6]

1974년 8월이 되자 워터게이트 사건의 여파는 걷잡을 수 없이 커져버렸다. 대통령이 탄핵될 것을 의심하는 이는 거의 없었다. 8월 8일 닉슨은 TV 중계로 국민들에게 사죄했다. 사과 성명에는 "제가 가했을지도 모를 고통에 대해 깊은 사과의 말씀을 드립니다"라는 말과 "제가 내린 판단 중 몇몇은 잘못된 결정일 수도 있습니다"[7] 라는 말이 포함되었다. 이튿날 정오, 닉슨은 사임 의사를 밝혔고, 1974년 8월 9일 닉슨은 미국 최초로 임기 중 불명예스럽게 사임한 대통령이 되었다. 그렇게 정계에서 한발 물러난 뒤 닉슨은 약간의 안정을 되찾았다. 후임자들에게 원로 정치인으로서 외교 문제에 대해 자문을 해주기도 했고, 1981년에는 암살당한 이집트 대통령 사다트Sadat의 장례식에 제럴드 포드Gerald Ford, 지미 카터Jimmy Carter 대통령과 함께 미국을 대표해 참석하기도 했다. 1994년 4월 세상을 떠난 뒤에는 고향인 요바린다Yorba Linda에 소재한 '닉슨 대통령 도서관'[8]에 안치되었다. 생전 닉슨은 "사람을 제대로 알려면 삶의 어두운 면도 알아야 한다"[9]라는 말을 남겼다. 아마도 자신의 과거를 회고하며 한 말이 아닐까 싶다.

기품이 넘치는 귀족 출신의 영국 총리 앤서니 이든의 사진. 담석 수술에 실패하여 후유증에 시달렸던 이든 총리는 중요한 결정을 내려야 하는 순간에 큰 실수를 했다. 만약 담석 수술이 성공적이었다면 1956년의 수에즈 위기는 발생하지 않았을지도 모른다.

담낭 질환과 수에즈 위기

앤서니 이든 총리의 오판

제2차 세계대전이 종식되자 냉전이 시작되었다. 여기저기에서 위기가 발발했다. 그중에서도 가장 아찔했던 사건은 1962년 가을에 터진 쿠바 사태였다. 핵전쟁이라는 아마겟돈이 코앞에 닥쳐 있는 것처럼 느껴질 정도로 사태가 첨예화되었기 때문이다. 정확히 6년 전인 1956년에는 중동에서 화약고가 터졌었다. 서방 세계의 수호자임을 자처하는 미국이 뜻밖에 우방인 영국, 프랑스, 이스라엘과 맞서는 사태가 벌어진 것이었다. 나중에 밝혀진 일이지만, 그 사태의 원인은 건강이 극도로 악화된 영국 총리 앤서니 이든Anthony Eden의 오판 때문이었다. 만약 영국 총리의 담석 수술이 성공적이었다면 완전히 다른 결정들이 내려졌을 것이고, 1956년의 수에즈 위기는 애초에 불거지지도 않았을지도 모른다.

로버트 앤서니 이든은 마른 체형에 키가 꽤 큰 편이었고, 세심하게 관리한 콧수염에 늘 맞춤 정장을 입고 다녔다. 전형적인 영국 귀족의 모습이었다. 실제로도 이든은 귀족 가문 출신이었다. 대토지를 소유하고 있는 상류층 집안에서 태어난 이든에게 밝은 미래는 보장된 것이나 다름없었다(1897년 6월 12일 가족 소유의 윈들턴 홀Windelton Hall에서 출생). 이든의 형과 동생은 제1차 세계대전 중 방공호에서 숨졌으나 앤서니는 다행히 목숨을 건졌다. 이튼 칼리지를 졸업한 이든은 외교 분야에서 사회생활을 시작했고, 혜성처럼 빠른 속도로 승진했다. 1935년에는 영국 역사상 최연소 외무장관으로 입각했다. 하지만 젊은 외무장관 이든은 상관인 네빌 체임벌린Neville Chamberlain 총리와 툭하면 대립각을 세웠다. 체임벌린은 히틀러도 잘만 설득하면 좋은 협상 상대가 될 수 있다고 믿었지만 이든은 그에 동의하지 않았다. 체임벌린이 뮌헨에서 돌아와 "나는 우리 시대에 평화가 도래했다고 믿습니다"라고 발표하기도 전에 이든은 이미 외무장관직을 버리고 내각을 떠났다.

1940년 5월에는 윈스턴 처칠이 총리가 되어 대연정이 시작되었다. 이든은 다시금 외무장관직 제의를 수락했고, 측근들과 함께 이른바 '영국 본토 항공전Battle of Britain'을 개시했다. 영국은 1940년 여름에는 단독으로 히틀러와 맞섰고, 1941년부터는 스탈린의 소련, 루스벨트의 미국과 연합하여 히틀러에 대항했다. 처칠이 스탈린, 루스벨트와 회동할 때면 특별한 사유가 없는 한 이든을 수행원으로 동행시켰다. 단, 처칠은 외무장관을 앞에 내세우는 대신 외교적 사안을 직접 결정하는 스타일이었다. 1945년 5월, 전쟁이 드디어 끝났으나 영국 유권자들은 보수 집권당 출신의 처칠과 이든을 퇴출시켰다. 하지만 그 둘은 1951년 다시 각자의 위치로 돌아왔다. 둘 다 그 분야에서 잔뼈가 굵은 노련한 정치가들이었지만 나이가 꽤 든 상태였다. 특히 처칠은 때로 자신에게 주어진 책무를 소화할 수 없을 정도로 노쇠해져 있었다.

이든에게도 상복부 통증과 황달 증상이 이어지는 등 건강상의 문제가 있었다. 담당 의사들은 담석증을 의심했고, 담낭적출술cholecystectomy을 권했다. 주치의인 호레이스 에번스Horace Evans는 세 명의 외과의를 추천했다. 모두 다 담낭 수술 분야의 권위자들이었다. 하지만 이든은 호레이스의 제안을 거절하고 런던 성바르톨로뮤 병원St. Bartholomew's Hospital의 외과의사 존 바질 흄John Basil Hume을 선택했다. 흄은 당시 나이가 예순 살로, 결코 적은 나이는 아니었다. 이든은 그가 복부 수술에 정통한 의사이기 때문에 선택했다고 말했다. "내가 젊었을 때 맹장 수술을 해준 사람이다. 그 사람에게로 가겠다."[1]

하지만 그것은 결코 현명한 선택이 아니었다. 개복 수술은 1953년 4월 12일에 진행되었다. 수술보고서에는 특이한 사항이 없었지만 무엇인가가 잘못된 것은 확실했다. 수술 도중 흄이 완전히 겁에 질렸고 평상심을 되찾기까지 한 시간이나 걸렸으며, 그 시간 동안 수술을 중단해야 했기 때문이다. 그사이에 마취 상태의 환자는 수술대 위에 누운 채 대기하고 있었다. 수술 후 예후도 그다지 좋지 않았다. 쓸개 외부에 누공이 생긴 것이다. 이든은 수술 후 고열에 시달렸고, 얼굴에는 황달 증상이 나타났다(황달은 담낭 질환이나 간 질환의 전형적 증상이다). 1953년 4월 29일에는 재수술을 받았다. 재수술은 흄이 수술을 거부하는 바람에 가이 블랙번Guy Blackburn이라는 의사가 집도를 맡았다. 목격자들의 증언에 따르면 수술실의 분위기는 극도로 긴장된 상태였다고 한다. 이든의 전기문을 쓴 D. R. 소프D. R. Thorpe는 2003년 다음과 같이 기록했다. "트라우마를 남길 만큼 길고 끔찍한 수술이 진행되는 도중 이든은 죽을 고비를 머리카락 한 올 차이로 몇 차례나 넘겨야 했다."[2] 아마도 첫수술 때 집도의가 실수로 담관을 찔러서 갈라버린 것이 아닐까 추측해본다. 실제로 흄은 수술이 끝난 뒤 이든에게 "실수로 메스가 미끄러졌다"라고 말했다. 이후 이든의 입장에서는 외과의들에 대한 신뢰가 바닥으로 추락하는 것이 당연했을 것이다.

재수술 이후에도 이든의 상태는 나아지지 않았고, 또 한 번의 수술이 불가피해졌다. 그런데 1953년 5월, 미국에서 온 의사 리처드 커텔Richard Cattel이 마침 왕립외과대학Royal College of Surgeons이 주최하는 학회에 참석하기 위해 런던에 머무르고 있었다. 호레이스 에번스 경의 권유로 이든은 커텔을 만난다. 커텔도 이든에게 수술을 권했고, 자기가 집도하겠다고 말했다. 단, 이든 같은 유명한 고위 정치가를 '집'이 아닌 곳에서 집도할 수 없다는 조건을 내걸었다. 즉 자신이 근무하고 있는 보스턴의 레이히 클리닉Lahey Clinic에서 자신의 팀을 데리고 익숙한 환경에서 수술하고 싶다고 말한 것이었다. 하지만 정부 고위층의 수술 장소는 정치적 문제와 연관이 될 수밖에 없다. 외무장관 이든의 고통을 바로 곁에서 지켜봤음에도 불구하고 처칠은 이든이 바다 건너편에서 수술을 받을 경우, 가뜩이나 축소되고 있는 대영제국의 위상과 영국 외과의사들의 명성에 흠집이 날 수 있다며 이든의 미국행을 반대했다.

그러나 이든은 결국 미국행을 결심했고, 6월 23일에 수술을 받았다. 이든이 수술을 받던 바로 그날, 런던에서는 일흔아홉 살의 총리 처칠이 뇌졸중으로 쓰러졌다. 만약 이든이 그때 런던에 있었더라면 잠시 동안 총리권한대행직을 수행했을 것이고, 그랬다면 비록 잠시였지만 나중에 실제로 그 직책을 수행할 때 필요한 경험들을 미리 쌓을 수 있었을지도 모르겠다. 처칠은 뇌졸중으로 쓰러진 뒤 껍데기만 남은 사람이 되고 말았다. 그러나 노쇠하고 병약하기는 했지만, 위대한 정치가 처칠은 다우닝 가Downing Street를 굳건히 지켰다. 들고 있는 채찍을 휘두를 힘도 능력도 없었지만, 무려 2년이나 그 자리를 지켜낸 것이다. 1955년 4월 6일, 드디어 이든이 총리직을 승계하게 되었다. 총리가 되자마자 이든은 선거 일자부터 정했다(영국에서는 내각의 수장에게 선거일을 지정하는 특권이 주어진다). 선거에서 이든은 압승을 거두었다. 17명밖에 안 되던 하원 내 보수당원이 유권자들의 지지로 의석수를 58개로 늘리며 보수당에 힘이 실리게 되었다.

정식으로 총리에 선출된 이든은 제2차 세계대전 승전국들이 한자리에 모이는 제네바로 향했고, 그곳에서 소련의 새 지도자 흐루쇼프와 첫 만남을 가졌다. 그 회담은 아마도 이든으로 하여금 영국이 지금도 여전히 국제무대의 주역이라는 인식을 갖게 만든 최초의 계기였을 것이다(현실을 제대로 직시하지 못한 인식이기는 했다). 이든은 공식 석상에서는 젠틀맨의 모습을 철저히 유지했지만, 허물없이 대할 수 있는 측근들 앞에서는 '기분파'의 면모를 이따금씩 드러냈다. 아무 이유 없이 기분이 오락가락하거나 '폭발'하는 경우도 있었던 것이다. 건강 상태도 다시금 나빠졌다. 캐나다를 방문 중이던 1956년 2월 6일 아내에게 보낸 편지에는 "대체로 잘 지내고 있소. 그런데 어제는 왠지 모르게 너무 고단해서 하루 종일 침대에 누워만 있었소"[3] 라고 썼다.

중동 문제는 이든에게 있어 언제나 골칫거리였다. 이집트에서 국수주의자이자 포퓰리즘을 추구하는 가말 압델 나세르Gamal Abdel Nasser가 대통령이 되었다. 나세르는 영국 입장에서는 몹시 민감한 문제를 터뜨렸다. 1956년 7월 수에즈 운하를 국영화해버린 것이었다. 수에즈 운하는 1869년 프랑스의 토목공학자 페르디낭 드 레셉스Ferdinand de Lesseps의 감독 하에 건설된 것으로 영국 은행에서도 수에즈 운하 건설 당시 총 공사액의 44퍼센트를 투자했다. 이든은 수에즈 운하 국영화를 영국에 대한 도전으로 받아들였다. 찬란했던 대영제국 시절로 회귀하고 싶었기도 했지만, 경제적인 이유가 더 컸다. 빅토리아 여왕의 '다이아몬드 주빌리Diamond Jubilee', 즉 재위 60주년을 기념하는 해에 태어난 이든에 대해 《타임스》는 훗날 "영국이 아직도 강대국이라고 믿었던 마지막 총리이자 (수에즈) 위기로 그것이 사실이 아니라는 것을 깨달은 최초의 총리였다"[4] 라고 묘사했다. 영국은 더 이상 대영제국이 아니었고, 물자 보급로에 문제가 생기면 즉각적으로 타격을 입을 수밖에 없었다. 당시 영국의 원유 수입량의 4분의 1이 수에즈 운하를 통과해야 했고, 영국 내 원유 보유량은 6주 정도 버틸 수 있는 분량밖에 되지 않았다.

이든 정부는 프랑스 내각과 모종의 계략을 짰고, 이스라엘도 거기에 참가했다. 당시 회담 참가를 위해 이스라엘에서 파리로 파견된 대표단에는 훗날 이스라엘 총리를 거쳐 대통령이 되었고, 노벨평화상도 수상하게 될 33세의 청년 시몬 페레스Shimon Peres도 포함되어 있었다. 당시 영국과 프랑스, 이스라엘이 세운 계략은 다음과 같다. 이스라엘은 시나이 반도를 친 뒤 수에즈 운하로 돌진한다. 이후 영국과 프랑스가 '평화 보장'을 위해 군대를 파견한다. 무력을 통해 중재 아닌 중재를 하겠다는 핑계로 수에즈 운하를 장악하려는 것이었다. 작전은 1956년 10월 29일에 개시되었다. 그런데 당시 이든 총리는 건강이 악화되어 작전 참모를 만나는 횟수만큼이나 자주 의료진을 만나야 했다. 세 차례의 담낭 수술을 받은 뒤 약물 의존도도 높아져 있었다. 나세르가 운하를 국영화한 지 몇 주 지나지 않은 시점에 이든은 일기에 다음과 같이 썼다. "고통스러운 밤이었고 지금도 매우 좋지 않은 상태다. 새벽에 통증 때문에 눈을 떴고, 결국 페티딘pethidine을 삼켜야 했다. 의료진이 도착했다. (……) 지금까지와는 조금 다른 치료법을 시도하겠다고 했다. 하지만 의사들은 휴가 기간 동안 내 몸이 회복되고 나 스스로 결심하기까지는 최종적 결정을 내리지 않겠다고 입을 모았다."[5] 의료진들이 말한 '최종적 결정'은 또 한 번의 수술, 네 번째 수술을 의미했다.

중대한 결정을 앞두고 있던 몇 달간 이든이 다량의 약을 복용했다는 데는 의심의 여지가 없다. 특히 암페타민amphetamine 없이는 버틸 수 없었을 것이다. 하지만 각성제의 일종인 암페타민 과다 복용은 신경 질환을 자극할 뿐이었다. 10월 5일, '중재' 계획에 대한 결정을 내려야 할 그 중대한 순간에 이든은 고열로 쓰러졌다. 그 이후에도 몇 번이나 쓰러졌고 총리직을 수행하지 못하는 상태에 빠지기도 했다. 1957년 1월, 위기 상황이 종식된 뒤 이든은 각료들에게 자신이 약물중독이라는 사실을 가감 없이 털어놓았다. "여러분들도 알다시피 저는 개복 수술을 여러 차례 받았고, 수술은 실패로 돌아갔으며, 수술 후 4년째 저는 억지로 꿰매놓은 내장을 달고 살아가고 있습니다. 많은 이들이 제가 제대로 활동하지 못할 것이라 생각했겠지만 강도가 상대적으로 낮은 약물과 각성제 덕분에 비교적 잘 버텨왔습니다. 그러나 지난 5개월 동안, 그러니까 나세르 대통령이 운하를 국유화한 뒤부터는 더 많은 약들을 복용해야 했고, 나세르에 맞서기 위해 각성제 투약량도 늘여야 했습니다. 그런데 그것이 손상된 제 내부 기관에 부정적인 영향을 미친 것 같습니다."[6] 이든은 질병 때문에 더 이상 국익에 부응할 수 없을 것 같다는 의견도 피력했다. 즉 총리에 선출된 지 2년 만에 물러날 수밖에 없는 이유는 오로지 질환 때문이지, 1956년 11월에 촉발된 위기로 자신과 영국의 이미지가 크게 손상된 것에 대한 책임을 지는 차원에서 사임하는 것은 아니라고 밝힌 것이었다.

수에즈 운하에서 영국과 프랑스 연합군은 타격을 입기도 했지만, 결국 이집트 병력을 운하에서 몰아내고 운하를 유럽의 통제 하에 두겠다는 목표를 달성했다. 하지만 이내 거센 저항에 부딪혔다. 그런데 저항의 주체는 이집트가 아니라 두 나라와 가장 가까운 우방이라고 생각했던 미국이었다. 이제 막 재선에 성공한 아이젠하워 대통령(수에즈 위기는 정확히 아이젠하워 재선 시점에 맞춰 발발했다)은 영국과 프랑스 정부를 거세게 압박했다. 서방 세계가 제3세계에 나쁜 이미지를 심어줄 수 있다고 우려했기 때문이었다. 그와 때를 같이해

냉전과 관련된 위기도 발발했다. 반공 시위를 벌이는 헝가리인들을 소련군이 무력으로 진압해버린 것이었다. 세계는 숨 막히게 돌아가고 있었다. 영국과 프랑스는 결국 미국에게 항복했고, 그 두 나라가 강대국으로서의 특권을 누리던 시절도 종지부를 찍었다.

이든의 지지자나 옹호자들은 '수에즈 작전'이 실패로 돌아간 것은 이든이 당시 많이 아팠기 때문이었다고 말한다. 이든이 의원이었던 시절 개인보좌관이었던 로버트 카Robert Carr도 다음과 같이 말했다. "앤서니의 건강 상태가 정치적 행보에 결정적 영향을 미치지 않았다는 판단은 받아들이기 힘들다. 나는 앤서니가 기본적으로 자기만의 독자적 노선을 걸었다는 데는 동의한다. 그러나 그가 정치적, 군사적 영역에서 모두 오판을 내렸다는 주장은 납득할 수 없다."[7] 앤서니 이든처럼 경험 많은 정치가가 심신의 건강 상태가 완벽했다면 과연 오판을 내렸을까? 자신의 계획을 미국과 미리 상의해야 한다는 것 정도는 알 수 있지 않았을까? 미국과 사전에 상의만 했더라도 수에즈 위기 개입이 실패로 돌아가고 자신도 물러나야 하는 사태까지 치닫지는 않지 않았을까?

사임 이후 이든은 거의 20년 동안 윌트셔Wiltshire 카운티에서 아내와 함께 조용히 지냈다. 회고록도 남겼다. 정치가들이 으레 그렇듯 이든도 회고록에서 수에즈 위기 동안 자신의 행보를 정당화하려 시도했다. 한편, 빅토리아 여왕은 1961년 이든에게 에이번 백작Earl of Avon 지위를 하사했다. 1950년대 이든을 지긋지긋하게 괴롭혔던 질병은 한동안 재발하지 않았지만 1960년대 후반 들어 고열로 시달리는 일이 잦아졌다. 1970년 3월 5일에는 결국 네 번째 수술을 받아야 했다. 수술 경과는 지난 세 번에 비하면 꽤 좋았다. 그러나 정치가로서 중대한 결정을 내려야 했던 바로 그 시점에 그토록 자신을 괴롭혔던 우측 상복부의 통증이 또다시 찾아왔고, 결국 기나긴 고통의 시간에 마침표가 찍혔다. 앤서니 이든은 1977년 1월 14일, 전립선 암종carcinoma으로 인한 간전이liver metastasis로 사망한다.

호르몬 과잉? 호르몬 결핍? 혹은 둘 다?

존 F. 케네디

'JFK', 존 피츠제럴드 케네디John Fitzgerald Kennedy의 집권 기간은 약 1,000일밖에 되지 않았다. 그러나 그 1,000일은 그야말로 격동의 나날들이었다. 베를린과 동남아시아 등 국제무대 여기저기에서 위기가 발발했다. 특히 미국의 베트남 참전은 비극으로 끝나고 말았다. 미국 해안(플로리다 남부)에서 90마일 정도 떨어진 섬 쿠바 역시 잦은 위기발발 지역이었다. 이제 막 취임한 신임 대통령 케네디에게 최초로 쓰라린 패배를 안겨준 것도 바로 그곳이었다. 1961년 4월 케네디는 쿠바 남부 피그스 만Bay of Pigs을 침공하겠다는 CIA의 제안을 승인했다. 하지만 계획이 너무 허술했던 탓인지 쿠바 침공은 미국의 완패로 돌아갔다. 소련과 미국 사이에 갈등이 불거지다가 핵전쟁 발발 위기가 발생한 곳 역시 쿠바였다. 다행히 두 강대국 간의 갈등은 1962년 10월 해소되었는데 케네디의 상황 대처 능력이 갈등 해소에 커다란 기여를 했다. 소련이 중거리 핵미사일을 쿠바에 배

존 F. 케네디 대통령은 대중들 앞에서는 늘 활기차고 생동감 넘치는 모습을 보였지만 실은 다양한 질병에 시달리고 있었다. 국민들에게 자신의 건강 상태를 감추기 위해 각종 약물을 달고 살았던 케네디 대통령은 질병 때문이 아니라 저격을 당해 사망하고 말았다.

치할 경우 미국에 직접적인 위협이 된다는 사실을 잘 알고 있던 케네디는 매우 특별한 중도 노선을 취했다. 소련을 등에 업고 있는 쿠바와 전면전을 펼쳐야 한다는 강경파 군부들의 충고를 따르는 대신 '격리quarantine' 조치, 즉 해상봉쇄 조치를 단행한 것이었다. 케네디는 앞으로 미 해군이 쿠바로 향하는 모든 화물선을 수색하고, 만약 미사일이나 기타 무기들을 적재한 화물선이라면 기착지로 돌려보내겠다는 내용의 성명을 발표했고, 이로써 전 세계가 우려하던 사태를 막을 수 있었다. 전면전을 벌이지 않고 갈등을 해결한 것이었다. 그로부터 약 1년 뒤인 1963년 6월 케네디는 워싱턴 주 아메리칸대학교AU의 연단에 선다. 그곳에서 케네디는 소련이 괴물이 아니라는 사실을 강조하고 평화적 공존과 협력의 가능성을 제시하며 세계평화로 나아가는 중대한 걸음을 내디뎠다. 소련의 일간지들은 그 연설문을 검열 없이 그대로 보도했는데, 이전에는 상상조차 할 수 없는 일이었다.

케네디 집권 약 1,000일 동안 대내외적으로 수많은 갈등이 고조되었지만 그럼에도 불구하고 미국인들은 케네디 시대를 열광의 시대, 애국심과 시민의식이 고취된 시대, 젊은 대통령이 제시한 수많은 비전과 영감의 시대로 기억하고 있다. 그 시대는 새로운 시작을 알리는 시대였다. 미국은 우주를 향해 나아갔으며 인류 최초의 우주인들의 비행을 모두가 숨죽여 지켜보았다. 거센 저항에도 불구하고 남부 대학에서는 흑인 학생들을 받아들이기 위한 준비가 착착 진행되었다. 1963년 6월 11일 연설에서 케네디가 민권과 인종간 평등을 주장한 것도 그러한 과정에 한몫 했을 것이다(그 연설이 너무 늦게 나왔다는 비평가들의 지적이 있기는 하다). 미국인들의 생활수준도 높아져 교외의 단독주택에 살면서 포드의 자동차 선더버드Thunderbird를 몰고 다닐 수 있게 되었다. 하지만 그 모든 것보다 더 중요했던 가치가 있다. 미국이 미국의 힘을 믿을 수 있게 된 것이었다.

2014년에서 2015년에 방영된 미국드라마 〈매드맨Mad Men〉을 보면 그 시절 세상이 그야말로 급변했던 것을 알 수 있다. 그런 가운데 케네디 대통령의 이미지도 매우 긍정적으로 각인되었다. 사후에 깔끔하지 못한 사생활이 공개되며 많은 이들의 비난도 받았지만, 그래도 케네디는 여전히 많은 이들의 가슴속에서 늘 잘생기고 멋진 대통령, 먼 미래를 내다보는 혜안을 지녔던 대통령, 활력과 건강미를 발산한 대통령으로 남아 있다. 그런데 케네디의 이미지가 그렇게 긍정적일 수 있었던 것에는 무엇보다 사진의 힘이 크게 작용했다. 아름다운 아내 재클린과 함께 패션 감각이 돋보이는 캐주얼한 복장을 입고 요트를 타고 있는 모습, 승마를 하고 있는 모습, 수영을 하고 있는 모습 등을 담은 세심하게 선별된 사진이 신문에 보도되었기 때문이다. 1957년에 태어난 딸 캐럴라인과 1960년 11월 케네디가 미국 제35대 대통령에 당선되고 며칠 뒤에 태어난 아들 존 주니어와 함께 찍은 사진들도 가끔 등장했다. 그 사진들이 미국인들에게 보내는 메시지는 간단명료했다. 지금 미국을 이끌고 있는 수장은 매우 역동적이고, 정신적으로나 육체적으로 완벽한 상태이니 안심해도 좋다는 뜻이었다. 지금도 유튜브에서는 재치와 예리한 통찰력, 자기 자신조차 웃음의 대상으로 만들 수 있는 자신감으로 무장한 케네디가 기자회견에 응하는 모습을 담은 동영상을 볼 수 있다.

그 동영상을 보면 케네디가 몇몇 후임자들과는 차별화되는 인물이라는 사실을 금세 알 수 있다. 그러나 솔직히 말해 케네디의 건강 상태는 그다지 좋지 않았다. 얼마나 좋지 않았는지는 젊은 나이에 저격수의 총탄에 쓰러져 목숨을 잃은 이후에 비로소 공개되었다. 어쩌면 지금도 케네디의 병력에 관한 몇 가지 비밀들이 보스턴에 위치한 JFK 대통령 도서관에 보관된 채 철저하게 보안을 유지하고 있을지도 모를 일이다.

1961년 1월 20일 케네디는 취임 선서를 하고 그 유명한 "조국이 당신에게 무엇을 해줄 수 있는지 묻는 대신 당신이 조국을 위해 무엇을 할 수 있는지를 물어보라"라는 문장이 포함된 취임 연설을 한다. 당시 케네디의 나이는 마흔세 살, 미국 역사상 최연소 대통령 당선자였다. 시어도어 루스벨트가 1901년 대통령이 될 당시 마흔두 살로 케네디보다 한 살 밑이긴 했지만, 그는 선거를 통해 당선된 것이 아니라 부통령직 수행 중 전임자가 암살당하는 바람에 자동으로 백악관의 주인이 된 것이었다. 케네디의 취임식은 살을 에는 듯 추운 겨울날에 거행되었다. 하지만 연단에 오를 때 케네디는 국회의사당으로 이동하는 동안 입고 있던 두꺼운 코트를 벗어던졌다. 그 장면은 당일에는 TV를 통해, 다음날에는 신문을 통해 전국에 널리 퍼졌다. 그 모습을 본 국민들은 모두 다 신임 대통령이 '건강 그 자체'라 믿었다. 그가 즐겨 쓰는 단어 역시 건강한 이미지와 관련이 많은 단어였다. '비고vigor'라는 단어인데, '생기, 힘, 활력' 등을 뜻한다. 하지만 보스턴 억양이 섞인 말투를 구사하는 케네디는 그 단어를 '비고'가 아닌 '비가vi-gah'로 발음하곤 했다.

케네디 일가는 힘과 활력을 중시하는 집안이었다. 가부장적인 아버지 조지프 케네디는 아홉 명의 자녀들이 아직 어릴 때부터 삶은 승부의 연속이고, 제대로 된 '케네디'가 되려면 승자가 되어야 한다고 가르쳤다. 하지만 조지프와 완고한 아내 로즈 슬하의 아홉 자녀 중 둘은 경쟁에서 승자가 되어야 한다는 부모의 요구에 부응하지 못했다. 약간의 지적 장애를 지니고 있던 로즈마리는 아버지의 고집 때문에 오늘날에는 야만적이라고 평가하는 전두엽절제술lobotomy[1]을 받아야 했다. 수술은 실패했고 로즈마리는 이후 70년 동안 요양소에 갇혀 지내야 했다. 부모가 그토록 중시하는 운동 경기에 참가하지도, 참가했다 하더라도 승자가 되지 못했을 또 다른 아이는 바로 1917년에 태어난 둘째 아들 존 피츠제럴드 케네디였다.

케네디의 십대 시절은 질병의 연속이었지만 의사들도 그 원인을 정확히 설명하지 못했다. 피골이 상접할 정도로 저체중이었고, 사립학교 재학 시절에는 툭하면 병원으로 후송되었다. 방학이나 연휴를 맞아 집으로 돌아올 때면 부모님은 그런 아들의 모습에 아연실색했다. 병원에 입원해 있는 동안 케네디는 그 시대에 동원가능했던 모든 진단법에 따라 각종 검사를 받았다. 그러나 의료진들은 일치된 병명을 제시하지 못했고, 백혈병이 아닐까 하는 의견 정도만 내놓았을 뿐이었다. 병원에 입원하여 외부활동을 하기 힘들었던 케네디는 책을 읽을 수밖에 없었다. 케네디는 읽고, 읽고, 또 읽었다. 최고의 여가활동은 운동이라고 여기던 가풍 속에서 성장했다는 점을 감안하면 매우 이례적인 취미였다. 처음에는 모험소설부터 읽었고, 나중에는 위인전을 섭렵했으며, 흥미진진한 인물들의 생애에 점점 더 빠져들었다.

풍부한 지식과 타고난 매력을 바탕으로 케네디는 1946년 매사추세츠 주의 하원의원으로 당선되면서 정계에 입문했다. 1952년에는 같은 선거구에서 상원의원으로 선출되었다. '전쟁 영웅'이라는 수식어도 정계에서 승승장구하는 데 큰 도움이 되었다. 케네디는 중위로 근무하던 1943년, 태평양에서 아주 특이한 체험을 했다. 일본 구축함이 미국 어뢰정을 두 동강 내버린 것이다. 케네디 중위는 어뢰정이 격침된 후 신속히, 최선을 다해 대응하며 부상당한 승조원들을 구출했고, 인근 섬으로 헤엄친 뒤 근처 주민들의 도움을 받아 살아남았다. 이후 아버지 조지프는 언론과 접촉해 남태평양에서 벌어진 일을 영웅적으로 포장했고, 26살의 젊은 중위 케네디의 이름이 각종 언론의 헤드라인을 장식했다. 물론 아무리 깜깜한 밤이었다 해도 어떻게 커다란 일본 구축함이 접근 중이라는 사실을 알아차리지 못했느냐는 의문이 제기되기도 했지만 큰 주목을 받지는 못했다. 이후 대선 후보였을 때나 신임 대통령이 되었을 때나 케네디의 건강에 관한 소문이나 논란이 불거질 때면 케네디 일가의 대변인의 입에서 나오는 말은 늘 똑같았다. 예의 그날 밤 태평양에서 조국을 위해 싸우다 입은 부상의 여파라고 응수한 것이다. 이로써 케네디의 건강에 관한 모든 의혹은 영웅담에 파묻혔다. 조국을 위해 싸운 용사에 대한 경외심과 감사하는 마음이 일체의 의혹을 불식시킨 것이었다. 물론 그 후에도 케네디의 건강에 관한 의혹이 불거질 때가 더러 있었지만, 참전 때 얻은 말라리아 때문이라는 설명으로 단숨에 문제가 해결되었고, 이 설명은 더 큰 경외심을 불러일으켰다. 미식

축구를 하던 중 등에 부상을 입은 것 역시 케네디 일가의 '활력'을 상징하는 징표였다.

그러나 제아무리 포장해도 현실은 녹록치 않았다. 케네디에 대한 환상을 깨는 것 같아 미안하지만, 케네디의 병명은 간단한 진단으로 확인할 수 없었고, 병명을 모르는 만큼 치료로 해결할 수도 없었다. 나중에 알게 된 일이지만, 케네디는 애디슨병Addison's Disease을 앓고 있었다. 애디슨병에 대한 최초의 진단법이 1940년대 후반에 등장했고, 1950년대 초반 들어 각종 치료법이 시도되었지만, 그때까지도 많은 정보가 확보되지 않은 상태였다. 애디슨병은 부신피질호르몬, 그중에서도 특히 코르티손cortisone을 포함한 스테로이드 호르몬들이 충분히 분비되지 않는 질병이다. 케네디는 1947년 런던에 머무르며 영국의회를 방문하는 기간 중에 애디슨병 진단을 받았다. 당시 의료진 중 한 명은 케네디의 지인이었던 파멜라 처칠Pamela Churchill(윈스턴 처칠의 며느리)에게 "당신의 친구인 그 젊은 미국 청년은 살날이 1년도 남지 않았습니다"라고 털어놓았다. 퀸메리 호에 몸을 싣고 미국으로 돌아오는 동안 케네디의 몸 상태는 종부성사(생전 마지막으로 치러지는 종교의식)를 받아야 할 만큼 악화되었다. 목숨은 끊어지지 않았지만, 배가 뉴욕에 도착한 뒤에는 들것에 실려 하선해야 할 정도로 상태가 심각했다. 그나마 다행인 것은 당시 '도카DOCA, deoxycorticosterone acetate' 캡슐이라고 불리는 스테로이드를 피부 조직 안으로 주입하여 치료하는 기술이 개발되었다는 것이었다. 케네디가 수 년 동안 도카 처방을 받았다는 사실을 암시하는 자료가 몇몇 있는데, 개연성이 꽤 높다. 부유한 환자들일수록 신약에 더 쉽게 접근할 수 있었기 때문이다. 물론 그럴수록 정확한 투여량에 유의해야 하고, 투여량을 준수하지 않았을 경우에 발생할 수 있는 부작용도 당연히 염려해야 하지만, 과연 케네디가 그 부분에 주의를 기울였을지는 의문이다.

지속적 도카 투여는 케네디의 척추에 골다공증을 유발했다. 시간이 지나면서 국민들도 대통령의 등과 허리에 문제가 있고, 때로 지팡이를 짚기도 한다는 사실(캐나다 방문 시 기념 식수를 하던 중 발생한 극심한 요통 때문에 지팡이를 짚어야 했다)을 알게 되었다. 흔들의자를 애용하는 것 역시 더 이상 비밀이 아니었다. 흔들의자에 앉으면 요통이 조금 진정되기 때문이었다. 하지만 국민들에게 지팡이를 짚어야 하는 이유, 흔들의자에 앉아야만 하는 근본적인 이유에 대해서는 알리지 않았다. 운동선수만큼이나 활력이 넘치지만 참전용사였기 때문에 가끔 문제가 생긴다고 포장하는 것이 당시로서는 잘 알려지지도 않은 애디슨병에 걸렸다고 털어놓는 것보다 유권자의 마음을 사로잡기에 더 유리하기 때문이었다. 케네디는 1954년 인간이 견딜 수 있는 한계에 육박하는 극심한 요통에 시달렸다. 다섯 번째 요추가 완전히 부서진 것이다. 의사들은 1954년 10월 3시간의 수술 끝에 그곳에 금속판을 끼워 넣었다. 케네디는 혼수상태에 빠졌고, 다시금 종부성사를 위해 신부를 부를 수밖에 없었다. 그러나 이번에도 케네디는 죽지 않았다. 하지만 개방된 상처 부위는 좀처럼 아물지 않았다(스테로이드 제제를 지속적으로 투여하는 환자에게 흔히 나타나는 현상이다). 이후 감염을 우려한 의사들은 1957년 2월 다시금 메스를 들고 금속판을 제거했다. 한편, 사실인지는 확인할 수 없지만 케네디의 아내 재클린은 남편을 간호하던 중 남편에게 활력을 불어넣을 수 있는 방도가 없을까 고민하다가, 유명한 여배우 그레이스 켈리Grace Kelly에게 간호사복을 입고 케네디의 병실에 들어가달라고 부탁했다고 한다. 모르긴 해도 케네디는 아마 그런 복장으로 나타난 그레이스 켈리를 매우 반겼을 것이다.

케네디의 넘치는 '리비도libido'(성적 충동)는 또 다른 질환이라고 부를 만한 수준이었다. '질환'이 너무 센 표현이라면 '특별한 신체적 특징'이라 해두겠다. 케네디는 십대 시절부터 이성에게 관심이 많았다. 정계에 입문해 유명해진 뒤에도 많은 여자들에게 눈길을 돌렸다. 케네디를 알고 지내던 어떤 여성은 사실 케네디는 여자를 만나기 위해 손가락을 까딱할 필요조차 없었으며, 수많은 여성들이 케네디 앞에 줄을 섰다고 증언한 바 있다. 하지만 걷잡을 수 없는 바람기는 케네디의 인간적 매력에 해가 될 뿐이었다. 강한 성욕이 질병과 연관된 것인지는 알 수 없다. 애디슨병으로 인한 호르몬 결핍이 원인이었을까? 아니면 아직 효과가 확실치 않고 의학적으로 검증되지도 않은 호르몬 대체 약물을 남용한 것이 원인이었을까? 그것도 아니면 그저 부친에게서 물려받은 유전자 때문이었을까? 한 가지 확실한 것은, 케네디가 매우 자기중심적인 관계를 맺었다는 것이다. 그는 성관계를 할 때 상대방에 대한 배려는 거의 없이 오직 자기만족만을 추구했다고 한다. 여러 증언에 따르면 케네디에게 잠자리 상대에 대한 인간적 관심은 기대하기도 힘들었고, 상대방도 만족해야 한다는 생각은 아예 없었던 듯하다. 케네디가 성병에 걸렸다는 말도 꽤나 신빙성이 높다. 만약 그랬다면 아내 재클린에게 그 병을 옮겼을 공산이 크다. 그것이 아니라면 총 다섯 번의 임신 중 세 명이 유산되거나 어린 나이에 사망한 이유는 과연 무엇이었을까?

케네디의 개인적 약점과 불안정한 건강 상태, 요추 통증으로 인한 지속적 약물 투여 같은 일들은 어떤 경우에도 대중에게 공개되어서는 안 되는 일이었다. 1960년 대선이 가까워질수록, 나아가 케네디의 출마가 가시화될수록 케네디와 케네디의 자문위원들은 이 전략을 철저히 고수했다. 그 시절이었기에 가능한 일이었다. 물론 케네디를 둘러싼 각종 소문이 세간에 간간이 떠돌기는 했지만, 선거 캠프 관련자들은 케네디의 약점들이 선거전에서 수면 위로 떠오르지 못하도록 원천적으로 봉쇄했다. 심지어 당내 후보 확정 절차의 일환인 예비선거primary에서조차도 해당 주제들은 거론되지 않았다. 같은 민주당 내 경선 후보이자 나중에 부통령을 거쳐 케네디의 후임자가 된 린든 B. 존슨Lyndon B. Johnson도 경선 당시 케네디를 가리켜 "샛노란 얼굴을 한 녀석"이라며 비난했지만, 케네디의 건강 상태를 대중 앞에서 언급하지는 않았다. 훗날 케네디의 전기작가 로버트 댈렉Robert Dallek은 만약 케네디가 그 이전까지 앓았던 질병들이 모두 공개되었다면 대권에 대한 야망을 접어야 했을 것이라고 지적했다.[2] 하지만 우드로 윌슨, 프랭클린 D. 루스벨트가 그랬듯 케네디 역시 대중들에게 병력을 감춘 채 대선에 출마했고, 대통령에 당선되었다.

케네디는 윌슨이나 루스벨트와 달리 지속적으로 약물을 복용했다. 호르몬 제제인 코르티손과 진통제, 암페타민 등을 포함해 하루에 알약 8개를 삼킬 때도 있었다. 등의 통증을 줄여주는 주사도 맞았다. 문제는 약물의 성분과 주사를 놓아준 의사의 실력이 의심스럽다는 것이었다. 케네디는 '닥터필굿Dr. Feelgood'이라는 별명으로 불리는 뉴욕의 맥스 제이콥슨Max Jacobson이라는 돌팔이 의사에게 치료를 맡겼는데, 제이콥슨이 그렇게 불리는 데는 다 이유가 있었다. 마를레네 디트리히Marlene Dietrich, 트루먼 커포티Truman Capote 같은 예술계 인사들도 1930년대에 미국으로 이민 간 독일계 의사 제이콥슨에게 진료를 받았다. 제이콥슨은 1961년 케네디가 흐루쇼프와 오스트리아 빈에서 정상회담을 가질 때에도 별도의 비행기를 타고 현장으로 날아갔다. 백악관 경비원들은 케네디 재임 기간 동안 제이콥슨이 30회 이상 백악관을 드나들었다고 말했다. 당시 제이콥슨의 치료에 강한 불신을 품고 있던 비밀요원 몇몇이 그를 대통령으로부터 떨어뜨려놓으려 시도하기도 했다(실제로 그로부터 몇 년 뒤 제이콥슨은 암페타민 남용으로 의사 면허를 잃는다). 제이콥슨은 피하 주사 바늘을 이용해 혼합 약제를 케네디에게 주입했는데 해당 약제는 국부마취제와 정체불명의 약물(아마도 향정신성 약물)의 혼합물이었던 것으로 추정된다. 한편, 존 F. 케네디의 동생 로버트 F. 케네디Robert F. Kennedy도 정계에 진출해 법무장관으로 재직 중이었는데, 법무부 소속 직원 하나가 제이콥슨이 제조한 앰플 하나를 손에 넣은 뒤 이를 FBI 실험실에 넘겨 분석을 의뢰했다. 하지만 샘플량이 부족해 충분한 분석이 이루어지지는 않았다. 케네디에게서 전형적인 약물중독자의 징후는 전혀 나타나지 않았다. 그럼에도 불구하고 몇몇 전기작가들은 그만큼 많은 양의 약물을 복용하거나 투여받으면서 임기를 제대로 소화할 수 있었을지 의문이 든다고 말했다. 정작 케네디 자신은 제이콥슨이 자신의 몸에 투여한 약물의 성분이 무엇인지 의심하지 않느냐는 질문에 "그게 말 오줌이라도 상관없어. 중요한 건 효과가 있다는 것이지"라는 대답으로 일축했다.[3]

JFK가 약물이나 마약 중독이었다고 의심하는 것은 아니다. 케네디는 늘 당당하고 바른 자세를 유지했고, 공식 연설에서나 개인적 모임에서나 간결하고 날카로운 말투와 정신력을 보여주며 지금도 수많은 미국인들이 그리워하는 대통령으로 남아 있다. 지나치게 강했던 성욕 역시 몇몇 후임자들이 저지른 행태와 비교하면 덮어놓고 비난할 일만은 아닌 것으로 재조명되고 있다. 단, 한 가지 문제점은 케네디의 왕성한 성욕이 어쩌면 척추병이나 애디슨병보다 국가안보에 더 큰 위협이 될 수 있었다는 것이었다. 은퇴한 비밀요원들 역시 훗날 이루어진 인터뷰에서 그와 같이 밝혔다. 시청자들은 각종 TV 인터뷰에 응한 그 요원들이 당시 얼마나 큰 부담을 느꼈는지 알 수 있었다. 해당 요원들의 임무는 대통령을 상상가능한 모든 위험으로부터 경호하는 것이었다. 그러나 요원들로서는 대통령이 지금 이 순간 어떤 여인(들)과 함께 있는지, 그 여인들의 핸드백 속에 무엇이 들어 있는지 알 수 없었고, 그래서 불안하기 짝이 없었다. 대통령이 출장이나 순방길에 오를 때면 어떤 여인들이 동행할 것인지 미리 정해졌다. 현지에 도착한 대통령이 스위트룸에 혼자 머무르는 경우는 거의 없었다. 측근들은 그 여인들을 '신인 여배우'라 불렀다. 그중에는 실제로 할리우드 대스타를 꿈꾸는 신인 배우들도 있었고, 둘 혹은 세 명의 여인이 한꺼번에 등장하는 경우도 적지 않았다고 한다. 때로는 비밀요원들이 이름과 얼굴을 아는 유명 배우가 나타나기도 했다. '여비서'라고 불리는 여인들도 있었다. 속기 능력 따위는 중요하지 않았다. 다양한 분야의 유명인들을 접대하는 고급 콜걸도 드나들었다. 여배우가 되었든 여비서가 되었든 비밀요원들은 늘 불안했다. 만에 하나 그 여인들의 핸드백 속에 카메라가 들어 있다면, 그래서 그 여인들이 대통령 몰래 촬영한 사진들을 협박 카드로 내민다면 큰 문제가 생길지도 모르는 일이었다. 하지만 케네디 자신은 그런 염려를 하지 않았던 것 같다.

사후에 공개된 JFK의 은밀한 사생활은 TV 프로그램이나 이름난 잡지에 실리곤 했던 케네디 가정의 단란한 모습과는 전혀 딴판이었다. 하이애니스 포트Hyannis Port에서 아내와 자녀와 함께 여가를 즐기던 모습, 백악관에서 찍은 사진 뒤편에서 환히 웃고 있던 아이들의 웃음은 모두에게 강렬한 인상을 심어주었다. 거짓으로 연출한 장면들은 아니었다. 그 순간들은 분명 진짜였겠지만 그 사진들이 JFK의 삶의 전부는 아니었을 뿐이다.

정성들여 가꾸고 보호해온 케네디의 신화는 1963년에 끔찍한 종말을 맞게 된다. 케네디는 다음해에 있을 대선 준비에 여념이 없었다. 전략만 잘 짜면 재선될 가능성이 무척 높은 상황이었다. 1963년 11월 케네디는 첫 유세를 위해 이틀 일정으로 텍사스로 향했다. 당시 정파간 분열로 갈등을 겪고 있던 텍사스의 민주당 지구당을 다시 일으켜 세우고, 주기state flag에 별이 단 한 개 새겨져 있다 해서 '외로운 별의 연방주Lone Star State'라고 불리는 텍사스의 주민들을 직접 만나 지지를 호소하기 위해서였다. 일정에는 평소와 달리 영부인이 동반했다. 재클린 케네디는 시끌벅적한 선거전이나 커다란 야망을 품은 정치가, 운집한 군중과 끊임없이 나누는 악수를 근본적으로 싫어하는 사람이었다. 그런데 1963년 8월 7일 조산아로 태어난 아들 패트릭 부비에 케네디Patrick Bouvier Kennedy가 태어난 지 이틀 만에 세상을 떠나는 비극이 발생했다. 그러자 남편 케네디의 바람기에도 불구하고 두 사람은 비극을 매개로 서로를 위로하면서 사이가 좋아졌다. 1963년 11월 22일 댈러스의 군중들은 두 사람을 따뜻하게 맞았다. 그 모습을 보며 대통령 부부도 약간의 위안을 얻었다. 이후 케네디 부부는 텍사스 주지사 존 코널리John Connally와 그의 아내 넬리Nellie와 함께 링컨콘티넨털을 타고 도심을 행진했다. 퍼레이드를 위해 차의 지붕은 열어놓은 상태였다. 대통령 부부와 주지사 부부를 태운 차는 중심가를 달려 딜리 플라자Dealey Plaza에 도착했다. 차량은 휴스턴 거리에서 엘름 거리 쪽으로 서서히 진입했다. 길거리에 서 있는 환영 인파의 수도 줄어든 상태였다. 교과서 보관창고Texas School Book Depository에 설치된 거대한 전자시계가 정확히 12시 30분을 가리키고 있었다. 그 건물 6층의 창문 하나가 반쯤 열려 있다는 사실을 알아챈 이는 아무도 없었다. 코널리 주지사가 대통령 쪽으로 몸을 틀며 그날의 성공을 치하했다. "대통령 각하, 이제 댈러스가 각하를 사랑하지 않는다는 말씀은 못하실 겁니다!" 재클린은 "잭, 사랑해요!"라고 말했다. 그것이 바로 케네디가 죽기 전 마지막으로 들은 말이었다.

몇몇 증언에 따르면 케네디는 아픈 등과 허리를 지탱하기 위해 셔츠 속에 일종의 코르셋을 자주 착용했다고 한다. 문제의 그날, 첫 번째 흉탄은 치명적이지 않았고, 비록 지붕을 열어둔 자동차에 타고 있었지만 마음만 먹었다면 서둘러 몸을 숙여 다음 총탄을 피할 수 있었다. 하지만 케네디는 코르셋 때문에 몸을 굽히지 못한 채 꼿꼿이 앉아 있다가 결국 두 번째 흉탄을 직격으로 맞았다. 공식 발표는 그 총탄이 교과서 창고에 있던 리 하비 오스왈드Lee Harvey Oswald가 쏜 것이라 하지만, 그래시 놀grassy knoll이라는 인근 언덕에 숨어 있던 또 다른 암살자가 쏜 총탄이라는 비공식적 소문도 있었다. 둘 중 어느 것이 진실이든, 약 1,000일 동안 이어진 JFK의 시대는 그렇게 막을 내리고 말았다.[4]

거짓의 궁전 엘리제

프랑수아 미테랑

서구 민주주의 국가 국민들 중 정치에 염증을 느끼지 않는 이가 얼마나 될까? 정치가들에 대한 대중의 평가는 이미 바닥을 친 지 오래다. 많은 이유가 있겠지만, 일반 국민들의 평범한 삶을 경험해보지도 않고 서민들의 고충을 이해하는 것처럼 입만 놀리는 정치꾼들이 지나치게 많다는 것이 가장 큰 이유일 것이다. 대중은 직업정치가들의 미꾸라지 같은 변명들, 일반 대중들이 못 알아듣게 일부러 더 어렵게 말하는 것이 아닌지 의심이 갈 정도로 복잡한 미사여구를 사용하는 것에 진절머리를 친다. 그것이 그 바닥의 생존 전술인지는 알 수 없지만 고개를 가로젓게 만드는 것은 사실이다. 게다가 거짓말과 변명까지 등장하면 국민들로서는 인내심의 한계를 드러낼 수밖에 없다. 정치가들은 권력을 탐할 때 거짓말을 많이 하게 된다. 프랑수아 미테랑François Mitterand도 그런 직업정치가 중 한 명이었다. 자신의 신체적 약점을 포장하거나 은폐하는 데 있어 미테랑만큼 뛰

프랑수와 미테랑(좌)과 헬무트 콜(우)은 1980~1990년대에 프랑스와
독일의 우호관계를 대변하는 인물들이었다. 그런데 독일 총리 콜은 프랑스
제5공화국의 대통령 중 하나인 미테랑이 암 환자라는 사실을 알고 있었을까?

어난 재주를 발휘한 인물도 드물 것이다.

미테랑이 대통령으로 당선되었을 때 프랑스에는 새 시대가 개막된 것 같았다. 제5공화국이 시작된 이래 당선된 모든 대통령은 중산층 혹은 상류층 출신의 우파였다. 좌파도 대선 후보를 내기는 했지만 번번이 낙선했다. 그러다가 1981년 5월 드디어 사회당 대표인 예순네 살의 프랑수아 미테랑이 대통령에 당선되었다. 취임 당일 미테랑은 당당하게 국립묘지 판테온Pantheon으로 향했고, TV 카메라가 즐비한 가운데 1914년 피살된 사회주의운동 지도자 장 조레스Jean Jaurès의 무덤에 장미 한 송이를 헌화했다. 이후 미테랑은 대선 공약에 따라 최저임금제와 주당 39시간 근무제를 도입하고 부자 증세를 실현했다. 단기간에 세 차례나 평가절하된 프랑Franc을 구제하기 위해 해외순방도 했다. 신임 대통령 미테랑은 자유보다는 평등이라는 가치 실현을 더 중시하는 것처럼 보였다.

그러나 프랑스의 사회주의 시대는 막을 열자마자 금세 다시 막을 내려야 할 위기를 맞았다. 신임 대통령 미테랑이 극심한 요통에 시달렸던 것이다. 당시 프랑스 대통령의 임기는 7년이었는데 그중 반년도 지나지 않은 시점인 1981년 11월 16일 저녁 미테랑은 엘리제궁에서 주치의인 클로드 귀블러Claude Gubler와 저명한 비뇨기과 의사 아돌프 스테그Adolphe Steg를 만났다. 1925년 체코슬로바키아에서 태어나 프랑스로 이민 온 스테그는 파리 제14지구에 위치한 코친 병원의 수석 비뇨기과 의사였다. 스테그는 미테랑에게 끔찍한 비보를 전달했다. "저는 대통령께 진실을 말씀드려야 할 의무를 지니고 있습니다. 대통령께서는 전립선암에 걸렸고, 종양이 뼈까지 전

이된 상태입니다. 전이 범위도 꽤 넓은 편입니다." 훗날 귀블러는 회고록《커다란 비밀Le grand secret》(발간 즉시 프랑스에서는 금서로 지정됨)에서 그 말은 들은 미테랑이 깊은 한숨을 내쉬며 체념하듯 이렇게 말했다고 밝혔다. "됐습니다. 이미 지쳤습니다."

의사들은 미테랑에게 이제 남은 시간이 6개월에서 3년 사이라는 청천벽력 같은 소식도 전했다. 하지만 그와 동시에 너무 절망할 필요는 없다고, 지금까지 개발된 치료법을 한번 믿어보라고 권유했다. 이미 전이가 시작되었다 하더라도 약물이나 레이저 치료로 속도를 늦출 수 있다고 설득했고, 미테랑은 치료에 동의했다. 그 외의 한 가지 사안에 대해서도 모두가 합의했다. 핵무기 보유국인 프랑스의 수장이 중병에 걸렸다는 사실을 국제사회에 절대 알려서는 안 된다는 것이었다. 은폐와 거짓은 그 얼마 전에도 통했던 전략이었다. 미테랑의 전임자인 조르주 퐁피두Georges Pompidou도 악성 림프 질환의 일종인 매크로글로불린혈증macroglobulinemia 환자였다. 당시 엘리제궁은 국가수반의 건강 상태를 국민들에게 제대로 알려야 하지 않을까 하는 고민도 했지만, 결국 "가벼운 질환"이라는 성명만 냈다. 1974년 봄쯤에는 퐁피두 대통령의 얼굴이 풍선처럼 부어올랐고, 수많은 국민들이 퐁피두 대통령의 건강 상태를 의심할 수밖에 없게 되었다. 의사들은 당시 퐁피두가 고농도의 스테로이드 치료를 받고 있는 것이 틀림없다고 말했다. 1974년 3월 말 엘리제궁은 퐁피두 대통령이 혈관 질환을 앓고 있고, 심각하지는 않지만 통증의 강도는 꽤 높다고 발표했다. 그러나 그로부터 딱 1주일 뒤 퐁피두 대통령은 서거했다.

그러한 대참사가 벌어지자 프랑스 권력층은 이제부터 대통령의 건강 상태를 국민들에게 솔직히 알려야 한다며 목소리를 높였다. 미테랑도 그것에 기본적으로 동의했었다. 하지만 엘리제궁의 참모들은 동의하지 않았던 것 같다. 귀블러는 회고록에서 "보편적 거짓의 시대가 시작되었다"라고 말했다. 미테랑이 얼마나 은밀하게, 어떤 정체모를 약물로 치료를 받았는지에 대해서는 예나 지금이나 알려진 바가 거의 없다. 은폐 시도는 초반에는 분명 효과가 있었다. 참모들이 기대했던 것보다 훨씬 더 일을 잘했던 것이다. 미테랑은 거의 매일 약물 치료를 받았고, 해외순방을 갈 때면 남들의 이목을 끌지 않기 위해 밤늦게 치료가 이루어졌다. 동구권 순방 때에는 도청당하지 않도록 완벽한 침묵 속에 치료가 진행되었다. 주사기나 약물 앰플 등 치료에 활용된 모든 기구들은 외교 행낭에 담아 프랑스로 가져온 뒤 자국에서 폐기했다. 주치의 귀블러가 바로 옆에서 대통령을 지키고 있는 모습이 이따금씩 TV나 신문을 통해 공개되기도 했지만, 노련한 귀블러는 프랑스 대중 앞에서 일치의 흔들림도 보이지 않았다. 대통령의 건강에 대해 질문을 받을 때면 "감기 정도" 외에는 그다지 염려할 필요가 없다는 말로 일축했다.

미테랑은 전립선에 발생한 상피성 악성 종양이 극복가능한 것이라 믿었던 듯하다. 1988년 재선에 도전해 다시금 7년에 달하는 임기를 채우려 했기 때문이다. 하지만 재임에 성공한 대통령 미테랑의 얼굴은 더 창백해졌고, 걸음걸이는 더더욱 굼떠졌으며, 시선은 점점 더 초점을 잃어갔다. 그러면서 진실이 세상 밖으로 드러났다. 1992년 9월 전립선 수술을 받으면서 모두가 대통령이 중병 환자라는 사실을 알게 되었다. 수술은 코친 병원에서 진행되었다. 수술이 끝난 직후 비뇨기과 수석 의사 베르나르 데브레Bernard Debré는 모든 과정이 무리 없이 진행되었고, 대통령의 상태도 "매우 좋다"고 발표했다. 이후 대통령의 건강이 더 악화되는 것을 방지하기 위해 레이저 치료와 화학 치료가 이어졌다. 하지만 종양의 전이를 완전히 막을 수는 없었다. 주치의 귀블러에 따르면 미테랑은 임기 말의 반년 동안은 완전히 직무불능 상태였다고 한다. "오전 9시 반에 엘리제궁으로 왔지만 곧장 침대로 들어가 점심식사 때까지 나오지 않았다(중략) 더 이상 어떠한 집무도 수행하지 않았다. 자신의 건강을 제외한 다른 사안에는 아예 관심이 없었던 것"이었다. 한편, 지금도 프랑스 의사들 사이에서는 귀블러가 환자에 대한 비밀유지의무를 위반했다는 이유로 논란이 분분하다.

미테랑은 두 번째 임기를 무사히 마쳤고, 퇴임 후에도 1년여 동안 죽지 않고 목숨을 부지했다. 이로써 미테랑은 적어도 지금까지는 프랑스 역사상 최장수 대통령으로 역사에 기록되었다. 하지만 1996년 1월 8일, 전립선 암종과 지속적으로 전이되는 종양 앞에서 미테랑은 결국 무릎을 꿇었다. 미테랑이 세상을 떠난 뒤, 다시 말해 기나긴 거짓의 세월이 지난 뒤, 프랑스 정계의 엘리트들은 일단은 모든 정보를 국민들에게 투명하게 공개하는 전략을 취하기로 태세를 전환했다. 2011년 프랑수아 올랑드François Hollande가 대선 출마에 앞서 전립선 수술을 받은 적이 있는데(양성 종양이었다), 그 사실도 즉시 공개되었다. 그러나 많은 이들이 존경하고 추종하는 미테랑에 대한 정보는 서거 후 몇 년이 지나도록 베일에 싸여 있었다. 혼외 자녀, 수 년에 걸친 여성편력, 각종 경제 관련 비리, 미테랑의 승인 하에 국제환경단체 그린피스의 선박을 프랑스 정보기관이 침몰시킨 사건, 입으로는 늘 평화의 가치를 외치면서 1989~1990년 독일 통일을 앞두고는 히스테리에 가까운 반응을 보였다는 사실 등은 뒤늦게 공개된 것이다. 그래도 독일 통일과 관련해 미테랑은 적어도 한 가지 긍정적 업적은 남겼다. 미테랑은 독일 마르크화의 강세를 두려워했고, 심지어 마르크화를 "독일의 핵폭탄"이라 부르기도 했다. 이에 따라 프랑스가 독일의 통일을 지지하는 대신, 마르크화의 지나친 강세를 방지하라고 요구했고, 당시 독일 총리는 미테랑의 요구에 즉시 동의했다. 전립선암을 감추기에 급급했던 대통령이 유로화라는 중대한 유산을 남기는 데 기여한 것이다.[1]

천재적 퍼포먼스 아티스트 프레디 머큐리는 작곡가이자 그룹 '퀸'의 리드보컬이었다. 안타깝게도 프레디 머큐리는 마흔다섯 살의 나이에 에이즈로 사망한다.

쾌락은 잠시지만 고통은 영원하다

에이즈

1981년 애틀랜타에 소재한 미국 질병관리본부CDC, Centers for Disease Control and Prevention는 매우 희귀한 형태의 폐 질환에 대한 보고서 하나를 공개한다. 폐포자충Pneumocystis carinii이라는 병원체에 의해 발생한 폐렴에 관한 내용이었다. 보고서에 따르면 이전까지 건강에 아무런 이상이 없던 젊은 남성 5명에게서 폐포자충 폐렴이 관찰되었다고 한다. 그 다섯 명에게는 두 가지 공통점이 있었다. LA라는 대도시에 살고 있다는 점과 동성애자라는 점이었다. 같은 해, 피부에 종양이 생기는 희귀성 질병인 카포시 육종Kaposi sarcoma에 걸린 환자들도 등장했다. 발생 지역은 주로 뉴욕과 캘리포니아였고, 이번에도 환자들 모두가 동성애 성향의 남성들이었다.

이후 전 세계 모든 대륙에서 후천성 면역질환인 이 질병이 관찰되었고, 이에 모두가 새로운 범유행병이 다시 번지는 것이 아닌가 두려워했다. 1981년 말까지 총 270명의 환자가 발견되었다. 환자들의 면역 체계는 완전히 무너져 있었고, 각종 감염성 질환에 걸려 고통스러워했다. 면역 기능이 정상인 건강한 사람이라면 자연스럽게 해결되었을 문제들이었다. 그러나 환자들을 치료할 방법을 찾을 수가 없었고, 같은 해에 121명이 목숨을 잃었다. 의사들은 우선 해당 질환을 'GRIDgay-related immune deficiency'라 부르자고 제안했다. 환자 대부분이 남성 동성애자Gay들이었기 때문이다. 하지만 그 시도는 지나치게 성급했던 것으로 판명 났다. 해당 질환의 주요 원인이 동성애이기는 하지만, 이내 동성애자가 아닌, 약물중독자나 아이티 출신 이민자들에게서도 같은 증상이 나타났기 때문이다. 수혈 과정에서 그 질병에 걸린 이들도 다수였다. 1983년 1월에는 보균자와 성관계를 했다가 해당 질병에 걸린 여성 환자들도 등장했다. 그러자 미국 CDC는 심사숙고 끝에 이 질병에 '에이즈AIDS, acquired immune deficiency syndrome'(후천성면역결핍증)라는 새로운 이름을 붙이기로 결정했다.

에이즈를 면밀히 분석하기 위해 오래된 역사책을 뒤적일 필요는 없다. 면역결핍증인 에이즈는 과거사가 아니라 현재진행형이고, 앞으로도 중대 질병으로 남게 될 확률이 높기 때문이다. 유엔에이즈계획UNAIDS의 발표에 따르면 에이즈를 유발하는 바이러스인 HIV 양성 판정을 받은 이가 2017년 기준 약 3,700만 명에 달한다고 한다. 신규 감염자의 수도 매년 180만 명씩 증가하고 있다. 2017년 한 해 동안 에이즈와 관련된 질병(폐렴을 비롯한 감염성 질환들)으로 사망한 이는 94만 명에 달한다.

40년이 채 안 되는 기간 동안 에이즈는 여러 가지 면에서 새 역사를 써내려갔다. 에이즈의 등장은 이를 테면 현대 의학과 생물학의 수준이 얼마나 높은지 확인하는 계기가 되었다. 1984년 봄에는 에이즈를 일으키는 바이러스의 정체가 밝혀졌고, 얼마 지나지 않아 에이즈 확진법이 개발되었다. 1987년 3월에는 HIV 감염 환자를 치료하는 최초의 항바이러스 약제가 미국 FDA로부터 승인을 얻었고, 뒤이어 유사한 치료제들이 쏟아졌다. 하지만 그 눈부신 발전의 혜택을 입지 못한 환자도 많았다. 1980년대 말 미국에서는 에이즈 환자가 10만 명에 달했고, 그중 대부분은 면역결핍증으로 사망했다. 할리우드 스타인 록 허드슨Rock Hudson이나 퀸의 리드보컬 프레디 머큐리Freddie Mercury, 테니스계의 전설 아서 애쉬Arthur Ashe, 농구선수 어빈 '매직' 존슨Earvin 'Magic' Johnson 같은 유명인들이 에이즈 환자로 판명되면서 에이즈는 전 세계적으로 유명해졌다. 1990년대 중반부터는 '고강도 항레트로바이러스 요법HAART, highly active antiretroviral treatment'이라 불리는 일종의 '칵테일 요법'이 개발되면서 에이즈로 인한 사망률이 확연히 낮아졌다. 단, 그 비싼 약값을 감당할 수 있는 지역에서만 사망률이 낮아졌고, 나머지 지역의 사망률은 여전히 높았다. UNAIDS 측의 발표에 따르면 HIV 신규 감염자의 95퍼센트가 동구권과 중앙아시아, 중동, 북아프리카에 집중되어 있다고 한다.

에이즈는 사회와 정책에도 큰 영향을 미쳤다. 당시로서는 불치병이었던 에이즈는 특정 그룹에게서 주로 관찰되었고, 그들에게 비난이 집중되었다. 그러자 남성 동성애자들 사이에 일종의 연대의식이 발동했고, 시간이 흐른 뒤에는 (진보) 언론이나 정치 선진국인 북미 대륙 국가들, 서유럽과 북유럽 국가 대부분도 동성애자들에게 연대의식을 보여주었다. 하지만 성 소수자들이 다른 사람들과 동등한 권리를 누리기까지는 오랜 세월이 걸렸다. 여성 동성애자Lesbian, 남성 동성애자Gay, 양성애자Bisexual, 성전환자Transgender, 성 정체성에 대해 갈등하는 사람Questioning들은 자신들의 권리를 온전히 누리기 위해 지금도 투쟁 중이다. 요즘은 상황이 많이 개선된 편이지만 에이즈 발발 초기만 하더라도 동성애자들은 비난의 대상이었고, 모두가 성 소수자들에게 지울 수 없는 낙인을 찍기에 바빴다. 그렇게 손가락질하면서 스트레스를 풀고, 자기만의 도덕적 기준을 강요하면서 자기 안에 쌓인 감정들을 해소한 것일지도 모르겠다.

에이즈를 유발하는 바이러스는 어디에서 최초로 발생되었을까? 그 발자취를 추적하기 위해 일단 아프리카 중부로 가보자. HIV는 침팬지들의 면역을 약화시키는 바이러스에서 발전된 것으로 추정된다. 야생동물육 거래를 의미하는 부시미트bushmeat가 에이즈의 원인이었다는 가설도 제기되고 있다. 원숭이 고기를 처리하는 과정에서 원숭이 몸에 있던 바이러스가 사람에게 감염되었다는 것이다. 해당 바이러스는 피부의 찢어진 상처를 통해 사람 몸으로 유입되었을 수도 있고, 원숭이를 잡는 과정에서 깨물려 감염되었을 수도 있다. 어쨌든 관련 학자들은 에이즈 유발 바이러스가 1920년대 아프리카 콩고민주공화국의 킨샤사Kinshasa에서 최초로 등장했을 것으로 추정한다. 최초의 에이즈 환자가 누구였는지에 대해서는 의견이 갈린다. 1959년 콩고에서 사망한 남성이 HIV와 유사한 바이러스에 감염되었을 것이라는 설도 있고, 같은 해 사망한 아이티 출신의 이름 모를 환자나 영국 맨체스터의 인쇄업자(면역 체계에 문제가 발생해 폐렴으로 사망) 데이비드 카David Carr가 최초의 사망자라는 설도 있다. 그러나 그로부터 수년 뒤 아이티 출신 환자와 데이비드 카의 조직검사를 해보았지만, 두 사람이 에이즈 환자였다는 것을 입증할 뚜렷한 증거는 발견되지 않았다. 단, 데이비드 카의 조직에서 발견된 바이러스가 1980년에 발견된 에이즈 유발 바이러스와 같은 종류라고 판명된 적이 있기는 하다. 하지만 그 역시 실험 과정에서 일어난 실수였을지도 모른다는 의견이 있으므로 확신할 수는 없다. 그런가 하면 아프리카에서 왕성한 성생활을 즐겼던 노르웨이의 선원 아르네 뢰드Arne Røed는 임질 치료를 받은 적이 있었다. 그러나 임질이 그가 걸린 유일한 질병은 아니었던 것 같다. 뢰드가 1976년 사망한 이후 아내와 딸의 조직검사 결과에서 HIV 양성 판정이 나왔기 때문이다. 미국에서는 1969년 16세의 나이로 사망한 로버트 레이포드Robert Rayford가 미국 최초의 에이즈 희생자로 기억되고 있다. 레이포드는 온몸이 종기로 뒤덮인 채 병원에 실려 왔다. 아프리카계 미국인이었던 레이포드 역시 면역 체계가 완전히 엉망이 되어 있었고, 입원한 지 얼마 뒤 폐렴으로 끝내 사망했다. 1987년 냉동보관 중이던 레이포드의 혈액 샘플을 검사한 결과, HIV 항체가 발견되었다. 레이포드의 케이스는 1981년 에이즈가 미국을 휩쓸기 전에 에이즈 바이러스가 이미 미국 내에서 돌고 있었다는 증거라 할 수 있다. 십대 소년 레이포드는 자신이 태어나고 자란 미주리 주를 단 한 번도 벗어난 적이 없다. 훗날 에이즈의 본산이라는 오명을 쓰게 된 캘리포니아와 뉴욕도 당연히 방문한 적이 없으며, 성추행이나 폭행을 당한 적도 없고, 남성을 대상으로 성매매를 한 적도 없다. 영국의 한 의학 잡지는 쾰른에 살다가 1979년에 사망한 양성애적 성향의 뮤지션을 독일 최초의 에이즈 희생자로 지목한 바 있다. 그런데 앞서 언급한 노르웨이 선원 아르네 뢰드도 해당 뮤지션의 거주지였던 쾰른에서 단 몇 킬로미터밖에 떨어지지 않은 베셀링Wesseling에서 직장을 다니고 있었다. 뢰드는 주기적으로 쾰른의 성매매 업소를 이용했다. 어쩌면 아프리카 서부 성매매 업소에서 감염된 바이러스가 노르웨이를 거쳐 독일 라인 강 인근까지 전파된 것은 아닐까?[1]

의학계와 학술계 그리고 우리 사회에게는 누가 최초의 에이즈 환자였는지를 밝히는 것보다 더 중요한 숙제가 하나 있다. 천연두의 사례를 보자. 1977년, 천연두에 걸렸다가 살아남은 소말리아의 어느 청년 요리사가 마지막 환자라는 보고가 나오고, 이로써 지구상에서 천연두가 자취를 감춘 적이 있다. 이제 누가 최후의 에이즈 환자인지를 발표하고, 이로써 에이즈로 인한 공포와 위협을 종식시켜야 할 때다.

모스크바의 '노인 정치'

브레즈네프, 안드로포프, 체르넨코

20세기 후반을 주무른 두 강대국 중 하나인 소련의 나라이름에는 집단지도 체제를 상징하는 단어가 포함되어 있다. 평의회를 뜻하는 '소비에트Soviet'가 바로 그것이다. 줄여서 소련이라 부르는 소비에트사회주의공화국연방USSR은 1917년 10월혁명이 성공하면서 같은 해 2월에 혁명으로 탄생한 민중 정부를 밀어내고 출범했다. 레닌과 볼셰비키로 대표되는 러시아 공산당의 권력 기반은 혁명을 지지하는 노동자평의회와 수백만 명의 동지를 잃은 뒤 현실을 자각하게 된 군인들로 조직된 군인평의회였다. 특히 후자는 공산당 지도부의 권력 강화에 더 큰 힘을 실어줄 수 있다는 점에서 더더욱 중대한 의미를 지니고 있었다. 1922년 12월 소련의 건국과 더불어 최고 기관인 국가평의회와 공산당 중앙위원회 같은 강력한 권력 기관들이 일사불란하게 조직되었다. 그럼에도 불구하고 소련은 단 한 명의 '스트롱맨'을 중심으로 돌아가는 국가라는 사실이 금세 표면으로 드러

1982년 11월, 소련 공산당 정치국 간부들이 레오니트 브레즈네프의
주검이 든 관을 무덤으로 운구하고 있다. 그로부터 3년이 채 지나기 전에 후임자인
유리 안드로포프와 콘스탄틴 체르넨코(사진 우)도 브레즈네프와 같은 길을 걷는다.

났다. 세계에서 가장 큰 면적을 자랑하는 국가의 서기장 중 이오시프 스탈린처럼 무제한의 권력을 누린 이는 없었다. 독재자 스탈린은 자신의 이익을 위해서라면 양심 따위는 아랑곳하지 않는, 그 어떤 만행도 서슴지 않는 폭군이었다. 냉전 기간 동안 소련 국민들은 물론이고 전 세계가 우려 섞인 눈길로 소련의 상황을 지켜봤다. 그 기간 내내 모두가 공산당 서기장이야말로 소련의 핵심 권력이라 믿었다. 사태가 심각할 경우 핵무기도 발동시킬 수 있는 권한을 지니고 있었으므로, 다들 그렇게 믿는 것은 당연했다. 공산당 서기장들 중 죽기 전에 권력을 박탈당한 사람은 니키타 흐루쇼프 단 한 명밖에 없다. 그것만 봐도 제1서기장의 권력이 얼마나 강한지 짐작할 수 있다. 사실 소련의 최고 지도자들 가운데 중도에 권력을 빼앗긴 인물이 하나 더 있기는 하다. 그러나 미하일 고르바초프의 상황은 흐루쇼프의 상황과는 완전히 달랐고, 고르바초프는 권력을 내려놓은 뒤에도 여전히 세계 정치사에 큰 영향을 미쳤다. 당시 고르바초프에 반대하는 보수 강경파들이 옛 질서를 회복하기 위해 쿠데타를 일으켰지만, 쿠데타는 실패로 돌아갔고, 고르바초프는 원래 자신의 자리로 되돌아갔다. 이후 소련 공산당을 해체하고 자신은 스스로 자리에서 물러났다.

그런데 이 책에서 이미 여러 차례 거론했듯이, 국가 권력이 단 한 명에게 집중될 경우, 그 한 명에게 건강상의 문제가 발생하면 효율적 통치 체계는 무너진다. 그리고 사람이 나이가 들면 중병에 걸릴 확률이 높아진다는 것도 두 말 하면 잔소리다. 소련 말기가 그랬다. 서기장은 물론이고, 당 지도부 전체에 당장 은퇴해도 좋을 정도로 노쇠한 인물들이 포진되어 있었다. 매년 5월 1일이면 10월혁명을 기념하는 행사가 개최된다. 그날의 가두행진을 보기 위해 붉은 광장을 찾은 사람이라면 누구나, 혹은 그 행사를 TV로 지켜보는 시청자라면 누구나 소련 수뇌부가 '노땅' 일색이었다는 것을 금세 알 수 있었다. 레닌 묘지 위에 자리를 잡고 군중들을 향해 쾌활하게 손을 흔들거나 사열 중인 군인들을 향해 손을 모자에 갖다 댄 정부 요인들 대부분이 백발의 노인이었다. 서기장들이 줄줄이 중병으로 쓰러지거나 직무불능 상태에 빠질 것은 불을 보듯 뻔했다. 이제 곧 세대 전환이 이뤄질 것이라는 것 역시 누구나 짐작할 수 있을 정도로 명백했다. 당시 소련 지도부의 세대 전환은 세계사적으로도 큰 의미를 지녔다. 고르바초프가 집권한 지 단 6년 만에 냉전이 종식되고 소련이 해체되었으니 말이다(고르바초프는 집권 당시 쉰네 살이었다. 레닌은 같은 나이에 사망했다).

소련 지도부는 내부 문제가 밖으로 새지 않도록 항시 만전을 기했다. 하지만 미디어가 발달하면서 베일에 싸인 지도부들의 심각한 정신적, 육체적 문제들을 완전히 감출 수는 없었다. 더더군다나 세 명의 서기장이 연달아 심각한 질병을 앓는 바람에 그 모든 비밀을 완벽하게 꽁꽁 감출 수 없었던 것이다. 군사력이 극도로 중시되는 소련 같은 나라에서 지도자의 신체적, 정신적 질병은 무능함을 의미했다. 나아가 최고 지도자의 쇠락은 체제 내부에 존재하는 약점, 개혁조차 불가능한 약점들을 상징적으로 보여주었다. 그런 가운데 1970년대 말과 1980년대 초, 서방 세계의 소련 전문가들과 서구 언론들은 의학박사에 가까운 의료 지식을 갖추어야 했다. 소련 최고 지도자들의 건강 문제를 면밀히 분석하고 관찰하면서 국제질서의 재편 과정을 우려 섞인 눈으로 목도해야 했던 것이다.

레오니트 일리치 브레즈네프Leonid Ilyich Brezhnev는 18년 동안이나 최고 권력자의 지위를 누렸고, 그 덕분에 후임자들보다 더 오랜 기간 동안 자신의 건강 상태를 노출시켜야 했다. 말년에 브레즈네프의 건강에 이상이 생겼다는 것은 누가 봐도 알 만큼 뚜렷했다. 우크라이나에서 태어난 정치가 브레즈네프는 수년 동안 불황과 경기 침체의 상징이었다. 전임자인 흐루쇼프는 비교적 소규모의 개혁만 단행했고, 그 개혁들조차도 중단되다시피 한 상황이었다. 그런 와중에 '프라하의 봄' 사태가 터지면서 소련의 어두운 그늘이 세상에 공개되었다. 1968년 8월 브레즈네프는 소련군과 연합국의 탱크를 동원해 '인간의 얼굴을 가진 사회주의socialism with human face'를 표방하던 프라하의 봄을 무자비하게 진압했다. 소련 내부에서도 탄압과 권력 남용이 남발되었고, 경찰국가가 저지를 수 있는 다양한 만행들이 자행되었다. 하지만 브레즈네프는 적어도 대외 관계에 있어서는 미국의 닉슨 대통령을 초청해서 회담을 가지는 등 화해 노선을 취했다. 브레즈네프가 추구한 화해 정책의 하이라이트는 아마도 유럽안보협력회의CSCE, Conference on Security and Cooperation in Europe 회원국들과의 정상회담이었을 것이다. 35개국이 참가한 유럽정상회담(미국과 캐나다도 포함)에서는 인권 존중과 언론의 보도권 확대 같은 내용들이 합의되었다. 그런데 그 두 가지 조건은 동구권의 공산주의 체제를 관에 집어넣고 뚜껑에 못질을 하는 것이나 다름없는 것들이었다. 실제로 회담이 끝난 뒤 얼마 지나지 않아 우후죽순처럼 늘어난 인권 단체들은 소련 정부의 탄압에도 불구하고 핵물리학자 안드레이 사하로프Andrei Sakharov가 반체제 인사라는 이유로 탄압받고 있다는 사실을 세상에 널리 알렸다.

한편, 철의 장막 건너편에서 무소불위의 권력을 휘두르던 브레즈네프의 퉁퉁 부은 얼굴과 파킨슨병에 걸린 것처럼 덜덜 떠는 손이 노출되었다. 그 시절 독일 총리이자 사민당 대표였던 빌리 브란트Willy Brandt도 브레즈네프와 만난 자리에서 브레즈네프 서기장이 평화에 대해 언급할 때 몸을 떠는 모습을 보였다고 말한 적이 있는데, 평화에 대해 그토록 큰 경외심을 갖추고 있는 서기장을 찬사한 것인지, 파킨슨병을 넌지시 암시하는 말이었는지는 지금도 알 수 없다. 한 가지 확실한 것은 한때 운동선수처럼 건장한 몸과 짙은 눈썹을 지녔던 브레즈네프가 살이 꽤 많이 찌고 얼굴도 많이 부어 있었다는 것이었다. 1975년 1월 시사주간지 《슈피겔》은 다음과 같이 보도했다. "세계가 브레즈네프의 건강 상태에 대해 의혹을 품고 있다. 암에 걸린 것일까? 브레즈네프의 병세는 7월부터 이미 겉으로 드러나기 시작했다. 브레즈네프와 대화를 나눈 이들은 최근 몇 달 동안 서기장이 눈에 띌 정도로 무기력해졌다고 증언했다. 하지만 브레즈네프 자신은 하루에 15시간씩 일하느라 피곤하고, 잠도 잘 자지 못하고 있으며, 담배도 너무 많이 피워서 그런 것이라고 둘러대고 있었다. 몇 년 전 가벼운 뇌졸중을 앓았지만 후유증은 없고, 체중감량 과정에서 위궤양과 혈액순환 장애가 생겼다고 말했다."[1]

브레즈네프는 여러 가지 질환을 앓고 있었다. 심장과 신경계에 문제가 있었고, 백혈병과 턱 부위의 종양 때문에 치료를 받아야 했다는 사실도 나중에 유출되었다. 소련 공산당 지도층이 으레 그렇듯, 브레즈네프 역시 보드카를 지나치게 많이 마셨는데, 그 역시 질병의 원인이었을 수도 있다. 의료진은 브레즈네프에게 수많은 처방전을 써주었고, 그 결과 브레즈네프는 약물 과다 복용 상태에 빠졌으며, 임기 마지막 2~3년 동안은 사실상 직무를 수행할 수 없는 지경에 이르렀다. 소련 국민들은 TV를 통해 서기장이 제대로 걷지도 못하고, 알아듣기 힘들 정도로 발음이 어눌하다는 것을 고스란히 목격했다. 한편, 브레즈네프는 서구에서 생산된, 초스피드를 자랑하는 고가의 자동차를 모는 것을 즐겼는데, 기력이 쇠약해진 뒤로는 그 취미도 더 이상 누리지 못했다. 브레즈네프는 또 한 번의 심장발작을 경험한 뒤 1982년 11월 10일, 결국 영면의 세계로 빠져들었고, 유해는 크렘린 벽 묘지에 매장되었다.

정치국은 단 이틀 만에 후임자 지명 절차에 돌입했다. KGB의 수장이던 예순여덟 살의 유리 블라디미로비치 안드로포프Yuri Vladimirovich Andropov가 이미 오래 전부터 물망에 올라 있는 상황이었다. 의아하게도 공산당 중앙위원회는 안드로포프에게 두 가지 치명적 질병이 있다는 사실에도 개의치 않았다. 신임 서기장 안드로포프는 혈관계에 지속적인 손상을 입힐 수 있는 두 가지 질병, 즉 당뇨와 고혈압을 안고 있었다. 그 두 가지 질병으로 혈관계에 손상이 가면 뇌와 신경계도 위험해진다. 안드로포프의 신경계 기능은 시간이 갈수록 악화되었고, 나중에는 투석까지 받아야 했다. 1983년 가을부터 안드로포프의 건강에 붉은 신호등이 선명하게 켜졌다. 냉전이 두 번째 큰 위기(1962년 10월의 쿠바 사태)를 맞이했을 즈음, 소련 최고 지도자인 안드로포프의 건강은 이미 심각하게 악화된 상태였다. 어쩌면 직무불능 상태였을 수도 있다. 1983년 9월 1일 소련 공군기가 항로를 이탈한 대한항공 여객기 보잉 747을 요격하는 사건이 벌어졌다. 269명의 민간인이 희생되었고, 격추된 기체는 국제 공동 영해로 가라앉았다. 국제 공동 영해에 가라앉았다는 말은 정해진 항로를 크게 벗어나지는 않았다는 뜻이다. 자신들의 영공을 아주 살짝 침범했을 뿐인데도 그렇게 예민하게 반응한 것이다. 그리고 그 말은 곧 소련군 지도층이 발포 명령만 기다리고 있는 지휘관이나 조종사들에 대한 통제 능력을 상실했다는 뜻이었다. 많은 민간인 희생자를 낸 전투기 조종사는 소련이 해체된 후 진행된 어느 인터뷰에서 해당 점보제트기가 민간 여객기라는 사실을 미리 인지했다고 털어놓았다.

그 직후에는 더 아찔한 사태가 벌어질 뻔했다. 나토NATO 연합군이 실행한 '에이블 아처 83Able Archer 83' 훈련 때문이었다. 소련은 서방 연합군이 훈련이라는 명목 하에 소련에 선제 핵공격을 퍼부을 것이라고 착각했던 것 같다. 안드로포프는 지병도 지병이었지만, KGB 출신이기 때문에 의심과 편집증이 체화된 인물이었다. 그렇게 최악의 긴장 상태가 지속되는 가운데 한 가지 사건이 터졌다. 하지만 천만다행으로, 침착함의 대명사라 불러도 좋을 단 한 명의 인물이 세계가 핵전쟁에 휘말릴 수도 있었던 위기를 막아냈다. 스타니슬라프 페트로프Stanislav Petrov 중령은 1983년 9월 26일 밤, 소련 위성관제센터에서 당직 사령으로 근무 중이었다. 페트로프는 초고도의 침착함과 신중함을 유지하고 있었다. 그때 몬태나 주를 감시하던 소련의 인공위성이 깜빡였다. 비상경보가 전달된 것이었다. 아무래도 미국이 소련을 향해 대륙간탄도탄ICBM을 발사한 것 같았다. 그 자리에 있던 다른 장교들은 페트로프에게 이 상황을 즉시 보고해야 한다며 재촉했지만, 페트로프는 크렘린에 보고하지 않았다. 첨예한 대립이 지속되던 시절이었으므로 만약 그 사실이 상부에 알려졌다면, 소련 지도부는 분명 '핵 보복' 명령을 내렸을 것이기 때문이었다. 어쩌면 페트로프는 소련군 통수권자가 거의 의식불명 상태라는 사실을 알고 있었을지도 모르겠다. 어쨌든 다음 날 다행히도 소련군의 위성 코스모스 1382가 상공 구름에 반사된 햇빛을 잘못 인식했다는 사실이 밝혀졌다. 그날 밤 세계가 공멸할 수도 있었다는 사실은 냉전이 종식된 이후에야 공개되었다. 스타니슬라프 페트로프가 세계를 핵전쟁으로부터 구원한 것이었다.[2]

임기 말년의 몇 달 동안 대중에게 모습을 전혀 드러내지 않던 유리 안드로포프는 1984년 2월 9일에 사망했다. 그 이후 소련 공산당은 그야말로 우스꽝스러운 짓을 벌인다. 안드로포프의 후임자로 콘스탄틴 체르넨코Konstantin Chernenko를 지목한 것이었다. 체르넨코는 전임자보다 심지어 세 살 더 많았고, 누가 봐도 건강한 사람은 아니었다. 체르넨코는 심부전을 앓고 있었고, 폐기종 때문에 호흡조차 힘들었으며, 그것도 모자라 간 기능도 극도로 부실했다. 풍문에 따르면 정치국에서 찬반 투표를 할 때마다 체르넨코가 손을 위로 들어 올릴 수 있도록 누군가 옆에서 거들어줘야 했다고 한다. 다른 사람의 도움 없이는 거수조차 할 수 없을 정도로 쇠약한 상태였던 체르넨코는 1984년 말에는 아예 자리를 펴고 드러누웠다. 거처를 크렘린에서 안드로포프가 치료를 받다가 사망한 병원으로 옮긴 것이었다. 체르넨코는 취임 단 13개월만인 1985년 3월 10일, 전임자를 뒤따라 세상과 안녕을 고했다. 당시 미국 대통령 로널드 레이건Ronald Reagan은 자신의 절망적 감정을 유감없이 드러냈다. "이렇게 계속 지도자가 죽어나가는데 소련과 대체 무슨 일을 같이 할 수 있겠는가?" 그 시절 미국에서는 외국 정상이 서거할 경우, 장례식 참석은 부통령의 몫이었다. 당시 부통령이던 조지 H. W. 부시George H. W. Bush의 집무실에서는 "또 죽었군, 그렇다면 또 날아가야지!"라는 말이 '심심하면' 터져 나왔다고 한다.

소련은 노쇠한 수장들이 국가를 통치할 경우 어떤 문제가 발생되는지를 10년 동안 뼈저리게 체험했다. 그 경험 덕분에 소련 공산당은 변화의 필요성을 절감했고, 드디어 세대교체가 이루어졌다. 미하일 고르바초프라는 비교적 젊은 서기장이 등장한 것이었다. 고르바초프는 소련 국민으로 출생해 정부 수반이 된 최초의 인물이었다(1931년, 캅카스 산맥 북쪽의 스타브로폴 지방에서 출생). 전임자들은 죄다 차르가 통치하던 러시아 시대에 태어난 이들이었다. 고르바초프의 등장은 중병에 걸린 세 명의 서기장들이 통치하던 긴 시절을 뒤집는 역사적 전환점이 되었고, 1991년 12월 26일, 소련은 역사의 뒤안길로 사라졌다.

에필로그

황제의 왼팔, 총리의 심장, 역사상 가장 건강한 대통령

정말이지 지독한 난산이었다. 산통은 15시간 넘게 진행되었고, 산모는 극심한 고통을 호소했다. 베를린에서 발간되는 신문들은 산모와 태어날 아기의 사망 소식을 준비하라는 은밀한 통고를 받았다. 분만실에 모여 있던 의사들은 분만 과정에 직접 개입해서 아기를 꺼내기로 결심했다. 하지만 그 과정에서 몇 가지 실수를 저질렀고, 그로 인해 신생아에게 씻을 수 없는 상처를 남겼다. 1859년 1월 27일 오후, 그날은 독일에게 있어 불운의 날이었다.

기력이 쇠진한 산모의 이름은 빅토리아, 영국 여왕인 어머니와 같은 이름이었다. 영국의 빅토리아 여왕은 서른아홉 살에 이미 할머니가 되었다는 소식에 기쁨과 더불어 만감이 교차하는 미묘한 감정을 느꼈다. 여왕의 딸은 프로이센의 황태자 프리드리히 빌헬름(훗날 프리드리히 3세)의 아내였다. (훗날 프리드리히 빌헬름이 얼마나 비극적인 운명을 맞이해야 했는지는 앞서 소개한 바 있다.) 황태자 부부는 갖은 난관

끝에 태어난 아들에게 프리드리히 빌헬름 빅토르 알베르트Friedrich Wilhelm Viktor Albert라는 이름을 붙여주었다. 그런데 분만 당시 의사들은 빅토르 알베르트의 왼팔을 끌어당겨 머리 뒤로 넘겼고, 그로 인해 아기는 신경총plexus of nervous에 심각한 손상을 입었다. 아기가 태어난 지 며칠 뒤, 가족과 의사들은 아기의 왼팔이 자그마한 몸 아래로 축 늘어진 채 꼼짝도 하지 않는다는 사실을 깨달았다. 왼팔이 제 기능을 하지 못하게 된 것이었다. 몸의 성장속도에 비해 왼팔의 성장속도는 턱없이 느렸다. 어른이 된 후에도 빅토르 알베르트의 왼팔은 오른팔보다 15센티미터쯤 짧았다.

이후 몇 년 동안 어린 빌헬름이 겪어야 했던 일은 장애 자체보다 더 큰 트라우마를 남겼을지도 모르겠다. 가족과 의사들은 빌헬름의 팔에 기괴한 장치를 달았다. 팔을 쭉 뻗어서 움직일 수 있게 만드는 장치였다. 하지만 전기 충격이 가해지는 그 장치는 어린 소년이 감당하기에는 너무도 큰 고통이었다. 그뿐만이 아니었다. 방금 도살되어 피가 낭자한 동물의 신체 내부에 팔을 집어넣기도 했다. 죽은 동물에게 아직 남아 있는 생명력이 쓸모없어진 소년의 왼팔에 전달된다는 믿음에서 실행된 미신적 치료법이었다. 당연하게도 그 방법은 아무런 효과도 발휘하지 못했다. 게다가 빅토리아 공주는 가뜩이나 몸이 불편한 아들을 구박했다. 아들의 모습을 있는 그대로 받아들이지 못했고, 노력이 부족하다고 나무랐으며, 틈만 나면 잔소리를 해댔고, 아들에 대한 실망을 감추려는 노력 따위는 전혀 하지 않았다. 어머니 빅토리아 공주는 자신이 신처럼 존경하고 숭앙하던 아버지, 즉 작센-코부르크-고타의 알베르트 공작의 품성과 아들의 성정이 전혀 닮지 않았다는 사실에 무엇보다 절망했다. 고통스러운 치료와 자신을 거부하는 어머니, 그 둘을 감당하며 자란 어린 시절이 소년의 마음에 어떤 상처를 주었을지는 굳이 말하지 않아도 짐작이 갈 듯하다.

부왕 프리드리히 3세가 비교적 이른 나이에 세상을 떠나자 불안한 눈빛에 허세 떨기를 좋아하던 청년 빌헬름은 황제의 자리에 올라 빌헬름 2세가 되었다. 빌헬름 2세는 백성들에게 황금시대를 열어주겠노라고 호언장담했다. 하지만 독일제국은 황금시대는커녕 오히려 제1차 세계대전에 휘말리게 된다. 역사학자 폴커 울리히는 빌헬름 2세에게서 아이의 모습과 '신경질적인 권력자'의 모습을 발견했다고 말했다. "1890년부터 1914년 사이의 시기를 '빌헬름 시대'라 부르곤 한다. 그만큼 빌헬름 2세가 그 기간 동안 독일사의 핵심적 인물이었다는 뜻이다. 젊은 황제 빌헬름 2세는 단기간에 유럽 내 경제대국으로 성장한 독일, 두 개의 모순되는 특징을 지닌 독일이라는 나라를 매우 독특한 방식으로 체현한 인물이었다. 빌헬름 2세는 불안정했고, 거만했으며, 두뇌가 명석했고, 충동적이었다. 신기술에 열광했고, 위풍당당한 모습과 과장된 몸짓을 보여주기 좋아했다. 물론 빌헬름 2세 한 명 때문에 그 시기에 빌헬름 시대라는 별명이 붙은 것은 아닐 것이다. 당시 많은 독일인들이 빌헬름 2세에게서 자신의 모습을 발견했을 것이다. 하지만 빌헬름 2세는 그 시절의 시대정신을 대표하는 인물, 독일이 강대국이라는 사실을 세계를 향해 저돌적으로 보여주고자 했던 대표적 인물이었다."[1]

독일이 강대국이라는 사실을 가장 잘 보여주는 증거는 강한 경제력과 더불어 강력한 군대였다. 당시 독일군이 얼마나 강력했는지는 군인이 사회적으로 얼마나 높은 지위를 누렸는지를 보면 알 수 있다. 많은 이들이 군인들이 입는 제복을 찬양했고, 군복을 입은 이들에게는 존경심을 보냈으며, 아이들은 빌헬름 2세 집권 후 한층 강화된 해군의 근무복, 즉 세일러복을 사달라고 부모를 졸랐다. 언제든지 전쟁을 치를 준비가 되어 있던 강력한 군사국가의 최고 명령권자는 바로 황제였다. 그런데 빌헬름 2세에게는 장애인인 자신이 '빛나는 군대'에 대한 통수권을 제대로 발휘할 수 있을지에 대한 의문이 여전히 남아 있었던 것 같다. 그는 공개적인 자리에서는 짧은 왼팔을 최대한 감추려고 노력했다. 마비된 왼팔은 늘 검 손잡이에 얹은 채였고, 사진을 찍을 때마다 좌측으로 반쯤 몸을 튼 채 카메라를 응시했다. 아무 이상이 없는 건강한 신체만 드러내고 싶었던 것이다. 어린 시절에 입은 가슴 속 상처를 상쇄하기 위해였는지 몇 가지 기이한 성향을 드러내기도 했다. 하루에도 몇 번씩 제복을 갈아입는다든가 독일뿐 아니라 다른 나라 군대의 다양한 계급장을 달고 나타나는 것쯤은 차라리 '애교'에 속한다. 빌헬름 2세가 제일 듣기 좋아하는 말도 군대와 관련이 있었다. 국제무대에서는 경쟁자이자 숙적인 영국 해군 소속의 '명예제독'이라는 말을 듣는 것을 좋아했던 것을 보면 빌헬름 2세는 외할머니의 나라인 영국의 강력한 해군에 대해 로망을 품고 있었던 것 같다. 군대와 관련된 로망보다 더 큰 문제는 신중함이나 상대에 대한 배려라고는 찾아볼 수 없는 말실수들이었다. 신체적 장애를 안고 있던 빌헬름 2세는 그러한 폭탄 발언들을 통해 강인한 인상을 심어줄 수 있다고 믿었던 모양이다. 중국의 의화단 운동을 진압하기 위해 파견된 군대의 출정식에서 빌헬름 2세는 "1,000년 전 아틸라Atilla 왕 휘하의 훈족이 그랬던 것처럼 중국인들을 무참히 살해하라"라고 말하는가 하면, 1908년《데일리 텔레그라프》에 공개된 인터뷰에서는 하야까지 고려해야 할 정도로 국제 정세와 관련된 오만한 발언들을 쏟아냈다. 빌헬름 2세는 나약한 사람이었고, 태어나는 순간 정해진 운명에 따라 국가의 수장이 되기는 했지만 그 임무를 감당하기에는 부족한 점이 많은 인물이었다. 그 사실은 특히 1914년 7월 유럽 강대국들 사이에서 위기가 발발하면서 수면 위로 확연히 떠올랐고, 제1차 세계대전 기간 중 루덴도르프와 힌덴부르크에 의해 사실상 축출당하면서 확실히 입증되었다.

인간의 육신이 불완전하고 유한하다는 사실을 부인할 수는 없다. 하지만 불완전성과 유한함을 어느 정도 감출 수는 있다. 질병으로 쇠약해진 몸이나 혹은 빌헬름 2세의 경우처럼 장애를 안고 태어난 경우에도 대중에게 사실과 다른 이미지를 심어줄 수 있다. 권력을 지닌 정치가들은 늘 그 방향으로 노력해왔다. 강한 남자는 대중들 앞에서 약한 모습을 보이지 않는다. 강한 여자도 마찬가지다. 독일 총리인 앙겔라 메르켈Angela Merkel도 사생활은 철저히 비밀에 부치고 있다. 그녀 앞에서 가족 얘기를 꺼내는 것은 금기에 가깝다. 미국 대권에 도전했던 힐러리 클린턴Hillary Clinton은 도보로 이동 중 길거리에서 쓰러진 적이 있다. 충분한 수분을 섭취하지 못해 탈수증세가 일어났다는 믿을 수 없는 해명을 들으며 미국인들은 힐러리의 신체적 능력과 진정성에 대해 더 큰 의혹을 품게 되었다. 정확히 무슨 일이 일어났는지, 어디가 안 좋은지 털어놓았다면 차라리 더 나왔을 것이다.

최고 권력자들은 자신들의 건강상의 문제를 늘 왜곡된 사진으로 중화시키려 한다. 그래야 국민들이 자신의 직무능력을 의심하지 않을 것이기 때문이다. 미국 대통령 린든 B. 존슨은 1965년 담낭적출술을 받고 며칠 뒤 기자들과 함께한 자리에서 일부러 셔츠 단추를 풀었다. 그 자리에 있던 기자들은 아직 선명하게 남아 있는 수술 자국에 적잖은 충격을 받았다. 하지만 그것은 철저한 계산 하에 이루어진 행동이었다. 미국민들은 전임 대통령인 존 F. 케네디가 건강 상태를 숨겼다는 사실을 잘 알고 있었고, 그것에 대해 매우 예민한 상태였다. 게다가 존슨이 병원에 입원할 당시에는 이미 대통령이 암에 걸렸다는 소문이 나돌았다. 즉 존슨은 일부러 자신의 커다란 수술 자국을 노출함으로써 암에 걸렸다는 소문을 일축시킨 것이었다 (요즘은 내시경으로 수술을 하기 때문에 수술 자국이 존슨 대통령 시절보다는 훨씬 작다).

독일의 헬무트 슈미트Helmut Schmidt 총리도 1981년 10월 코블렌츠Koblenz에 위치한 군인병원으로 이송되었다. 당시 슈미트의 자문위원들도 총리의 건강에 큰 문제가 없고 직무수행능력이 정상이라고 포장하기 위해 눈물겨운 노력을 기울였다. 처음에는 아무것도 아닌 사소한 해프닝쯤으로 치부하는 전술을 펼쳤다. 고열을 동반한 감기에 지나지 않는다는 성명을 발표한 것이었다. 물론 거짓말이었다. 슈미트는 인공 심장박동기를 달았고, 1주일 동안 입원했다. 그곳에서 슈미트는 한스-디트리히 겐셔Hans-Dietrich Genscher 외무장관을 비롯한 각료들을 만났고, 그 모습이 카메라에 그대로 담겼다. '평소와 다를 바 없이' 정상적으로 직무를 수행하고 있다는 사실을 보여주고 싶었던 것이다. 신문에는 슈미트가 누워 있는 병상 옆에 서류 더미가 쌓인 탁자 하나가 놓여 있는 모습이 찍힌 사진이 공개되었다. 탁자 위에는 생수 한 병과 차가 담겨 있을 것으로 추정되는 잔이 하나 놓여 있었다. 슈미트가 '가장 신뢰하는 동반자', 즉 담배는 미리 치워놓은 상태였다. 환자의 회복에 하등 도움이 되지 않는 담배를 대중들에게 보여줘서 좋을 것이 하나도 없다는 판단 때문이었다.

건강에 이상이 없고 충분히 강인하다는 점을 보여주려는 고위 정치가들의 노력은 21세기 들어서도 여전히 대유행이다. 러시아의 푸틴 대통령은 경비행기를 직접 조종하며 노을을 즐기는 야생 조류들을 멀리 내쫓는가 하면 아이스하키와 급류 래프팅, 유도도 즐긴다. 주치의의 아첨성 발언이겠지만, 1789년 최초의 대통령 선거가 실시된 이래 미국 사상 최고령 대통령이라는 기록을 세운 도널드 트럼프Donald Trump는 역사를 통틀어 가장 건강한 대통령이요, 충분한 영양분을 골고루 섭취만 하면 200세까지도 살 수 있는 인물이라고 한다. 몇몇 권력자들의 이러한 오만함은 가히 충격적이다. 어쩌면 존 F. 케네디가 남긴 유명한 연설 한 토막이 우리에게 위로가 되어줄 수 있지 않을까 싶다. "결국 우리에게는 이 작은 행성에 살고 있다는 공통점이 있습니다. 우리는 모두 같은 공기를 숨 쉬고 있습니다. 우리는 모두 아이들의 미래를 소중히 여기고 있습니다. 그리고 우리는 모두 언젠가는 죽을 것입니다."[2]

주

바빌로니아에서의 죽음 요절한 알렉산드로스 대왕

1 알렉산드로스 대왕의 일생에 대해 자세히 알고 싶은 독자들에게는 로빈 레인 폭스Robin Lane Fox가 저술한 탁월한 전기문《세계의 정복자 알렉산드로스 대왕Alexander der Große. Eroberer der Welt, 2005, Klett-Cotta》을 추천한다.

로마제국 정신병에 걸린 황제들

1 수에토니우스가 쓴 황제의 전기문은 '구텐베르크 프로젝트(http://gutenberg.spiegel.de/buch/kaiser-biographien-8675/1)'에 가면 열람할 수 있다. 본 인용구는 해당 전기문 6장 22번째 단락에 따른 것이다.

2 John R. Hughes: Dictator Perpetuus: Julius Caesar – Did he have seizures? If so, what was the etiology? Epilepsy & Behavior 2004, 5: 756–764.

3 Sueton, Kap. 6, Abschnitt 58.

4 Ferdinand Peter Moog, Axel Karenberg: Roman emperors suffering from apoplexy: the medical and historical significance of classical literary sources. Journal of Medical Biography 2004; 12: 43-50.

5 'Xylospongium'이라 불리는 해당 도구가 변기 세척솔의 전신이고, 몸이 아니라 변기를 닦는 용도로 쓰였다고 주장하는 역사학자들도 있다.

6 Bryan Ward-Perkins: The Fall of Rome. Oxford 2005: 183.

유럽의 역사를 바꾼 흑사병 페스트

1 John Kelly: The Great Mortality. An Intimate History of the Black Death, the Most Devastating Plague of all Time. New York 2005: 24.

2 Zit. n. Winfried Schmitz: Gottliche Strafe oder medizinisches Geschehen – Deutungen und Diagnosen der ≫Pest≪ in Athen (430–426 v. Chr.). In: Mischa Meier (Hrsg.): Pest. Die Geschichte eines Menschheitstraumas. Stuttgart 2005: 51.

3 Jorn Kobes: ≫Pest≪ in der Hohen Kaiserzeit? In: Mischa Meier (Hrsg.): Pest. Stuttgart 2005: 98.

4 William Rosen. Justinian's Flea. Plague, Empire and the Birth of Europe. London 2007: 217.

5 William Chester Jordan: The Great Famine. Princeton, New Jersey 1996: 117.

6 Kelly: 186.

7 지금은 웨이머스Weymouth 시의 일부.

8 John Hatcher: Plague, Population and the English Economy, 1348~1350. London 1977: 25.

9 Kelly: 197.

10 Ebd.: 227.

11 Ebd.: 255.

12 Hans Wilderotter: ≫Alle dachten, das Ende der Welt sei gekommen≪. Vierhundert Jahre Pest in Europa. In: Hans Wilderotter (Hrsg.) unter Mitarbeit von Michael Dorrmann: Das große Sterben. Seuchen machen Geschichte. Dresden 1995: 18.

13 Kelly: 256.

14 Hans Schadewaldt (Hrsg.): Die Ruckkehr der Seuchen. Koln 1994: 10–11.

15 Wilderotter: 14.

16 Neithard Bulst: Der Schwarze Tod im 14. Jahrhundert. In: Mischa Meier (Hrsg.): Pest. Die Geschichte eines Menschheitstraumas. Stuttgart 2005: 144.

17 Kelly: 204.

슈타우펜 왕조의 종말 '세계적 경이' 프리드리히 2세

1 Wickham, Chris: Das Mittelalter. Europa von 500 bis 1500. Stuttgart 2018

애정 행위의 어두운 그림자 매독

1 Zit. n. Alfred J. Bollet: Plagues and Poxes. The Impact of Human History on Epidemic Disease. New York 2004: 67.

2 Gabriele Falloppio (1523~1562). 라틴어 이름인 '팔로피우스Fallopius'라고도 알려져 있음. 의학 관련 국제적 논문에서는 '나팔관'을 '팔로피오의 튜브Fallopian tube'라고도 부른다.

3 상처 치료를 전담하는 의무병을 '종군병' 혹은 '외과병外科兵'이라고도 부른다. 현대적 외과의사

의 전신이라고 할 수 있는 이들은 '이발사'라고 불리기도 했다; 면도도 했고, 필요한 경우 괴저된 신체 부위를 절단하는 것도 주요 임무였기 때문이다. 당시 대학에서 의학을 제대로 배운 의사들은 보수적 의미에서의 의료 행위에만 집중했고, 외과 부분을 경시하는 경향이 있었다. 18~19세기에 와서야 비로소 (유럽 내 대부분 지역에서) 외과를 수공업이 아닌 의료 행위로 인정하는 분위기가 형성되었다.

4 네덜란드처럼 점령군에게 책임을 돌리는 경우도 있었다. 당시 네덜란드는 합스부르크 왕가의 지배하에 있었고, 이후 1648년 베스트팔렌 조약을 통해 최종적 독립을 쟁취하기 전까지는 스페인의 통치를 받았다.

5 그보다 큰 배인 '산타 마리아Santa Maria' 호는 1492년 크리스마스를 즈음하여 '히스파니올라Hispanioa' 섬(현재 아이티공화국과 도미니카공화국이 분할지배 중인 섬) 인근에서 좌초했다; 이에 콜럼버스는 좌초된 산타 마리아 호에 남아 있던 목재들을 이용해 아메리카 대륙에 작은 요새를 건축하고 거기에 '라 나비다드La Navidad'(크리스마스라는 뜻)라는 이름을 붙였다.

6 Mircea Tampa et al.: Brief History of Syphilis. Journal of Medicine and Life 2014; 7: 4-10.

7 Bruce M. Rothschild: History of Syphilis. Clinical Infectious Diseases 2005; 40: 1454-1463.

8 Zit. n. Mechthild Charlotte Luise Lohan: Historischer Abriss der Syphilis im Kontext mit ihrer soziokulturellen Bedeutung fur die Gesellschaft im deutschsprachigen Raum. Graz 2016: 14.

9 Oskar Panizza: Deutsche Thesen gegen den Papst. Bei Google Books einsehbar, 2018. Ohne Seitenangabe.

10 동성애자인 에라스무스는 성매매 여성과 잠자리를 한 적이 거의 없었을 것이다.

11 Birgit Adam: Die Strafe der Venus. Eine Kulturgeschichte der Geschlechtskrankheiten. Munchen 2001: 94.

12 Zit. n. Ernst-Albert Meyer: Die Geschichte der Franzosenkrankheit. Allgemeinarzt online, 4.11. 2016.

13 금성Venus: 사랑의 여신 비너스를 상징하는 행성. 수성Mercury: 로마 신화에 등장하는 상업과 도둑질(!)의 신. 수은은 영어로 '퀵실버quicksilver'로 불리지만, 때로는 '머큐리mercury'로 불리기도 한다.

14 Tomasz F. Mroczkowski: History, Sex and Syphilis. Famous Syphilitics and Their Private Lives. Bradenton, Florida 2015: 179.

15 '슈베르티아데'라는 이름은 지금도 젊은 나이에 요절한 천재 음악가 슈베르트를 기리는 음악축제들이 자주 차용하고 있다. 그중 가장 유명한 축제는 오스트리아 포어아를베르크Vorarlberg에서 열리는 축제일 것이다.

16 Mroczkowski: 124-131.

17 연방주의 수도인 뒤셀도르프에 소재한 대학교도 하이네의 이름을 따 '하인리히하이네대학교'라고 불린다.

18 Zit. n. Elvira Grozinger: Im Venusberg. Zu Gesundheit und Krankheit bei Heinrich Heine zwischen Eros und Thanatos. Zeitschrift der Vereinigung fur Judische Studien 2006; 12: 57.

19 모제스 모저Moses Moser에게 보낸 1824년 2월 25일자 서신. Projekt Gutenberg http://gutenberg.spiegel.de/buch/deutsche-freundesbriefe-aus-sechs-jahrhunderten-7917/291.

20 카를 마르크스에게 보내는 라살레의 편지(1855년 7월 초 작성). In: Der Briefwechsel zwischen Lassalle und Marx. Hg. Gustav Mayer. Dritter Band. Stuttgart und Berlin 1922: 100.

눈앞에서 무산된 영국과 스페인의 통합 메리 튜더의 상상임신

1 1554년 11월 23일에 도착한 전보, zitiert nach: Milo Keynes: The aching head an increasing blindness of Queen Mary I. Journal of Medical Biography 2000; 8: 102-109.

2 C. J. Meyer: The Tudors: The Complete Story of England's Most Notorious Dynasty. New York 2010.

3 Allan C. Barnes: Diagnosis in Retrospect. Mary Tudor. Obstetrics & Gynecology 1953, 1: 585-590.

4 Ronald D. Gerste: Heinrich VIII. Kraft und Brutalitat. Deutsches Arzteblatt 2008, 106: 1973.

5 M. Q. Ikram et al.: The head that wears the crown: Henry VIII and traumatic brain injury. Journal of Clinical Neuroscience 2016; 28:16 – 19.

6 Meyer: 373.

7 Zit. n. V. C. Medvei: The illness and death of Mary Tudor. Journal of the Royal Society of Medicine 1987; 80: 766 – 770.

뤼첸에서의 죽음 방향감각을 상실한 구스타브 2세 아돌프

1 Ronald D. Gerste: Myopie und Bildungsstand – die Beobachtung des Sir James Ware. Zeitschrift fur Praktische Augenheilkunde 2015, 36: 547 – 548.

2 이를 반대로 해석할 수는 없다. 즉 근시가 아닌 이들이 더 우둔하고 교양도 없다고 결론지을 수는 없는 것이다. 게다가 근시 환자들 중에도 IQ가 그다지 높지 않은 이들이 당연히 존재한다.

3 Martin Wenzel: Von Neros Smaragd zur Nurnberger Brille. Zeitschrift fur Praktische Augenheilkunde 2017;38: 485 – 490.

4 메리로즈Mary Rose 호와 그 안에 있던 유물들이 전시되어 있는 영국 포츠머스Portsmouth의 메리로즈박물관이 그나마 바사박물관과 가장 유시한 박물관이다. 구스타브 2세 아돌프가 바사 호를 총애했듯 영국의 헨리 8세도 메리로즈 호를 매우 아꼈다고 한다. 하지만 메리로즈 호의 보존 상태는 바사 호의 보존 상태와는 비교가 되지 않을 정도로 열악하다.

5 Golo Mann: Wallenstein. Frankfurt am Main 1974: 741.

전염병이 발발했다! 천연두

1 Dorothy H. Crawford: Deadly Companions. How microbes shaped our history. Oxford 2007: 177.

2 Gareth Williams: Angel of Death. The Story of Smallpox. New York 2011: 14.

3 Ebd.: 6.

4 Ebd.: 7.

5 Zit.n. Irwin W. Sherman: Twelve Diseases that Changed our World. Washington DC 2007: 54.

6 Ebd.: 55.

7 맨던족의 후예들은 히다차족Hidatsa 및 아리카라족의 후손들과 함께 노스다코다 주 내 인디언 보호구역에 '3개 종족 연합Theree Affiliated Tribes'을 구성해서 살아가고 있다. 인구수는 세 부족을 합해 약 1만 6,000명이다.

8 Williams: 32.

9 Ebd.: 17.

근세 초기에 대두된 부자들의 질병 통풍

1 Alfred Jay Bollet: Plagues and Poxes. The Impact of Human History on Epidemic Disease. New York 2004: 199.

2 Hans-Christian Huf: Das Ratsel um Wallensteins Krankheit – Diagnose Syphilis. In: Hans-Christian Huf (Hrsg.): Mit Gottes Segen in die Holle. Der Dreißigjahrige Krieg. Munchen 2003: 330.

3 Wolfgang Miehle (Hrsg.): Rheumatologie in Praxis und Klinik. Stuttgart und New York 2000: 11.

4 Zit. n. Dieter Paul Mertz: Geschichte der Gicht: kultur- und medizinhistorische Betrachtungen. Stuttgart und New York 1990: 10.

형제 최후의 여행 로런스 워싱턴과 조지 워싱턴

1 에마누엘 로이체의 〈델라웨어 강을 건너는 워싱턴〉은 1776년 12월 워싱턴 장군과 그 측근들이 영국군 소속으로 트렌턴Trenton에 주둔 중이던 헤센 용병들을 공격하기 위해 진격 중인 모습을 그린 것이다.

2 R. Chernow: Washington. A Life. New York 2010: 16.

3 Ebd.: 23.

세계를 휩쓴 전염병 콜레라 전성시대

1 Heinrich Lutz: Zwischen Habsburg und Preußen. Deutschland 1815~1866. Berlin 1985: 107.

2 Thomas Nipperdey: Deutsche Geschichte 1860~1866. Burgerwelt und starker Staat. Munchen 1983: 130.

3 Siehe dazu: Ronald D. Gerste: Wie das Wetter Geschichte macht. Klett-Cotta, Stuttgart 2015.

4 Hans Wilderotter (Hrsg.): Das große Sterben. Seuchen machen Geschichte. Berlin 1995: 208.

5 Wilderotter: 209.

6 Ebd.: 212.

7 Zit. nach: Birgit Nolte-Schuster: Medizingeschichte: Preußen im Kampf gegen die Cholera. Deutsches Arzteblatt 2007; 104(38): A-2566 / B-2267 / C-2199.

8 Christopher Jutte: Die Choleraepidemie 1831. Website des Deutschen Historischen Museums: https://www.dhm.de/lemo/kapitel/vormaerz-und-revolution/alltagsleben/die-choleraepidemie-1831.html.

9 Wilhelm von Sternburg: Als Metternich die Zeit anhalten wollte. Unser langer Weg in die Moderne. Munchen 2003: 33.

10 마리 헤겔Marie Hegel이 프리드리히 임마누엘 니트함머Friedrich Immanuel Niethammer(독일 철학자 겸 신학자, 1766~1848)에게 보낸 1831년 12월 2일자 편지. In: Briefe von und an Hegel. Hrsg. von Karl Hegel, Leipzig 1887: 379-380.

11 Olaf Briese: Marie Hegel und die Cholera in Berlin. http://www.luise-berlin.de/bms/bmstext/9811prod.htm.

12 1831년 8월 9일자 편지. In: Wilhelm Capelle (Hrsg): Gneisenau. Eine Auswwahl aus seinem Briefen und Denkschriften. Leipzig und Berlin 1911, S. 167.

13 Ben Guarino, James Polk: The dead president who never rests in peace. Washington Post, 28. Marz 2017.

14 Manfred Vasold: Es ist eine bose Zeit. Wie die Cholera aus Asien nach Deutschland kam. Die Geschichte einer Seuche. Die Zeit, 30. April 2003.

15 Heinrich Heine, Franzosische Zustande, Artikel IV. Zitiert nach: http://www.heinrich-heine-denkmal.de/heine-texte/cholera.html.

16 Wilderotter: 219.

17 존 스노우와 고전적 역병 추적 과정에 대한 더 자세한 정보는 다음 논문 참조: Sandra Hempel, The Medical Detective: John Snow and the Mystery of Cholera. London 2006.

18 Vasold, Die Zeit, 30. April 2003.

19 Wilderotter: 228.

20 Ebd.: 241.

21 WHO – Global Task Force on Cholera Control (GTFCC). http://www.who.int/cholera/publications/global-roadmap-summary.pdf?ua=1.

탄생하려다가 만 독일의 민주주의 프리드리히 3세

1 이 문구는 프란츠 헤레Franz Herre가 집필한 뛰어난 전기문《황제 프리트리히 3세》의 부제이기도 하다. Kaiser Friedrich III., 1987 bei der Deutschen Verlagsanstalt(DVA) in Stuttgart.

2 Bericht des Dr. E. Gerhardt, Königlichen Universitäts-Professors und Geheimen Medizinalrathes in Berlin (1888) Zitiert nach: A. Bardeleben (Hrsg): Die Krankheit Kaiser Friedrich des Dritten dargestellt nach amtlichen Quellen und dem im Königlichen Haus-ministerium niedergelegten Berichten der Ärzte. Kaiserl. Reichsdruckerei, Berlin, S. 1-17. Zitiert nach: M. Teschner, Laryngologie im ausgehenden 19. Jahrhundert. Das Beispiel der Behandlung Friedrichs III. HNO 2012, 60: 985-992: 985.

3 Teschner: 985.

4 Ibid.: 986.

5 해당 지역은 1870년 여름, 프랑스와 전쟁을 치르게 된 것에 모종의 역할을 담당했다. 그 계기는 '엠스 전보 조작 사건Emser Depeche'이었다. 비스마르크는 의도적으로 프랑스에서 보낸 전보를 조작해서 공개했고, 이에 나폴레옹은 프로이센에 선전포고를 할 수밖에 없었다.

6 Roland Sedivy: Die Krankheit Kaiser Friedrichs III. und Virchows Rolle. Wiener Medizinische Wochenschrift 2015; 165:140-151: 143.

7 Sedivy: 145.

8 Herre: 249.

9 Teschner: 989.

10 Sedivy: 146.

11 Teschner: 989.

12 Ibid.

13 Herre: 262.

14 Volker Ullrich: Das Ende der Friedrich-Legende. Die Zeit, 1. März 2012.

죽음의 인플루엔자 독감

1 Laura Spinney: Pale Rider. The Spanish Flu of 1918 and how it changed the world. New York 2017: 4.

2 Alfred Jay Bollet: Plagues and Poxes: 108.

3 Ebd.: 109.

4 정치계에서 성공을 거듭하던 루스벨트가 유럽에서 돌아온 뒤 독감으로 몸져누운 것은 아내 엘

리너와의 관계에 결정타를 안겼다. 손수 짐을 풀 수 없던 남편을 대신해 가방을 정리하던 아내는 비서인 루시 머서Lucy Mercer가 보낸 편지들을 발견했는데, 그 속에 머서가 남편과 불륜 관계임을 암시하는 내용이 들어 있었던 것이다.

굳어버린 혁명가의 뇌 블라디미르 일리치 레닌

1 Gary P. Kaplan, Boris M. Petrikovsky: Advanced cerebrovascular disease and the death of Vladimir Ilyich Lenin. In: Neurology 1992; 42: 241 – 245.

2 Victor Sebestyen: Lenin. New York 2017: 481.

3 1934년부터는 '함부르크 대학병원(현재 명칭은 '함부르크 대학클리닉')'이라 불린다.

4 V. Lerner, Y. Finkelstein, E. Witztum: The enigma of Lenin's (1870 – 1924) malady. In: European Journal of Neurology 2004, 11: 371 – 376.

5 Sebestyen: 317.

6 Ebd.: 497.

7 Sonja Zekri: Der erste Pflegefall der Weltrevolution. Suddeutsche Zeitung, 11. Mai 2010.

바이마르 공화국의 상징 프리드리히 에베르트

1 A. Freudenthal, A. Bier, O. Lubarsch: Bericht uber Krankheit, Operation und Tod des Reichsprasidenten Ebert. Deutsche Medizinische Wochenschrift 1925; 51: 448 – 450.

2 사실 바이마르 공화국이 독일 내 최초의 민주공화국은 아니었다. 독일 최초의 민주공화국은 프랑스혁명의 결과로 탄생된, 생명이 아주 짧았던 마인츠 공화국으로(존속 기간은 1792~1793) 프랑스 혁명군이 마인츠를 점령하면서 탄생된 국가였다.

3 '맹장 제거Blinddarm entfernen'라는 독일어 표현은 사실 여기에서 말하는 수술 대부분에는 해당되지 않는다. 왜냐하면 맹장 전체가 아니라 충수만 제거될 때가 많기 때문이다. 따라서 영어에서도 그대로 사용하고 있는 '충수돌기 절제술appendectomy'이라는 표현이 보다 정확하다고 할 수 있다.

4 Freudenthal: 448 – 450.

5 Ebd.

'아름다운' 질병 결핵

1 Thomas Dormandy: The White Death. A History of Tuberculosis. New York 2000: 80.

2 I. Barberis et al.: The history of tuberculosis: from the first Preventive Medicine and Hygiene 2017; 58: E9-E12.

3 Thomas M. Daniel: The history of tuberculosis. Respiratory Medicine 2006; 100: 1862~1870.

4 S. Grzbowski, E. Allen: History and importance of scrofula. The Lancet 1995; 346: 1472~1474.

5 Kenneth Silverman: Edgar Allan Poe. New York 1991: 180.

6 Frederick Jotten: Tal der Hoffnung. Thomas Manns Zauberberg. Frankfurter Rundschau, 13. Juni 2012.

7 Roguin A: Rene-Theophile-Hyacinthe Laennec (1781~1826): The Man Behind the Stethoscope. Clinical Medicine & Research 2006; 4: 230－235.

8 Zit. n. Dorothy H. Crawford: Deadly Companions. How microbes shaped our history. Oxford und New York 2009: 159.

건강염려증 환자 아돌프 히틀러

1 Adolf Hitler: Mein Kampf. Munchen 1925: 212－213.

2 Jens Martin Rohrbach: Die Augen Adolf Hitlers. Klinische Monatsblatter fur Augenheilkunde 2011; 288: 648.

3 Zit.n. Rohrbach: 649.

4 Ebd.: 649.

5 Henrik Eberle und Hans-Joachim Neumann: War Hitler krank? Ein abschlieender Befund. Köln 2009. 필자가 본 챕터를 작성할 때 활용한 책은 영어 번역본(Was Hitler ill?, Cambridge, UK 2013)이었다.

6 히틀러의 개인 여비서였던 트라우들 융게Traudl Junge의 기억에 따른 내용이다. Zit. n. Eberle und Neumann, Was Hitler ill?: 19.

7 Ebd.: 106.

8 Ebd.: 69.

9 Ebd.: 1.

10 Ebd.: 143.

11 Ebd.: 190.

얄타 회담과 병약한 대통령 프랭클린 D. 루스벨트

1 엄밀히 따지자면 그 이전에 이미 3선에 도전한 대통령이 하나 더 있다. 프랭클린 루스벨트의 먼 친척인 시어도어 루스벨트가 1912년 무소속 후보로 출마했다. 하지만 최초의 대통령직 수행 임기(1901~1905)는 선출이 아니라 승계에 의한 것이었다. 즉, 암살당한 윌리엄 맥킨리William McKinley의 뒤를 이어 대통령직을 수행한 것이었다. 게다가 1923년의 3선 도전에도 실패했다. 공화당 지지자들의 표가 갈리면서 결국 민주당 후보인 우드로 윌슨이 백악관에 입성했다.

2 오랫동안 독일 외무장관과 재무장관을 지낸 '휠체어 정치가' 볼프강 쇼이블레Wolfgang Schäuble가 아마도 가장 유사한 케이스이겠지만, 정계에서 쇼이블레의 '체급'은 아무래도 루스벨트보다 훨

씬 낫다.

3 처음 당선된 대통령이나 재선된 현직 대통령이 3월 4일에 취임식을 거행한 것은 이 날이 마지막이었다. 조지 워싱턴과 토머스 제퍼슨 시절에는 이렇게 당선 후 4달 동안의 준비 기간을 갖는 것이 전통이었지만, 현대로 오면서 더 이상 불가능해졌고, 1937년부터 미국 대통령 취임식은 1월 20일에 거행되고 있다.

4 Andrei Gromyko: Memoirs. New York 1989: 5.

5 Steven Lomazow, Erich Fettmann: FDR's Deadly Secret. New York 2009: 133.

6 Ronald D. Gerste: Ross T. McIntire – Ein HNO-Arzt im Zentrum der Weltgeschichte. HNO Kompakt 2010; 18: 49 – 53.

7 Hugh E. Evans: The Hidden Campaign. FDR's Health and the 1944 Election. New York 2002: 60.

8 Conrad Black: Franklin Delano Roosevelt. Champion of Freedom. New York 2003: 1075.

9 Conrad Black: Yalta and Roosevelt's Hope. New York Sun, 9. Mai 2005.

크렘린과 백악관의 편집증 스탈린과 닉슨

1 Martin Sixsmith: Russia. New York 2014: 391.

2 Recordings reveal Richard Nixon's paranoia. The Guardian, 3. Dezember 2008.

3 미국 대선 사상 이보다 더 확실한 표차로 승리를 거둔 후보가 한 명 있다. 1984년 525명의 선거인단의 표를 확보한 현직 대통령 로널드 레이건이 단 13표밖에 얻지 못한 민주당 소속 후보 월터 몬데일Walter Mondale에게 압승을 거둔 것이다.

4 Zit. (leicht gekurzt) n.: John A Farrell: The year Nixon fell apart. Politico, 26. Marz 2017.

5 Anthony Summers: The Arrogance of Power. The Secret World of Richard Nixon. New York 2000: 446.

6 2018년 9월 출간된 그의 저서 《공포Fear》는 도널드 트럼프 시대를 맞이한 백악관의 내부사정을 묘사한 것으로, 발간 즉시 베스트셀러가 되었다.

7 Fred Emery: Watergate. The Corruption of American Politics and the Fall of Richard Nixon. New York 1994: 478.

8 조지 워싱턴부터 버락 오바마까지 미국 대통령들의 수많은 기념관이나 생가에 관한 내용에 대해서는 다음 문헌을 참고하기 바란다. Ronald D. Gerste: Rendevous mit Amerikas Präsidenten. Unterwegs zu den Orten ihres Lebens. Darmstadt 2012.

9 Tom Wicker: One of Us. Richard Nixon and the American Dream. New York 1995: 686.

담낭 질환과 수에즈 위기 앤서니 이든 총리의 오판

1 Lord Owen, The effect of Prime Minister Anthony Eden's illness on his decision-making during the Suez crisis. The Quarterly Journal of Medicine 2005; 98: 387-402: 388. 저자인

오웬 경Lord Owen은 1977년부터 1979년까지 영국 외무장관을 지낸 데이비드 오웬David Owen이다. 당시 나이가 대략 마흔 살로, 앤서니 이든 이후 가장 젊은 외무장관이었다. 오웬 경은 전직 의사이기도 했다. 따라서 앤서니 이든의 병력과 생애에 대해 오웬 경이 남긴 글에는 의학적, 정치적 전문 지식이 다수 포함되어 있다.

2 Ebd.

3 Ebd.: 389.

4 Ebd.: 387.

5 Ebd.: 392.

6 Ebd.: 393.

7 Ebd.

호르몬 과잉? 호르몬 결핍? 혹은 둘 다? 존 F. 케네디

1 그 시절 전두엽절제술 시술자들에 대해 의사들 사이에서도 논란이 분분했다. 수술 시 '전두엽절제술자'는 얼음송곳 같은 기구를 망치로 세게 때려서 이마에 구멍을 뚫었다. 관자놀이 쪽으로 구멍을 뚫는 경우는 거의 없었다. 그렇게 구멍을 뚫고 얼음송곳이 뇌 안으로 진입하면 송곳을 여러 차례 빙빙 돌렸다. 뇌 조직이 파괴될 수밖에 없었지만 환자들은 '가만히 있을 수밖에' 없었다.

2 Robert Dallek: An Unfinished Life. John F. Kennedy 1917~1963. Boston 2003.

3 Ebd.: 399.

4 미국 제35대 대통령에 관한 참고 자료: Robald D. Gerste: JFK-100 Frage, 100 Antworten. Klett-Cotta, Stuttgart 2013.

거짓의 궁전 엘리제 프랑수아 미테랑

1 미테랑의 병력과 질병 은폐 과정에 관한 참고 자료: William Drodziale: Mitterand hid cancer for decades, doctor says. Washington Post, 17. Januar 1996.

쾌락은 잠시지만 고통은 영원하다 에이즈

1 Edward Hooper: Sailors and star-bursts, and the arrival of HIV. British Medical Journal 1997; 315: 1689~1691.

모스크바의 '노인 정치' 브레즈네프, 안드로포프, 체르넨코

1 Jahe Krankheit. Der Spiegel, 13. Januar 1975.

2 참고 자료: Ronald D. Gerste: Haarschaft an einem Atomkrieg vorbei. Neue Zürcher Zeitung, 25. September 2013. 드레스덴 평화상 수상자인 페트로프는 2017년 5월 19일에 사망했다.

에필로그 황제의 왼팔, 총리의 심장, 역사상 가장 건강한 대통령

1 Volker Ullrich: Die nervose Großmacht 1871~1918. Aufstieg und Untergang des deutschen Kaiserreichs. Frankfurt am Main 1997: 143–144 (leicht gekurztes Zitat).

2 1963년 6월 10일 아메리칸대학교 졸업식에서 한 연설. http://www.jfklibrary.org/JFK/Historic-Speeches/Multulingual-American-University-Commencement-Address/Multulingual-American-University-Commencement-Address-in-German.aspx.

옮긴이 강희진

한국외국어대학교 통역번역대학원 한독과를 졸업했다. 현재 프리랜서 번역자이자 각종 국제행사의 통역자로 활동하고 있다. 옮긴 책으로《통계의 거짓말》,《아름답지 않을 권리》,《화장실 철학자》,《집중하는 힘》,《날씨가 바꾼 세계의 역사》,《감정 테러리스트》,《혼자가 편한 사람들》,《나는 괜찮지 않다》,《결정장애 세대》,《십대들의 폭로》등이 있다.

질병이 바꾼 세계의 역사

인류를 위협한 전염병과 권력자들의 질병에 대한 기록

초판 1쇄 발행 2020년 3월 19일
초판 14쇄 발행 2022년 9월 20일

지은이 로날트 D. 게르슈테
옮긴이 강희진
펴낸이 성의현
펴낸곳 미래의창

등록 제10-1962호(2000년 5월 3일)
주소 서울시 마포구 잔다리로 62-1 미래의창빌딩(서교동 376-15, 5층)
전화 02-338-5175 **팩스** 02-338-5140
홈페이지 www.miraebook.co.kr
ISBN 978-89-5989-641-7 03900

※ 책값은 뒤표지에 있습니다. 잘못된 책은 구입하신 서점에서 바꿔 드립니다.

이 도서의 국립중앙도서관 출판예정도서목록(CIP)은 서지정보유통지원시스템 홈페이지(http://seoji.nl.go.kr)와 국가자료공동목록시스템(http://www.nl.go.kr/kolisnet)에서 이용하실 수 있습니다.(CIP제어번호: CIP2020008243)